高等职业教育会计专业富媒体智能型

工学结合系列教材

Financial Management

财务管理

张加乐　主　编
徐洪波　副主编

东北财经大学出版社
Dongbei University of Finance & Economics Press
大连

图书在版编目（CIP）数据

财务管理/张加乐主编．—大连：东北财经大学出版社，2017.3
（高等职业教育会计专业富媒体智能型·工学结合系列教材）
ISBN 978-7-5654-2530-1

Ⅰ．财…　Ⅱ．张…　Ⅲ．财务管理-高等职业教育-教材　Ⅳ．F275

中国版本图书馆CIP数据核字（2016）第306961号

东北财经大学出版社出版
（大连市黑石礁尖山街217号　邮政编码　116025）
网　址：http：//www.dufep.cn
读者信箱：dufep@dufe.edu.cn
大连住友彩色印刷有限公司印刷　东北财经大学出版社发行

幅面尺寸：185mm×260mm　字数：261千字　印张：11.5　插页：1
2017年3月第1版　2017年3月第1次印刷

责任编辑：王天华　杨紫旋　责任校对：王　玲
封面设计：冀贵收　版式设计：钟福建

定价：26.00元

教学支持　售后服务　联系电话：（0411）84710309

如有印装质量问题，请联系营销部：（0411）84710711

高等职业教育会计专业
富媒体智能型·工学结合系列教材
编委会

总　序

科学技术日新月异，经济发展突飞猛进。

随着科学发展和技术进步，信息化、智能化已经是大势所趋。经济的全球化和世界经济一体化在一定程度上已经把会计语言上升为国际通行的商务语言，会计的国际趋同已是势不可挡，随之而来的是会计职能的不断发展变化。从某种程度上讲，科学技术的快速发展刺激着会计职能的深刻变革，新形势赋予了会计新的使命，提出了新的要求。传统意义上的“确认、计量、记录、报告”的核算型职能已经发展到了“评价、监督、分析、预测、决策”的管理型职能。会计工作要求会计人员不仅要有基本的计算和记录能力，而且要求有更为重要的职业判断能力、综合分析能力和经济管理能力。

技术进步是推动社会发展的重要动力。技术进步推动生产力水平提高，生产力水平提高必然推动经济发展。经济越发展，会计越重要。互联网、云计算、大数据在经济生活中的广泛应用，不断催生新的业态和商业模式，新技术、新手段、新业态、新模式如雨后春笋般涌现。与此相对应，会计的对象不断延伸扩展，会计的方法手段不断创新。与此同时，会计工作也正在经受着由传统手工会计、电算化会计向信息化、智能化会计的蜕变。

会计专业是高等职业教育规模最大、社会关注度最高的一个专业。截至2015年年底，全国1 350余所高职院校中有965所学校开设了财务会计类专业，全国高职财务会计类专业的在校生人数已经达到77.33万人，居全国高职之首。与此同时，会计专业教育教学改革如火如荼，“能力本位、校企合作、工学结合、持续发展”的高职教育理念已经在会计职业教育界深入人心，产业元素与教育元素深度融合、职业院校与行业企业密切合作、工作过程与学习过程有机统一、理论知识与实践技能合二为一已是大势所趋。因此，如何准确地确定不同层次会计专业的培养目标，有效地解决各个教育层次“为谁培养人”“培养什么人”的问题是会计教育界亟待解决的一个现实问题。

高职会计教育教学活动必须遵循会计专业的教育教学规律。规律就是事物内在的必然联系，也就是说，所谓规律就是指事物是由什么构成的，各个构成部分之间的联系是什么。这也就意味着，会计专业的教育教学规律就是要搞清楚会计专业建设的构成要素是什么，各个构成部分的关系又是什么。一般意义上说，研究型大学教育教学改革的基本平台是学科建设，研究型大学更多关注的是学科建设，注意力集中在重点学科。中小学校教育教学改革的基本平台是课程建设，中小学校更多关注的是课程建设，注意力集中在课改和课标。高等职业院校教育教学改革的平台是专业建设，高职院校应该更多关注的是专业建设。

从逻辑上讲，会计专业建设的构成元素主要是教育理念、培养目标、课程体系、师资队伍、实践条件和运行机制。各要素之间的关系是：教育理念是先导，培养目标是起点，课程体系是核心，师资队伍是关键，实践条件是基础，运行机制是保障。

教育理念是专业建设的先导，是教育教学改革和专业建设的基本指导思想。高职教育界普遍认同的高职教育理念是“能力本位、工学结合、校企合作、持续发展”，高职院校确定专业培养目标、设计教学方案、组织教育教学活动都要以提高学生的职业能力和职业素养为基本出发点。会计类专业是一个既强调动手能力也强调思维能力的特殊专业。会计类专业的职业能力包括专业能力、方法能力和社会能力。专业能力主要指从事财会工作所应具有的专业知识和专业技能，方法能力则主要指从事财会工作所应具有的学习迁移能力、逻辑思维能力等，社会能力主要指从事财会工作所应具有的职业感知能力、沟通能力、团队合作能力等。工学结合是高等职业教育组织教学活动的基本原则。工学结合具体到会计类专业就是会计工作与学习有机结合，在学习中工作，在工作中学习，教学做一体化。有的学校把3年6个学期分为三个阶段。第一阶段是1～4学期，主要是在学校完成基础课程和理实一体课程的教学活动，一些实践活动在学习中完成，主要进行的是认知性的单项实训，学习任务是认知职业环境、认知职业岗位、认知职业工具，教育教学活动主要的特点是学中做。第二阶段是第5学期，学生在校内实训基地完成混岗和分岗实训，主要是以制造业和商品流通业两条主线完成两个系统近乎全真的仿真性综合实训，教育教学活动的特点是边学边做，学做一体。第三个阶段是第6学期，学生完成校内学习任务后，要到校外实训基地带着任务顶岗实习，教育教学活动的特点是带着问题做中学。三个阶段的实践教学沿着“职业认知—校内仿真—顶岗实习”轨迹呈现层次递进的规律。校企合作是高职教育实现培养目标的基本路径，它不仅是指学校与企业共同合资办学，或者企业投入设备、学校提供场地进行联合办学，更重要的是学校与企业要按照会计行业的职业规范要求，共同研究人才培养目标、共同开发教学内容、共同建设专兼结合的“双师”教学团队、共同建设校内外实践教学基地等。持续发展是高职教育会计类人才的基本培养目标，主要包括两个方面的含义：一方面是指高职会计类专业学生的整体素质具有综合性，即学生既要有熟练的动手能力，又要有深厚的理论涵养和广博的知识积累，还要有敏捷的思维能力和应变能力；另一方面是指高职会计类专业学生的职业生涯应具有梯度发展的潜力，高职院校应该培养学生职业成长的潜质，这就是持续发展的理念。“能力本位、工学结合、校企合作、持续发展”的高职教育理念，是从高职教育实践中逐渐摸索、总结而形成的，是对高职教育教学活动规律的高度凝练，能力本位是高职教育的基本出发点，持续发展是高职教育的基本目标，工学结合、校企合作是实现高职教育培养目标的基本路径。

培养目标是专业改革与建设的逻辑起点，是专业改革与建设的基本问题。培养目标涉及两个方面的问题：一是为谁培养人，二是培养什么人。“为谁培养人”是专业面向问题，主要确定某一专业为哪些领域培养人，重点突出专业的适应性问题。“培养什么人”是教育内部的培养层次问题，即我们通常所讲的培养规格问题，规定某一专业为特定领域特定岗位培养特定规格的人才，主要解决专业的针对性问题。学生主要到什么领域就业，学校为哪些领域培养会计人才，就是解决“为谁培养人”的问题。高职学生到什么岗位就业，主要从事什么性质的工作，就是解决“培养什么人”的问题，即培养层次问题。这些问题解决好了，培养目标的问题就解决了。会计专业培养目标的确定为会计专业教学改革与专业建设标注了起点，课程体系、师资队伍、实践条件等就可以围绕这个起点有序开展建设。

课程体系是专业建设的核心，它决定专业人才培养的知识结构和能力结构。一个专业与其他专业的根本区别主要表现在课程体系的构建上。同样是会计专业，高职会计专业与本科会计专业或中职会计专业的主要区别在于课程体系的不同。按照“能力本位，工学结合，校企合作，持续发展”的高职教育理念，我们在构建高职院校会计类专业的课程体系时，需要考虑以下因素：第一，课程体系的构建要能够体现“能力本位”的基本要求，课程体系要充分反映出以培养和提升学生的职业能力和职业素养为基本出发点，也就是说，课程体系的核心部分是培养和提升学生的职业能力和职业素养；第二，课程体系的构建要为学生职业生涯的可持续发展奠定良好的基础，体现“持续发展”高职教育理念的内涵，既要精心设计基础课教学系统，也要充分考虑学生整体素质的综合性要求；第三，课程体系的构建要体现出“工学结合，校企合作”的特点，特别在设计实践教学环节时，要能够体现实践教学的层次性和有序性，以充分展现实践教学体系的科学性和系统性。

师资队伍建设是专业建设的关键。师资队伍建设永远是学校教学改革与建设的主旋律。在专业建设元素中师资队伍是最活跃的，师资队伍在专业改革与建设中始终居于关键位置，师资队伍是教育的根本所在。这是因为，无论是教育理念的形成、培养目标的确定、课程体系的构建，还是实践教学条件的建设、管理机制的运行都离不开教师的积极组织和参与。现代高职教育提倡教育教学活动“学生主体”或“教师-学生双主体”，事实上，无论是“学生主体”还是“教师-学生双主体”，教师的“主导地位”是不可撼动的。即使教育教学活动实行了“学生主体”教学组织形式，也是由教师设定教学情境，最大限度地发挥学生的主观能动性，调动学生积极主动地参与教学活动。古今中外，无论什么样的教学组织形式，都不能取代教师是教育教学活动的设计者、导演者和参与者的地位，或者说教师在教育教学活动中集编剧、导演、演员于一身，推动着教育教学活动的有序开展。

实践条件是专业建设的基础。如果说，培养目标解决“为谁培养人”和“培养什么人”的问题，课程体系解决教什么和学什么的问题，师资队伍解决谁来教的问题，那么实践条件主要解决的是在什么地方、用什么手段教（主要是实验实训）的问题。会计专业校内实训基地建设，应该考虑会计专业的性质和会计职业特点。考虑到企业经济信息的保密性等因素，我们认为会计专业的实践教学应该以仿真实训为主，只要校内仿真实训系统对来自企业的真实的会计资料进行保密化处理，就可以让学生接触到相对而言几乎是真实的会计核算资料。校内仿真实训的好处是成本低、效果好、组织教学方便、教学效率高。对一些涉及面更广的大型实训项目，可以考虑模拟实训的形式，比如ERP沙盘经营对抗训练由于涉及采购、生产、销售、财务、营销等诸多环节，组织教学活动不容易，就可以考虑以模拟的形式进行。会计专业的校外实训基地建设，既要考虑企业保护商业机密的实际情况，同时还要考虑会计专业实习的零散性特点，也就是说，即使企业愿意接受学生轮岗实习或顶岗实习，同一个财会部门也容纳不下过多的实习学生（一般为2～3人），这就要求我们在建设校外实训基地时必须考虑数量因素。校外实训基地建设的另一个问题是基地的稳定性问题，稳定的校外实训基地既可以使学生在岗位上得到锻炼，同时还可以为学生的就业准备提供必要的条件。如果学生表现突出，胜任岗位工作，就可以顺利实现就业目标，这也是教育行政部门提倡学生顶岗实习的初衷。校外实训基地建设的基本原则是：互惠、互利、共赢、共管。学校和企业都要在建立校外实训基地过程中得到实惠，并共同参与管理。企业可以充分利用学校的校内实训条件和优秀师资培训员工，也可以从顶岗实习的学生中选拔员工，还可以利用学校的品牌宣传企业、传播企业文化等。学校则在与企业建立校外实训基地的合作过程中，有更多的机会选派教师到生产管理一线熟悉业务流程，指导企业生产经营管理活动，与企业界同行交朋友，共同研讨专业培养目标，共同构建课程体系，共同建设“专兼结合、双师结构”教学团队，共同承担横向科研课题等。

运行机制是保障。保障机制包括组织保障、制度保障和资金保障。为了保证教学改革和建设的有序进行，职业院校可以成立专业改革与建设指导委员会，委员会应由行业专家、企业代表和学校的专任教师共同组成，委员会的主要职责是组织力量分析区域内会计专业的人才需求和人才供给情况，分析学生主要的（普遍性）就业面向和主要的就业岗位，按照会计行业的人才标准确定学校的办学定位和培养层次，制订会计专业的人才培养方案、核心课程的课程标准和教学实施方案，制定会计专业师资队伍建设规划，审核并领导建设会计专业校内外实践教学基地等。考虑到高职院校实践教学环节在整个教学过程的突出地位，有条件的学校可以考虑在院（系）级领导班子中配备实训副主任专门负责协调实践教学环节的相关工作，在校内实训基地可以配备适量的实训指导教师，专门负责校内实训基地的设备维护、软件更新和实训资料的准备工作。制度保障主要指为保证专业改革与建设顺利进行，学校应该建立与专业教学改革建设相关的规章制度和作业文件并保证其有效地运行。除常规的教学管理制度之外，学校应该制定《实践教学工作条例》《校内仿真实训教学工作规范》《学生顶岗实习实施管理办法》等，以规范实践教学环节的教学组织。在此基础上，还应设计与有关制度配套的作业文件，作业文件是保证制度落实的基本手段。比如《学生顶岗实习实施管理办法》要落在实处，就需要“学生顶岗实习协议书”“顶岗实习任务书”“顶岗实习指导任务书”“顶岗实习安排明细表”“顶岗实习周记”“顶岗实习指导工作底稿”“顶岗实习鉴定表”“学生顶岗实习等级证书”等一系列的作业文件作保证。作业文件是落实相关制度的重要手段，没有作业文件保障的制度就是一纸空文。资金保障是会计专业改革与建设的物质保证。高职院校一方面要广开财源、千方百计筹措建设资金，要想方设法积极承担中央和地方教育行政部门开展的如示范性高职院校建设项目、教学改革试点专业建设项目、精品课程建设项目、优秀教学团队建设项目、“双师型”教学名师建设项目等“质量工程”建设项目，争取中央财政和地方财政的建设资金，同时还要通过积极承担纵向和横向合作研究项目，争取主管部门、学校举办方、合作企业、社会各界的经济支持。

目前，互联网技术在会计领域普遍应用，会计领域还面临着不同学科的跨界、交叉、渗透、整合，会计职业的内涵也在发生着深刻变化，会计从业者既要精通会计基本理论，也要熟练掌握会计基本技能，还需要随时了解会计的前沿动态。会计工作者既要有良好的会计专业素养，还要具有经济学、金融学、财政学、税收学、管理学等相关领域的知识储备，需要充分掌握现代信息技术，熟悉互联网、物联网、云计算、大数据背景下的现代会计技术手段，还需要有良好的职业操守和职业精神，具有一定的会计文化修养。我们可以预见，未来的会计人员基本的能力结构和素质结构将呈现为三个层次：会计核心能力为内核，经济学、金融学、财政学、税收学、管理学等相关跨界交叉渗透整合能力为中间层，职业素养和职业精神等文化修养为表层，三层结构相互呼应、紧密联系，有机形成一套完整的会计能力结构体系。

东北财经大学出版社为了顺应新一轮会计改革和高职会计专业教育教学改革，组织全国高职院校的会计教育精英编写了一套高等职业教育会计专业富媒体智能型·工学结合系列教材，试图对高职会计专业教材建设有新突破，真诚希望引起行业同仁们的关注。

赵丽生

2016年8月

前　言

财务管理是会计工作的重要组成部分，也是高等职业教育会计专业的核心课程之一。财务管理是基于企业生产经营过程中客观存在的财务活动和财务关系而产生的，是利用价值形式对企业生产经营过程的资金运动进行预测、决策、预算、控制和分析的一种综合性管理活动。“财务管理”课程建立在经济学、管理学、会计学、统计学、行为学、数学等学科基础之上，并有着独特的研究对象和研究内容。它主要以资本市场为背景，以现代公司制企业为对象，着重研究企业的资本筹集、运用等问题，主要包括筹资管理、投资管理、营运资金管理和收益分配管理等内容。

本教材依据《中华人民共和国会计法》《中华人民共和国公司法》《企业财务通则》等相关会计法律法规，从工业企业的财务活动出发，坚持理论与实际相结合的基本原则，系统介绍了企业财务管理的全过程。教材打破了传统学科知识体系的束缚，在整体分析的基础上，对原有学科知识进行解构，围绕工作过程进行重构和优化，按项目和任务安排教学内容，学习项目即是企业财务管理岗位工作过程，学习任务就是企业财务管理的工作任务，实现了学习任务和工作任务的有机结合。

本教材既适用于高等职业院校、成人高校经济管理类专业学生的学历教育，又适用于广大工商企业人员及管理人员的短期培训，还适用于广大自学者自学。

本教材由南京工业职业技术学院张加乐教授担任主编、徐洪波担任副主编，南京工业职业技术学院王静、蒋廷富、徐洪波、王玉香、金陶岚和南京城市职业学院吴云云参与编写。具体分工如下：王静编写项目一和项目二，蒋廷富编写项目三，徐洪波编写项目四，王玉香编写项目五，金陶岚编写项目七，吴云云编写项目六。

由于编者的水平和经验有限，加之财务管理理论与实务的改革、发展及变化，本书难免存在疏漏和不妥之处，敬请有关专家、学者及广大读者不吝赐教，以便进一步修改与提高。

编　者

2016年12月

目　录

项目一　财务管理基本价值

学习目标

知识目标

1. 了解财务管理的基本概念。
2. 了解财务管理的目标、内容。
3. 了解财务管理的环境。
4. 掌握资金时间价值的计算。
5. 掌握风险的概念、计算及评价。

技能目标

1. 能够正确计算一次性收付的终值、现值。
2. 能够正确计算年金的终值与现值。
3. 能够正确计算衡量风险的各项指标，根据计算结果评价风险。

态度目标

1. 树立时间价值意识：不同时点的资金需要考虑时间价值。
2. 树立风险意识：进行财务管理工作时，一定要有风险意识。

工作情境与工作任务

某上市公司在企业组织结构中有财务科与会计科的设置，你知道为什么这么设置吗？财务与会计有什么区别？财务管理工作每天具体做什么？财务管理工作管理企业的资金运动，我们在从事财务管理工作、管理企业的资金流量时，应如何考虑时间价值与风险两个要素？通过本项目的学习，要求掌握财务管理活动、时间价值的概念与风险等相关内容。

任务1 财务管理认知

资金运动指企业以货币为主要度量形式，在企业的生产经营活动过程中组织财务活动、处理财务关系的一系列经济管理活动的总称，是企业管理的一个重要组成部分。可以说，只要有资金运动的地方，就必然有财务管理活动。在市场经济条件下，企业管理的核心是财务管理，财务管理的核心是资金管理。

一、企业的财务活动

企业资金运动总是与一定的财务活动相联系的，或者说，资金运动形式是通过一定的财务活动来实现的。财务活动是指资金的筹集、投放、耗费、收回及分配等一系列活动。从整体上讲，财务活动包括以下过程：

（一）筹资活动

筹资是指为了满足投资的需要而筹集所需资金的行为。在筹资过程中，企业一方面要预测筹资的总规模，以保证所需的资金；另一方面，要通过筹资渠道和筹资方式的选择，确定合理的筹资结构，使筹资的成本降低而风险不变甚至更低。

从整体上看，企业筹集的资金可分为两大类：一是企业的股权资本，它是通过吸收直接投资、发行股票和提取企业留存收益等方式取得的；二是债务资金，它是通过向银行借款、发行债券和应付款项等方式取得的。企业从投资者、债权人那里筹集的资金一般表现为货币资金形态，也可以是实物、无形资产形态。

（二）投资活动

企业取得资金后，必须将其投入使用，以期获得良好的回报。投资可以分为广义和狭义两种。广义的投资是指企业将筹集的资金投入使用的过程，如购置流动资产、固定资产、无形资产等，以及对外投放资金的过程，如购买其他企业的股票、债券或与其他企业联营等。狭义的投资仅指对外投资。

企业投资必须考虑投资规模，还必须通过投资方向和投资方式的选择，确定合理的投资结构，以提高投资回报并降低投资风险。

（三）日常资金营运活动

企业在正常的生产经营活动中会发生一系列现金收付行为。首先，企业要采购材料或商品，以便从事生产和销售活动，同时还要支付工资和其他营业费用；其次，当企业把产品或商品出售后，便可取得收入，收回资金；最后，如果企业资金不能满足企业经营的需要，还要采取短期借款的方式来筹集资金。上述各方面都会产生资金收付行为，这就是由企业日常经营所引起的财务活动，称为资金营运活动。

企业的营运资金主要是指满足企业日常经营活动的要求而垫支的资金，营运资金的周转与生产经营周期相一致。在一定时期内，资金周转快，就可以用相同数量的资金生产出更多的产品，取得更多的收入，获得更多的报酬。因此，如何加速资金周转、提高资金利用效果，是日常财务管理的主要内容。

（四）分配活动

企业通过投资过程（包括对内和对外投资）取得收入，并相应取得价值增值。分配总是作为投资的结果而出现的，它是对投资成果的分配。投资成果首先表现为各种收入，并在扣除各种成本费用后最终获得利润。所以，广义地说，分配是对投资收入和利润进行分割和分配的过程，而狭义的分配仅指对利润的分配。

二、企业财务管理的特征

（一）财务管理是一项专业管理与综合管理相结合的管理活动

企业财务管理是以价值形式为主的专业化管理。具体而言，企业财务管理是用货币形式来表现的，因此，其具有高度的系统性、联系性和完整性，是其他管理形式无法取代的。

现代企业的财务管理又是一种综合性管理活动，它并不排斥非价值形态的管理活动，而是以企业经营活动中的各项物质条件、人力资源、经营特点和过程、管理要求和目的等作为其管理的基础，并通过价值形式的管理，运用财务预测、预算、控制、决策和分析及考核等方法，对其进行有效的协调，形成一种专业性很强的综合管理方式。所以，企业各项管理效果的好坏，最终都会在企业财务指标和财务状况中得到充分的反映。

（二）财务管理与企业经营管理有密切的联系

虽然企业财务管理是相对独立的管理活动，但它并不是孤立的，而是以企业各项经营管理活动为基础的，并与其有密切的联系。企业中所有的资金运作和各项收支活动都是企业的经营管理活动所引起的，即便是纯粹的财务运作，也是为企业一定时期的管理战略和具体管理目标服务的。

（三）财务管理必须对企业的经营状况和财务状况进行跟踪管理并及时反映

在企业整个管理过程中，经营方针是否合理、各项决策是否正确、资金周转是否良好、盈利能力是否需加强等，财务管理部门都必须对其进行有效的跟踪管理，并及时向企业管理当局通报有关财务指标的变化情况和预期发展，同时提出相关的建设性意见。只有这样，才能有效地实现财务管理的职能，真正将整个企业的经营管理工作纳入提高经济效益的轨道上来。

（四）财务管理与其他管理学科紧密相连

从财务管理学科本身的特点来看，它与其他学科有着天然的联系，如会计学、统计学、金融学、投资学、税务学、证券学和市场学等。财务管理中的许多资料来源和管理方法等都直接与这些学科相交叉。另外，从财务学本身来看，其也可以划分为微观财务和宏观财务、企业财务和社会财务、经营财务和金融财务等。所以，财务管理是一门涉及面广，而且理论研究与实际应用紧密结合的学科。

任务2 财务管理的目标、内容与环节

一、财务管理的目标

任何管理都是有目的的能动行为，财务管理也有其自身的管理目标。财务管理目标是企业财务活动所要达到的根本目的，是评价企业财务活动是否合理、有效的标准，是企业一切财务活动以及处理各种财务关系的出发点和归宿，决定着企业财务管理的基本方向。合理的财务管理目标对优化财务管理行为、改善战略管理与企业经营管理、不断提高经济效益具有重要意义。

根据上述企业目标对财务管理的要求，财务管理总体目标中最具代表性的有以下四种：

（一）利润最大化目标

这种观念认为，利润代表企业新创造的财富，利润越多则企业的财富增加越多，越接近企业目标。利润最大化有利于资源的合理配置。企业通过追求利润最大化目标，可使整个社会的财富实现最大化。

但利润最大化目标也有局限性：①概念含糊不清，利润概念是指短期利润还是长期利润？是税前利润总额还是净利润？是经营的总括利润还是支付给股东的利润？②未考虑利润取得的具体时间，即没有考虑资金的时间价值。③未考虑所获得的利润与投入的资金额之间的关系。④未考虑获得的利润与所应承担的风险的大小。⑤利润最大化往往会使企业财务决策具有短期行为的倾向，只顾片面追求利润，而不考虑企业长远的发展。

（二）资金利润率或每股盈余最大化目标

资金利润率是非股份制企业的净利润与资金额的比率。每股盈余是股份制企业的净利润与流通在外的普通股股数的比率。持资金利润率或每股盈余最大化目标观点者认为，应当把企业的利润和投资者投入的资金联系起来考察，用资金利润率或每股盈余最大化来概括企业的财务目标可避免“利润最大化”目标的缺陷。但是，这种观点仍然没有考虑资金的时间价值和风险因素，也不能避免企业经营管理中的短期行为问题。

（三）企业价值或股东财富最大化目标

企业价值是指企业全部资产的市场价值，它反映了企业潜在的或预期的获利能力。企业价值在于它能给所有者带来未来报酬。对股份制企业来说，企业的价值最大化就是股东财富最大化。

股份制企业的价值通过股价表现出来。股东财富最大化的财务目标，在股份公司中可演变为股票市场价格最大化目标。股价的高低，不仅反映出股东的主观愿望，而且代表了投资大众对公司价值的客观评价；它以每股的价格表示，反映了资金和获利之间的关系；它受预期每股盈余的影响，反映每股盈余大小和取得的时间长短；它受企业风险大小的影响，可以反映每股盈余的风险。因此，企业价值最大化或股东财富最大化观点，考虑了资

金时间价值和风险因素价值，充分体现了对企业资产保值增值的要求。

二、财务管理的内容

财务管理的基本内容包括资金筹集、资金投资、资金营运和财务分配。

微课：财务管理的内容

（一）资金筹集

资金筹集既是企业从事生产经营活动的前提，又是企业财务活动的首要环节和工作基础。它旨在从有关渠道，采用适当方式，及时、足额筹集到企业所需要的一定质量和数量的资金，具体包括两层含义：内涵的相对筹集，主要指在各财务主体资金总量规模既定的情况下，通过结构调整、潜能发掘和效率提高而实现的资金内涵数量的相对增加；外延的绝对筹集，它呈现为资金外延数量规模随业务量的增加而不断扩张的趋势特征。

（二）资金投资

投资是筹资的归宿。在资金投放上，可将资产对外投放，也可将资产对内投放。对外投放包括短期投资及长期投资，对内投放包括企业营业活动、购建资产等。

由于资金投向及其不同组合、投放时间及金额大小等的不同会带来不同的投资风险与收益，关系到企业生产经营活动的规模、企业资源的配置、企业潜在经济效益的实现，因此，资金投放应特别注重选择好的投资项目，并贯彻成本效益原则以及风险与收益均衡原则。

（三）资金营运

资金营运是指企业对通过资金投放所形成的各项资产的使用、管理及有效调度。它最能显示企业财务管理水平的高低，应力争资金营运的安全性、流通性与收益性的协调统一。

（四）财务分配

企业资金运行系统的直接运行目的在于获取收益，并对其进行合理分配。

财务分配存在狭义与广义之别。广义的财务分配包括对投资收入（如营业收入）的分配（如缴纳各类税费）以及对利润进行的分配。狭义的财务分配单指利润分配或股利分配。由于财务分配会触及企业内、外部相关权益主体的切身经济利益，也会影响财务状况与经营成果之间的良性互动及企业长远发展，因此，财务分配管理应贯彻利益关系协调原则，应依据有关规定，选择最佳分配政策与分配方案，通过财务分配，保证各方利益得以合理协调、完善财务状况得以完善、企业财务实力得以增强。

财务分配，尤其是利润分配或股利分配，是一次资金循环活动的终点，同时又是下一次资金循环活动的起点，起着两次资金循环连接的中介作用。

三、财务管理的环节

财务管理的基本环节是指财务管理的工作步骤和一般程序。

（一）财务预测

财务预测是对企业计划期各项财务指标进行的事前估算。它是根据财务活动的历史资料，考虑目前的条件和要求，对企业未来的财务活动和财务成果做出科学的预计和测算。

财务预测既是财务管理的基本方法，又是财务管理的首要环节。

（二）财务决策

财务决策是指财务人员在财务管理目标总体要求下，采用专门方法，从若干个备选方案中，经过分析比较，选择某一种最优方案（或手段）的过程。

财务决策在财务管理中居于决定性地位，是财务管理的核心。财务决策的正确与否，关系到企业的兴衰与成败。财务管理通过财务决策提高报酬率，降低风险，从而实现财务管理目标。

（三）财务预算

财务预算是以财务预测提供的信息和财务决策确立的方案为依据，运用科学的技术手段和数量方法，对目标进行综合平衡，制定和协调各项主要的计划指标。

（四）财务控制

财务控制是利用财务反馈信息影响与调节企业财务活动、使之按照预定目标运行的过程。实行财务控制是落实财务预算任务和保证财务预算实现的有效措施。

财务控制和财务预算有密切联系，财务预算是财务控制的重要依据，财务控制是执行财务预算（计划）的手段。

（五）财务分析与考核

财务分析是根据核算资料提供的信息，运用特定的方法，对企业财务活动过程及其结果进行分析和评价的一项工作。

借助财务分析，可以掌握各项财务计划的完成情况，评价财务状况，研究和掌握企业财务活动的规律性，有利于改善财务预测、财务决策、财务预算（计划）和财务控制，从而提高企业管理水平和经济效益。

财务考核是将报告期财务指标实际完成数与规定的考核指标进行对比，确定有关责任单位与个人是否完成任务的过程。通过财务考核，可以正确贯彻按劳分配原则，克服平均主义，促使企业加强基础管理工作，提高企业人员整体素质。

上述财务活动的基本内容与基本环节之间相互联系、相互依存，形成周而复始的财务管理循环过程，构成了完整的企业财务管理活动体系。

财务管理的原则与环境

一、财务管理的原则

（一）成本效益原则

成本效益原则是投入产出原则的价值体现，是社会再生产活动得以延续和发展的基本要求。该原则是市场经济条件下财务管理必须坚持的首要基本原则。坚持成本效益原则，要结合特定的经济目的进行投入产出的对比分析或价值工程分析，力争耗费一定的成本后取得尽可能大的效益，或者在效益既定的条件下最大限度地降低或控制成本。

在应用成本效益时，企业往往需要平衡资金收支。各种性质的资金支出，用途不同，其支出的效果也往往不同；各种性质的资金收入，来源不同，使用的去向也会有差异。企业在坚持成本效益原则时，必须认识各种支出和损失的性质，并将它们与有关的资金收入相匹配。在组织资金收支平衡问题上，既要量入为出，根据现有的财力来安排各项开支；又要量出为入，对于关键性的支出应开辟财源，积极予以支持，这样才能取得理想的经济效益。

（二）风险与收益均衡原则

在市场经济条件下，由于企业内、外部环境的复杂多变性，要获取收益往往伴随着风险的发生。为此，企业应按照风险与收益适当均衡的要求，决定采取何种方案，同时，在实践中趋利避害，既降低或控制风险，又得到较高的收益。

坚持风险与收益均衡原则，要求企业不能承担超过收益限度的风险，在收益既定条件下，应最大限度地降低或控制风险。因为，如果收益既定，承担较大的风险，会直接导致效益的降低；承担超过收益限度的风险，会带来负效益。其结果不利于企业整体目标的实现，甚至会危及企业的生存与发展。

在财务管理中应用风险与收益均衡原则，不仅要保持各种资金存量的协调平衡，而且应经常关注资金流量的协调平衡；不仅要关心资金的存量和流量，更要关心资金的增量。

（三）资金合理配置原则

资金能否带来效益以及能带来多少效益，在很大程度上取决于资金的经营者、管理者，看其能否结合市场定位策略，来进行资金的合理配置。所谓资金合理配置，就是通过对资金运动的组合和调节来保证各生产经营环节的生产经营要素具有最优化的结构。

财务管理具有的价值管理和综合性的特点，为资金合理配置原则的应用提供了前提保证。坚持资金合理配置原则，要求企业的各相关财务项目必须在数额与结构上有效搭配与协调，具体而言，就是要合理地确定固定资产和流动资产的构成比例，对外投资和对内投资的构成比例，货币性资金和非货币性资金的构成比例，材料、在产品和产成品的构成比例，负债资金和自有资金的构成比例，长期负债和短期负债的构成比例等，使企业的资金合理地配置在生产经营的各个阶段上，保证各种形态资金占用适度，实现企业资金的优化配置。

（四）利益关系协调原则

利益关系协调原则，是指企业财务在组织实施管理中应兼顾和协调债权人和债务人、所有者和经营者、投资者和受资者之间的各种利益关系的原则。这种利益关系如果处理得不好，轻则可能影响相关权益主体的积极性，重则给企业效益的谋取带来消极影响，甚至引发重大社会问题。因此，财务管理要坚持利益关系协调原则。

坚持利益关系协调原则，要求企业在税金的缴纳、股利的分配、利益的支付、工薪福利的发放等方面应公平合理，切实维护有关各方正当的合法权益，并不断促进企业财务状况和经营成果之间实现长期的、稳定的良性互动。

二、财务管理的环境

（一）法律环境

财务管理的法律环境是指企业和外部发生经济关系时应遵守的各种法律、法规和规章制度。企业的理财活动，无论是筹资、投资还是利润分配，都要和企业外部发生经济关系。在处理这些经济关系时应当遵守有关的法律规范，包括企业组织法律规范、税务法律规范与财务法律规范。

（二）金融市场环境

金融市场是指资金筹集的场所。广义的金融市场是指一切资本流动的场所，包括实物资本和货币资本的流动。它的交易对象包括货币借贷、票据承兑和贴现、有价证券买卖、黄金和外汇买卖、国内外保险办理、生产资料的产权交易等。狭义的金融市场一般是指有价证券市场，即股票和债券的发行和买卖市场。

（三）经济环境

经济环境是指影响企业财务管理的各种经济因素，主要包括经济政策、经济发展水平、通货膨胀、利息率波动以及竞争等。

任务4 资金的时间价值

一、资金的时间价值概念

资金的时间价值也称为货币的时间价值，是商品经济中客观存在的经济范畴。任何企业的财务及其管理活动，都是在特定的时空中进行的，离开了资金时间价值这一范畴，就无法正确计算不同时期的财务收支。资金时间价值原理，正确地揭示了不同时点上资金之间的换算关系，它是现代企业财务管理与决策的基本依据。

资金时间价值从性质上说就是一定量资金在不同时点上价值量的增值量。具有时间价值的资金，不仅是货币资金，还有非货币资金。全部生产经营中的资金都具有时间价值，这是资金运行的一种客观规律。从量的规定性来看，资金的时间价值用相对数表示时，就是没有风险和没有通货膨胀条件下的社会平均资金利润率（在特定情况下，也可视同借款利率）。

二、资金时间价值计算的相关指标

（一）终值与现值

（1）终值，俗称本利和，是指现在一定量的资金，在未来某一时点上的价值，可以视为“未来值”来理解。

例如，将现在的100元存入银行，设定存款利率为10%，则1年后可得110元，这110元就是现在的100元存入银行后，按设定存款利率为10%计算的1年后的终值。

（2）现值，俗称本金，是指未来某一时点上的一定量资金，按照一定的折算率折算到现在时点的价值。现值意指资金在目前的价值。例如，在上例中，1年后的110元，按照10%折算到现在，其现值就是100元。

（二）单利与复利

（1）单利是指在规定的期限内，只就本金而计算出的利息。其特点为：仅对本金计息，对本金产生的利息不计息。

（2）复利是指在规定的期限内，每期均以上期期末本利和为基数计算的利息。其特点为：不仅对本金计息，对本金产生的利息也计息，俗称利滚利。

三、资金时间价值计算

微课：资金的时间价值

（一）一次性收付款的终值与现值计算

在某一特定时点上一次性支付（或收取），经过一段时间后再相应地一次性收取（或支付）的款项，即为一次性收付款项。例如，存入银行1 000元，设定年复利率为10%，3年后一次性取出1 331元。这里所涉及的收付款项就是一次性收付款项。

1.单利的终值与现值

在单利计算中，通常使用以下符号：V_0为本金，又称期初金额或现值；i为每一利息期的利率（或贴现率、折现率，除非特别指明，使用的利率通常为年利率）；V_n为本金与利息之和，又称本利和或终值；n为计算利息的期数（除非特别指明，一般以年为单位，对于不足一年的，以一年等于360天或12个月来折算，换算为年计息期数）。

（1）单利的终值计算。

按照单利的计算法则，单利终值计算公式为：

$$V_n = V_0 \times (1 + i \times n)$$

【做中学1-1】某企业现在一次性存入银行800万元，在单利率为5%的条件下，该企业在5年后能够取得多少钱？

$V_n = 800 \times (1 + 5\% \times 5) = 1\ 000$（万元）

（2）单利的现值计算。

在现实经济生活中，有时需要根据单利的终值来确定其现值。由终值计算其现值的过程称为折现（或贴现），在折现或贴现时所使用的利息率叫作折现率或贴现率。单利现值的计算与单利终值的计算是逆运算关系。将单利的终值计算公式变形，即可得到单利的现值计算公式：

$$V_0 = \frac{V_n}{1 + i \times n}$$

【做中学1-2】某企业希望在5年后取得本利和1 000万元，用于到期一次支付一笔款项，在单利率为5%的条件下，该企业现在需要一次性存入银行多少钱？

$V_0 = \frac{1\ 000}{1 + 5\% \times 5} = 800$（万元）

2.复利的终值与现值

按照复利的计算方法，每经过一个计息期，就要将所生利息加入本金再计利息，逐期滚动，这就是“利滚利”之称的缘由。这里的计息期是指相邻两次计息的时间间隔，如年、月、日等。如前所述，除非特别指明，计息期按年计算。复利计算更能体现资金的时间价值，因此，资金的时间价值通常按复利计算。

在复利计算中，通常使用以下符号：P为本金，又称期初金额或现值；i为每一利息期的利率（或贴现率、折现率，除非特别指明，使用的利率通常为年利率）；F为本金与利息之和，又称本利和或终值；n为计算利息的期数（除非特别指明，一般以年为单位，对于不足一年的，以一年等于360天或12个月来折算，换算为年计息期数）。

（1）复利的终值计算。

复利终值是指一定量的本金按照复利计算若干期后的未来价值（本利和）。在复利计算问题上，是已知现值求终值。复利终值计算公式为：

$$F = P \times (1+i)^n$$

上式是计算复利终值的一般公式，其中的 $(1+i)^n$ 被称为“一次性收付款项复利终值系数”，或简称为1元的复利终值，用符号 $(F/P,i,n)$ 表示。由于复利终值系数可以通过查阅“复利终值系数表”（见本书附录）直接获得，因此，复利终值计算公式还可改写为：

$$F = P \times (F/P,i,n)$$

【做中学1-3】某企业将20 000元存放于某银行，假定年利率为6%，试计算2年后的本利和是多少？

$F = 20\,000 \times (1+6\%)^2 = 22\,472$（元）

或者 $F = 20\,000 \times (F/P,6\%,2) = 22\,472$（元）

（2）复利的现值计算。

复利现值是复利终值的对称概念，它是指未来一定时间的一定资金按复利计算的现在价值，或者说是为取得将来一定本利和现在所需要的本金。复利现值计算是已知终值求现值，它是复利终值计算的逆运算。由复利终值计算公式导出复利现值的计算公式为：

$$P = \frac{F}{(1+i)^n}$$

其中：$(1+i)^{-n}$ 被称为“一次性收付款项复利现值系数”，或简称为1元的复利现值，用符号 $(P/F,i,n)$ 表示。由于复利现值系数可以通过查阅“复利现值系数表”（见本书附录）直接获得，因此，复利现值计算公式还可改写为：

$$P = F \times (P/F,i,n)$$

【做中学1-4】某项目预计6年后可得投资收益800万元，如果年贴现率为12%，试计算其现值是多少？

$P = 800 \times (1+12\%)^{-6} = 405.28$（万元）

或者 $P = 800 \times (P/F,12\%,6) = 800 \times 0.5066 = 405.28$（万元）

（二）年金的终值与现值计算

微课：年金的计算

年金是指等额、定期的系列收入或支出，具有等额性、系列性、定期性的特征。例如，定期、等额分期付款赊购以及每年相同的销售收入等，都属于年金收付方式。因此，年金的终值与现值计算属于非一次性收付款项的终值与现值计算。

在实际计算年金的终值与现值时，为了方便起见，通常使用以下符号：A为年金；P_A为年金现值；i为利息率；n为年金计息期数；F_A为年金终值。

年金按收付时间的不同，可分为普通年金、预付年金、递延年金、永续年金四种，其中普通年金是年金的基本形式，其他年金均属于普通年金的转化形式。现分别介绍如下：

1.普通年金

普通年金又称后付年金，是指各期期末收付的年金。换句话说，凡收入或支出相等金额的款项，发生在每期期末的年金均为普通年金。

（1）普通年金的终值计算。

普通年金的终值是指每期收入或支出等额款项的复利终值之和。有关普通年金的终值，可按如下公式计算：

$$F_A = A \times \frac{(1+i)^n - 1}{i}$$

其中：$\frac{(1+i)^n - 1}{i}$ 是普通年金为1元、利率为i、经过n期的年金复利终值系数，用符号 $(F/A,i,n)$ 表示。可以直接查阅“年金复利终值系数表”获得，因此，普通年金复利终值计算公式还可改写如下：

$$F_A = A \times (F/A,i,n)$$

【做中学1-5】某企业拟建一个借款融资的项目，建设期5年，每年年末借款100万元并全部用于该项目建设，设定银行借款年复利率为10%，试预计5年后该项目建成成本为多少？

$F_A=100\times(F/A,10\%,5)=100\times6.1051=610.51$（万元）

（2）普通年金的现值计算。

普通年金的现值是指一定时期内每期期末收付等额款项的复利现值之和。有关普通年金的现值，可按如下公式计算：

$$P_A = A \div \frac{1-(1+i)^{-n}}{i}$$

其中：$\frac{1-(1+i)^{-n}}{i}$ 是普通年金为1元、利率为i、经过n期的年金复利现值系数，用符号 $(P/A,i,n)$ 表示。可以直接查阅“年金复利现值系数表”获得，因此，普通年金复利现值计算公式还可改写如下：

$$P_A = A \times (P/A,i,n)$$

【做中学1-6】某公司购买一项专利，依照合约分6年承付转让费，要求每年年末支付48 000元，设定年折现率为9%，试计算该专利的现时转让价为多少？

$P_A=48\,000\times(P/A,9\%,6)=48\,000\times4.486=215\,328$（元）

2.预付年金

凡收入或支出相等金额的款项在每期期初的年金，称为预付年金或先付年金。

（1）预付年金的终值计算。

预付年金的每期收付发生在期初，使得它的每期收付比普通年金的每期收付多复利一次。因此，预付年金终值比n期的普通年金终值要多计一期利息。因此，只要在普通年金的终值公式基础上乘以（1+i），便是预付年金的终值计算公式。预付年金的终值计算公式如下：

$$F_A = A \times (F/A,i,n) \times (F/P,i,n)$$

或者可在最后一年年末添加一笔资金，则公式为：

$$F_A = A \times [(F/A,i,n+1) - 1]$$

即与普通年金终值计算相比，期数加1，系数减1。

【做中学1-7】某公司进行一项基本建设，分5次每年年初投入800万元，预计第5年年末建成，该公司是贷款投资的，设定利率为12%，试计算5年后该项目总投资为多少？

$F_A=800\times(F/A,12\%,5)\times(F/P,12\%,1)=800\times6.3528\times1.12=5\,692.11$（万元）

（2）预付年金的现值计算。

同样，预付年金现值比n期的普通年金现值要多计一期利息，因此，只要在普通年金的现值公式基础上乘以（1+i），就是预付年金的现值计算公式。预付年金的现值计算公式如下：

$$P_A=A\times(P/A,i,n)\times(F/P,i,n)$$

或者先将第一年年初的资金去掉，则公式为：

$$P_A=A\times[(P/A,i,n-1)+1]$$

即与普通年金现值计算相比，期数减1，系数加1。

【做中学1-8】某公司采用分期付款购货，按规定每年年初付50万元，分5次付清，设定利率为10%，试计算该分期付款相当于现在一次性付款多少元？

$P_A=50\times[(P/A,12\%,5-1)+1]=50\times(3.169+1)=208.45$（万元）

【思考】预付年金终值与现值和普通年金计算的差别在什么地方？

3.递延年金

递延年金是指第一次收付发生在若干期以后的年金。从递延年金的界定可以看出，它的首次收付时间肯定不会在第一期（既不会在第一期的期末，也不会在第一期的期初）。因此，可以将其第一次收付前的时间间隔期数用递延期来描述。

（1）递延年金的终值计算。

递延年金终值的大小与递延期无关，因此递延年金的终值计算与普通年金的终值计算一致，即：

$$F_A=A\times(F/A,i,n)$$

【做中学1-9】某公司拟于年初发行8年期债券，票面利率12%。合约规定前2年不偿本付息，但从第3年至到期日每年每张债券还本付息240元，试计算每张债券到期共还本付息多少元？

$F_A=240\times(F/A,12\%,6)=240\times8.115=1\,947.60$（元）

（2）递延年金的现值计算。

由于存在递延期，而递延期的长短与递延年金的现值成反比，因此递延年金的现值计算就比较复杂一些。若递延期为m，而实际收付期为n，则基本计算思路有三种：一是先将各期年金折算成年金终值后，再折算其复利现值；二是补足递延期的年金后，计算全体年金的年金现值，再扣除补足年金的年金现值；三是先计算实际收付的递延年金的现值，再按递延期折现。这三种计算思路对应的计算公式如下：

$$P_A=A\times(F/A,i,n)\times(P/F,i,n+m)$$

$$P_A=A\times[(P/A,i,n+m)-(P/A,i,m)]$$

$$P_A=A\times(P/A,i,n)\times(P/F,i,m)$$

【做中学1-10】以【做中学1-9】中的资料为例，试计算市场上潜在的投资者对每张债券认可的购买价。

$P_A=240\times(P/A,12\%,6)\times(P/F,12\%,2)=786.35$（元）

或者 $P_A=240\times[(P/A,12\%,6+2)-(P/A,12\%,2)]=786.72$（元）

或者 $P_A = 240 \times (F/A, 12\%, 6) \times (P/F, 12\%, 2+6) = 786.83$（元）

计算结果表明，三种计算方法均正确（尾差乃计算时四舍五入造成，并非方法本身有误）。

4.永续年金

大多数年金都是在某特定期间里提供一系列的等额收支，但有一种年金所提供的等额收支会持续到永远。无限期等额收支的年金被称作永续年金。优先股股利由于有固定的股利而无到期日，因此如果优先股股利定期、等额收付，则其为永续年金的典型代表。

（1）永续年金的终值计算。

永续年金没有终止的时间，因此也就不存在永续年金终值的计算问题。

（2）永续年金的现值计算。

永续年金虽无终值，但有现值，并且其现值的计算可依据普通年金的现值计算公式导出。由于当 $n \to \infty$ 时，$(1+i)^{-n}$ 的极限为0，因此永续年金的现值可以按如下公式计算：

$$P_A = A \times \frac{1}{i}$$

【做中学1-11】一永续年金年底的收入为800元，利息率为8%，求永续年金的现值。

$P_A = 800 \times \frac{1}{8\%} = 10\,000$（元）

另外，复利的计息期不一定总是一年，有可能是季度、月或日。当利息在一年内要复利几次时，给出的年利率为名义利率。实际利率和名义利率之间的关系是：

$$1 + i = (1 + \frac{r}{m})^m$$

其中：r为名义利率；m为每年复利次数；i为实际利率。

在此情况下，资金的时间价值可以有两种计算方法：一是将名义利率换算为实际利率，然后按实际利率计算资金时间价值；二是将资金时间价值公式中的年利率换算为期利率 $\frac{i}{m}$，期数相应变为 $m \times n$。

【做中学1-12】设定某公司存入银行10 000元，存款年利率为5%，每半年复利一次，试采用上述两种方法分别计算2年后该公司能够得到多少本利和？

第一种方法的计算如下：

$r = (1 + \frac{5\%}{2})^2 - 1 = 5.0625\%$

$F = 10\,000 \times (1 + 5.0625\%)^2 = 11\,038.13$（元）

第二种方法的计算如下：

$F = 10\,000 \times (1 + \frac{5\%}{2})^{2 \times 2} = 11\,038.13$（元）

任务5　风险价值的衡量与评价

风险通常是指某一行动的后果具有不确定性，在市场经济条件下，企业内外部环境的复杂多变性，使得风险广泛存在于企业的财务活动中，并对企业实现财务管理目标有着重要的影响。

一、风险的认知

（一）风险的含义

风险是由事件本身的不确定性造成的，是一种客观存在，具有客观性。它只在一定条件下和一定时期内产生，其大小随时间延续而变化，是“一定时期内”的风险，并且随着外在和内在条件的变化，风险程度也会发生变化。

风险和不确定性是有区别的。风险是可以事先知道其所有可能的后果，以及每种后果的概率的；而不确定性是指事先只知道某个行动可能发生的各种结果，但不知道它们出现的概率，或者两者都不知道，只能对其做出粗略的估计。例如，企业进行股票投资，事先不可能准确测定所有期望的投资报酬率及其出现的概率大小。实际上，由于风险和不确定性很难区分，因此通常将它们合并在一起，视为风险。

另外，风险也不同于危险。对于危险而言，一般说来，它侧重于只可能出现坏的结果。而风险不同，它既可能出现坏的结果（如风险发生能给企业带来超出预期的损失），也可能出现好的结果（如获得理想金额的风险收益）。一般地，投资人对意外损失的关切比对意外收益要强烈得多，因此，人们在研究风险时，侧重于减少损失，主要从不利的方面来考察风险问题，经常把风险看成不利事件发生的可能性。从财务的角度来说，风险主要是指无法达到预期报酬的可能性。因此，企业在理财时，必须研究风险、计量风险，并设法在风险与收益之间做出权衡。

（二）风险的类别

1.按个别投资主体的不同，分为市场风险和公司特有风险

（1）市场风险。市场风险是指由那些影响所有公司的因素所引起的风险。这类风险涉及所有的投资对象，不能通过多角化投资来分散，因此又称为不可分散风险或系统风险。比如，通货膨胀、经济衰退、高利率等都属于市场风险。再比如，在1987年10月美国发生的股票市场崩溃中，不论公司经营状况的好坏，几乎所有的股票都不同程度地受到了影响，这就是典型的系统风险。

（2）公司特有风险。公司特有风险是指发生于个别公司的特有事件所造成的风险。造成这类风险的事件的发生是随机的，因而可以通过多角化投资来进行分散。即发生于一家公司的不利事件所带来的影响，可以被其他公司发生的有利事件所带来的影响抵消。公司特有风险，又称可分散风险或非系统风险。比如，某公司新产品开发的成败、法律诉讼的成败和行销计划的成败等都属于典型的非系统风险。再比如，某公司投资股票时，采取同时买几种不同股票的做法，这样分散投资的结果，比只买一种股票的风险要小。

2.按风险形成原因的不同，分为经营风险和财务风险

（1）经营风险。

经营风险是指由于生产经营方面的原因给企业盈利带来的不确定性风险，它是任何商业活动都有的，也叫商业风险。例如，由于市场销售、生产成本、生产技术、经济状况等变化，使企业的收益变得不确定，从而给企业带来的风险。

（2）财务风险。

财务风险是指因借款而给企业财务成果带来的风险，是筹资决策带来的风险，也叫筹

资风险。举债不仅可以解决企业资金短缺的困难，还可以提高企业自有资金的盈利能力，但借入资金需要还本付息，加大了企业的风险，若企业经营不善，会使企业财务陷入困境甚至导致破产。

一般地，所有的企业都存在经营风险，而只有借入资金的企业才有财务风险。

二、风险的评价指标

（一）概率分布

概率通常可理解为随机事件（或随机变量）发生的可能性的数值大小。所谓的随机事件，是指在相同的条件下，可能发生也可能不发生的某一事件。通常把肯定发生的事件的概率定义为1，把肯定不发生的事件的概率定义为0，因此，一般随机事件的概率介于0和1之间。如果用X表示随机事件，X_i表示随机事件的第i种结果，P_i表示出现该种结果的相应概率，则概率符合下列两个要求：

①$0 \leq P_i \leq 1$　　　　② $\sum_{i=1}^{n} p_i = 1$

如果将某一事件可能发生的结果X都列示出来（在横坐标上表示），对每一结果给予一定的概率（在纵坐标上表示），便可构成某一事件的概率分布。在实际应用中，概率分布有两种类型：一是不连续的概率分布，其特点是概率分布在各个特定的点上；二是连续的概率分布，其特点是概率分布在连续图像（往往呈现正态分布）上的两个点之间。

（二）期望收益率

财务投资决策活动所产生的收益（收益率）是随机变量，每一个收益（收益率）的产生都可被看作一个随机事件，一般用概率描述其产生的可能性。具有风险的收益率是一个随机变量，通常用期望收益率来度量。所谓期望收益率，是指投资方案可能收益率的加权平均收益率，通常按下式计算：

$$E_R = \sum_{i=1}^{n} R_i \times p_i$$

其中：E_R为期望收益率；R_i为第i个可能发生的收益率；P_i为第i个可能发生的收益率的相应概率。

【做中学1-13】假设甲、乙两家公司的收益率及其概率分布见表1-1，试计算两家公司的期望收益率，并分析它们的风险大小。

表1-1　　　　甲、乙两家公司的收益率及其概率分布

经济状况	发生概率（P_i）	收益率（R_i）	
		甲公司	乙公司
繁荣	0.30	40%	80%
一般	0.40	20%	20%
衰退	0.30	0	-40%
总计	1.00		

解：甲公司的期望收益率

$E_{R甲}=\sum 0.30\times40\%+0.40\times20\%+0.30\times0\%=20\%$

$E_{R乙}=\sum 0.30\times80\%+0.40\times20\%+0.30\times(-40\%)=20\%$

从计算结果可以得出两家公司的期望收益率相等，但其收益率的分布区间变化幅度却很大，即变量与期望值之间的离散程度较高，甲在0到40%之间，而乙在-40%到80%之间，说明乙公司的风险要比甲公司大得多。

（三）方差与标准差

方差和标准差都是用来描述随机变量偏离期望值的离散程度的。

标准差可按下式计算：

$$\delta=\sqrt{\sum_{i=1}^{n}(R_i-E_R)^2\times P_i}$$

其中：δ为标准差；R_i为第i种可能出现的变量值（收益率）；P_i为第i种可能出现的变量值（收益率）的相应概率。

标准差的平方即为方差，两者所反映的内容一致，其值越大，反映各种可能结果与收益率期望值的离散程度就越大，即其风险越大。由于标准差与期望值的量纲相同，便于直接比较，所以不管是在理论上还是实务中，多用标准差作为风险度量的基础。

【做中学1-14】承【做中学1-13】的资料：

$\delta_{甲}=\sqrt{(40\%-20\%)^2\times0.3+(20\%-20\%)^2\times0.4+(0-20\%)^2\times0.3}=15.49\%$

$\delta_{乙}=\sqrt{(80\%-20\%)^2\times0.3+(20\%-20\%)^2\times0.4+(-40\%-20\%)^2\times0.3}=46.48\%$

由以上计算可知：$E_{R甲}=E_{R乙}=20\%$，$\delta_{甲}<\delta_{乙}$，所以，乙公司的风险大于甲公司。

（四）标准离差率

前面讨论期望收益率的风险时，用标准差（或方差）作为依据并不是十分严格的，因为当不同方案的平均收益率不同时，标准差较大的方案有时具有较大的风险，有时也不一定具有较大的风险，这要视具体情况而定。究竟在什么情况下才能判定其风险较大呢？可以使用标准离差率作为判定标准。

标准离差率也称作标准差系数或变异系数，其值为标准差与相应的期望收益率之比。标准离差率克服了标准差的不足，无论期望收益（率）相同与否，均可用其判定某一方案各自风险的大小。

标准离差率（Q）的计算可使用下式：

$$Q=\frac{\delta}{E_R}\times100\%$$

【做中学1-15】承【做中学1-14】：

$Q_{甲}=\frac{15.49\%}{20\%}\times100\%=77.45\%$

$Q_{乙}=\frac{46.48\%}{20\%}\times100\%=232.4\%$

计算结果表明，$Q_{甲}<Q_{乙}$，甲公司的风险明显小于乙公司的风险，与标准差的衡量结果一致。

【做中学1-16】某企业有甲、乙两个方案，甲方案的期望收益率为20%，标准差为

18%；乙方案的期望收益率为30%，标准差为23%，试衡量两个方案风险程度的高低。

$$Q_{甲}=\frac{18\%}{20\%}\times 100\%=90\%$$

$$Q_{乙}=\frac{23\%}{30\%}\times 100\%=76.67\%$$

计算结果表明，虽然$d_{甲}<d_{乙}$，但$Q_{甲}>Q_{乙}$，所以甲方案的风险大于乙方案。

【思考】在进行项目风险评价时，期望值能否起作用？什么指标对风险评价起着决定作用？

由此可见，标准离差率能准确地度量风险的大小，优于以标准差为基础的度量方法。事实上，甲方案风险大，但其期望收益率也高；而乙方案虽然风险小，但期望收益率也低。究竟是选择甲方案还是乙方案，不能仅仅以标准离差率为依据，还要考虑投资者对风险偏好的程度。

项目小结

本项目主要知识点归纳总结见表1-2。

表1-2　本项目主要知识点归纳总结

主要知识点	内容	
财务管理概念	概念、目标、基本内容	
资金时间价值	终值计算	一次性收付款项
		普通年金
		即付年金
		递延年金
	现值计算	一次性收付款项
		普通年金
		即付年金
		递延年金
		永续年金
风险相关概念	风险相关指标计算	概率、期望收益率、方差与标准差、标准离差率
	风险评价	

项目二 筹资管理

学习目标

知识目标

1. 了解筹资的基本概念、分类。
2. 了解筹资的渠道、筹资方式及原则。
3. 掌握筹资规模确定的方法。
4. 掌握资本成本的计算方法。
5. 掌握杠杆原理。
6. 掌握资本结构理论。

技能目标

1. 能够正确理解筹资渠道、权益资金与债务资金的相关概念及计算。
2. 能够正确计算资金需求量。
3. 能够正确计算个别资本成本、综合资本成本、边际资本成本。
4. 能够正确计算经营杠杆、财务杠杆、复合杠杆。
5. 能够正确运用资本结构的计算方法，选择最佳资本结构。

态度目标

1. 树立适时、适量、适合渠道筹资的理念。
2. 树立企业管理中运用杠杆原理的理念。

工作情境与工作任务

某企业计划在新的年度投资研发新产品，在产品研发生产过程中需要投入资金。该部分资金可以来源于企业内部，也可以来源于企业外部的银行、金融市场，为了适时、适量地获取这部分资金，企业该做出什么样的选择呢？企业在筹资环节如何根据企业现有的资金结构选择适合本企业的筹资方式是本章的重点，通过本项目的学习，要能够计算筹资所需付出的代价，并根据企业的现状选择不同的筹资方式。

任务1 筹资的认知

企业筹资是指企业根据其生产经营、对外投资和调整资本结构的需要，通过各种取得资金的渠道和资金市场，运用有关方式，经济、有效地获得资金。

筹资管理是企业财务管理的一项最原始、最基本的内容。对于任何一个企业来说，为保证生产经营的正常进行，其必须具备一定数量的资金。即使是在企业生产经营过程中，由于季节性和临时性原因，以及企业扩大生产规模等的需要，企业同样要筹集资金。因此，资金筹集既是企业生产经营活动的前提，又是企业生产顺利进行的保证。

一、筹资的目的

筹资的基本目的是维持企业自身的生存与促进发展，但企业筹资还有其他的动机，主要包括扩张性筹资动机、偿还性筹资动机和混合筹资动机。

（一）扩张性筹资动机

扩张性筹资动机是指企业因扩大生产经营规模或追加对外投资的需要而产生的筹资动机。企业创建、开展日常生产经营活动，购置设备材料等生产要素，不能没有一定数量的资金；扩大生产规模、开发新产品、提高技术水平，更需要追加投资。具有良好发展前景、处于成长时期的企业通常会产生这种筹资动机。扩张性筹资动机所产生的直接结果是企业资产规模的扩大，但负债规模也会扩大，在给企业带来收益增长机会的同时，也带来更大的风险。

（二）偿还性筹资动机

偿还性筹资动机是指企业为了偿还某项债务而形成的借款动机，即借新债还旧债。偿债筹资有两种情形：一是调整性偿债筹资，即企业虽有足够的能力支付到期旧债，但为了调整现有的资本结构，仍然举债，从而使资本结构更加合理，这是主动的筹资策略。二是恶化性偿债筹资，即企业现有的支付能力已不足以偿付到期旧债，而被迫举债还债。企业在生产经营过程中由于经营管理不善造成亏损或产品销售款不能及时回笼使用，使企业无法及时归还欠款，只能采取举新债还旧债的方式维持企业生产经营，这表明企业的财务状况已经恶化。

（三）混合筹资动机

企业因同时需要长期资金和现金而形成的筹资动机，即为混合筹资动机。企业在生产经营过程中，一方面可能因为扩大生产经营规模而需要资金，另一方面可能因为现金短缺而无法偿还到期债务。通过混合筹资，企业既扩大了资产规模，又偿还了部分旧债，即在这种筹资中混合了扩张性筹资和偿债性筹资两种动机。

二、筹资的分类

（一）按资金的权益性质划分，可分为权益性融资、负债性融资和混合性融资

权益性融资是指筹集的资金为企业所有者的投资和增值，企业可以长期使用无须偿还。投资者拥有企业所有权、经营决策权和盈利分配权等，并承担企业的亏损。权益资金主要来源于国家、其他企业、个人和国外投资等。

负债性融资是指向债权人借入资金，是企业的负债。企业可在规定期限内使用，要按时偿还并支付利息，债权人不享有盈利分配权，也不承担企业的亏损。负债性资金主要来源于银行、其他企业等。

混合性融资是指兼具权益性融资和负债性融资双重性质的融资活动，其所筹集到的资金既有一定的股权资本特性，也有一定的负债资本特性，主要通过发行优先股、可转换债券等活动进行融资。

（二）按资金使用期限划分，可分为短期资金筹集和长期资金筹集

短期资金常指筹集使用期在一年以内的资金，主要用于补充流动资金。其特点是筹资速度快、容易取得、筹资富有弹性、筹资成本较低、筹资风险高，但若资金安排不当，则可能造成财务危机。其主要的筹集方式为短期借款、商业信用等。

长期资金一般指筹集使用期在一年以上的资金，主要用于设备、固定资产等长期性的投资。其特点是筹资数额大、影响时间长、发生次数少、筹资成本高等。其主要的筹集方式有吸收直接投资、发行股票、长期借款、发行债券、融资租赁等。

（三）按筹资是否以金融机构为媒介划分，可分为直接筹资和间接筹资

直接筹资是指企业不借助银行等金融机构，通过发行股票、债券等办法直接筹集资金。间接筹资是指企业借助银行或非银行金融机构等而进行的筹资。

两者的区别在于：

1.筹资载体不同

直接筹资通过货币或资本市场，以各种证券作为载体；而间接筹资则以银行或非银行金融机构为载体。

2.筹资范围不同

直接筹资具有广阔的领域，利用的渠道和方式较多；而间接筹资的范围比较狭窄，利用的渠道和方式比较单一。

3.筹资费用及成本不同

直接筹资的费用和成本比较高，而间接筹资的费用和成本相对比较低。

4.筹资风险不同

吸收直接投资和发行股票的筹资风险比较小，而间接筹资风险比较大。

（四）按资金来源的范围不同，可分为内部融资和外部融资

内部融资是指企业通过留存收益的形式从企业内部筹措资本的融资活动，是在企业内部通过利润分配形成的，其数额大小取决于企业可供分配的利润的规模及企业的利润分配政策。内部融资无须支付筹资费用，可降低资金成本。

外部融资是指企业向外部筹措资金的一种融资活动。在企业内部融资无法满足资金需要的情况下，企业应当从外部筹集资金。外部融资一般需要支付一定的筹资费用，主要方式有吸收直接投资、发行股票、发行债券、融资租赁、银行借款等。

三、筹资渠道

筹资渠道是指企业资金的来源。我国企业的筹资渠道主要有以下几种：

（一）国家财政资金

国家对企业的投资是我国全民所有制企业的主要资金来源，对于大中型国有企业而言，国家投资占有重要地位。

（二）银行资金

银行对企业的贷款也是企业的重要资金来源，企业可以根据自己的需要灵活选择。

（三）非银行金融机构

除专业银行外，企业还可以选择信托投资公司、保险公司、租赁公司等非银行金融机构，这些非银行金融机构的资金能力比专业银行小，但资金供应灵活方便，而且能提供其他方面的服务，给企业提供了更多的选择机会。

（四）其他企业资金

企业在生产经营过程中往往有部分暂时闲置的资金，甚至存在可以较长时间地腾出来供企业调剂使用的部分资金，主要包括联营、入股、负债、商业信用等。

（五）社会团体、事业单位资金

社会团体、事业单位属于国家事业经费拨款单位，经济体制改革后，国家对一部分依靠国家事业经费拨款的单位实行了企业化管理。这些单位除国家拨款外，自己还有部分经营性收入，虽然占整个资金来源渠道的比重不大，却是对企业资金来源的重要补充。

（六）个人资金

企业职工和城乡居民的投资都属于个人资金渠道，在动员闲置的消费基金方面具有重要作用。

（七）企业内部形成资金

企业内部形成资金主要指企业税后利润在一定条件下转化为生产经营资金。按照规定，企业在缴纳所得税后应提取盈余公积，形成企业的留存收益。留存收益在一定条件下可转化为企业的经营资金，是稳定的资金来源，在企业资金中占有较大的比重。

（八）外商资金

外商资金是指吸收的外商投资。吸收外资不仅可以满足我国资金的需要，而且可以引进先进的技术和管理经验，促进我国技术和产品的进步。

四、筹资方式

筹资方式是指企业取得资金的具体形式。企业取得资金的方式多种多样，主要有发行

股票、发行债券、银行借款、融资租赁、商业信用等。企业根据资金需要情况来确定筹资的方式。

（一）发行股票

股票是股份公司为筹集资金而发行的有价证券，是持股人拥有公司股份的凭证。它代表持股人在公司中拥有的所有权。股票持有人即为公司的股东，拥有企业所有权、经营决策权和盈利分配权等，并承担企业亏损。发行股票使得大量社会游资得到集中和运用，并把一部分消费资金转化为生产资金，是企业筹集长期资金的一个重要途径。

（二）发行债券

企业发行的债券又叫公司债券，是企业为取得长期债务而发行的有价证券，是持券人拥有公司债权的证书，代表持券人同公司之间的债权债务关系。企业要按时偿还本息，债权人不享有盈利分配权，也不承担企业亏损。发行债券是企业筹集资金的又一重要途径。

（三）租赁

租赁是出租人以收取租金为条件，在契约或合同规定的期限内将资产让给承租人使用，按性质分为经营性租赁和融资租赁两种。经营性租赁是由租赁公司向承租单位在短期内提供设备，并提供维修、保养、人员培训等的一种服务，又称为服务性租赁。融资租赁是由租赁公司按要求出资购买资产，在较长的合约期内提供给承租单位使用的信用业务，是以融通资金为主要目的的租赁。一般借贷的对象是资金，而融资租赁的对象是实物，融资租赁是融资与融物相结合、带有商品销售性质的租赁活动，是企业筹集资金的一种重要方式。

（四）吸收投资

企业吸收投资的主要来源是国家投资和其他企事业单位联营投资。联营合同或协议一般规定税后分利的方法，有的还规定还本方式与期限。

（五）商业信用

商业信用是指商品交易中以延期付款或预收货款的方式进行购销活动而形成的借贷关系，是企业与企业之间的直接信用行为。

（六）银行借款

银行借款是指企业按照与银行等金融机构签订的借款合同借入款项的一种融资方式，是筹集负债资金的重要形式。这种方式适用于各类企业，既可以筹集长期负债资金，也可以筹集短期负债资金，具有灵活、方便的特点。

（七）发行信托产品

信托业务作为一项金融业务，具有筹集资金的职能。信托机构通过发行信托产品的形式筹集资金，成为企业融资的一种新的方式。

筹资渠道和筹资方式之间有着密切的关系。一定的筹资方式可能适用于多种筹资渠道，也可能只适用于某一特定的筹资渠道；同一渠道的资金也可能采取不同的筹资方式取得。因此，企业在筹集资金时，必须将两者结合在一起，研究两者的合理配合。

五、筹资原则

企业筹集资金是一项重要而复杂的工作，除了选择多种筹资方式外，还应遵循以下一些基本原则：

（一）规模适当原则

企业财务人员应认真分析科研、生产、经营状况，采用一定的方法，预测资金需求数量，按需要进行筹资。

（二）筹措及时原则

同等数量的资金在不同时间点上具有不同的价值，企业财务人员应熟知资金时间价值的原理和计算方法，以便根据资金需求的具体情况，合理安排资金的筹集时间，适时取得所需资金。这样既可避免过早筹集资金，形成资金投放前的闲置，又能防止取得资金的时间滞后，错过资金投放的最佳时间。

（三）来源合理原则

资金来源的渠道和资金市场为企业提供了资金的来源和筹集场所，反映了资金的分布状况和供求关系，决定着筹资的难易程度。不同来源的资金对企业的收益和成本有着不同的影响，因此应该认真研究筹资渠道和资金市场，合理选择资金来源。

（四）方式经济原则

企业筹集资金必然要付出一定的代价，不同筹资方式、条件下的资金成本有高有低，因此，企业应该对各种筹资方式进行分析、对比，选择经济、可行的筹资方式，确定合理的资金结构，以降低成本，减少风险。

任务2 权益资金的筹集

一、吸收直接投资

吸收直接投资是企业以合同、协议等形式吸收国家、法人、个人、外商等直接投入资金，形成企业自有资金的一种筹资方式。它不以有价证券为中介，是以协议、合约形式存在的。投资者和企业共同经营、共担风险、共享利润。吸收直接投资是非股份制企业吸收自有资金的主要方式。

吸收直接投资的种类（投资主体不同，形成的资本金不同）有：国家资本金（吸收国家投资）、法人资本金（吸收法人投资）、个人资本金（吸收个人投资）、外商资本金（吸收外商投资）。

（一）吸收直接投资的出资方式

1.吸收现金投资

吸收现金投资是指吸收投资者用货币资金对企业的投资，是直接投资中最主要的形式。

2.吸收非现金投资

吸收非现金投资主要包括吸收实物资产和无形资产投资两种。

（1）吸收实物资产投资。它是指以房屋、建筑物、机器设备、存货等实物资产作价出资。企业吸收实物资产时，必须在企业的合同、协议、章程中注明实物的种类、数量、质量、标准等，以及未达到投资标准的经济责任。同时，若以实物投资，投资者还必须出具拥有资产所有权和处置权的有效证明，投资者不得以租赁的资产或已作为抵押的资产投资。

（2）吸收无形资产投资。它是指以专利权、商标权、商誉、非专利技术、土地使用权等无形资产作价投资。企业吸收的无形资产除土地使用权以外，一般不得超过注册资本的20%；如有特殊情况或含有高新技术等，经有关部门审批后也可以超过20%，但最高不得超过30%。

（二）吸收直接投资管理

1.吸收直接投资的要求

（1）只有非股份制企业才可以采用这种方式。

（2）吸收的资产必须符合生产经营、科研开发的需要，且无形资产的比例不能超过注册资本的20%。

（3）吸收的非现金资产必须进行合理、公正的估价。

2.吸收投资的一般程序

（1）确定筹资数量。

（2）寻找投资单位。

（3）选择吸收投资的形式。

（4）协商投资事项。

（5）签署投资协议。

（6）取得资金来源。

（三）吸收直接投资的优缺点

1.吸收直接投资的优点

（1）筹集的资本属于企业的自有资金，能提高企业的资信和借款能力。

（2）不仅可以取得现金资产，还可以直接获得企业所需的先进技术和设备，使企业尽快形成生产能力。

（3）筹集的资本不需要还本付息，有利于降低财务风险。

2.吸收直接投资的缺点

（1）与借入资本相比，吸收直接投资的资本成本较高。

（2）有时需要引进外部投资者，容易分散企业控制权。

（3）筹集的资本由于没有证券作中介，不利于产权的交易和转让。

二、普通股筹资

（一）普通股及其股东权利

普通股是股份有限公司发行的无特别权利的股份，也是最基本的、标准的股份。通常情况下，股份有限公司只发行普通股。

持有普通股股份者为普通股股东。依《中华人民共和国公司法》（以下简称《公司法》）的规定，普通股股东主要有如下权利：

（1）出席或委托代理人出席股东大会，并依公司章程规定行使表决权。这是普通股股东参与公司经营管理的基本方式。

（2）股份转让权。股东持有的股份可以自由转让，但必须符合《公司法》、其他法规和公司章程规定的条件和程序。

（3）股利分配请求权。

（4）对公司账目和股东大会决议的审查权和对公司事务的质询权。

（5）分配公司剩余财产的权利。

（6）公司章程规定的其他权利。

同时，普通股股东基于其资格，也对公司负有义务。我国《公司法》规定，股东应遵守公司章程，缴纳股款，对公司负有限责任，不得退股。

（二）股票的分类

1.按投资主体的不同，分为国家股、法人股和个人股

国家股是指有权代表国家投资的部门或机构以国有资产向公司投资而形成的股份。

法人股是指企业法人依法以其可支配的财产向公司投资而形成的股份，或具有法人资格的事业单位和社会团体以国家允许用于经营的资产向公司投资而形成的股份。

个人股是指社会个人或公司内部职工以个人合法财产投入公司而形成的股份。

2.按股票是否记名，分为记名股票和无记名股票

记名股票是在股票票面上记载股东姓名或名称的股票。这种股票除了股票上所记载的股东外，其他人不得行使其股权，且股份的转让有严格的法律程序与手续，需办理过户手续。我国《公司法》规定，向发起人、国家授权投资的机构、法人发行的股票，应为记名股。

无记名股票是票面上不记载股东姓名或名称的股票。这类股票的持有人即股份的所有人，具有股东资格，股票的转让也比较自由、方便，无须办理过户手续。

3.按票面是否标明金额，分为有面值股票和无面值股票

有面值股票是在票面上标有一定金额的股票。持有这种股票的股东，对公司享有的权利和承担的义务大小，依其所持有的股票票面金额占公司发行在外股票总面值的比例而定。

无面值股票是不在票面上标出金额，只载明所占公司股本总额的比例或股份数的股票。无面值股票的价值随公司财产的增减而变动，而股东对公司享有的权利和承担义务的大小，直接依股票标明的比例而定。目前，我国《公司法》不承认无面值股票，规定股票应记载股票的面额，并且其发行价格不得低于票面金额。

4.按发行对象和上市地区的不同，分为A股、B股、H股和N股

A股是供我国大陆地区个人或法人买卖的，以人民币标明票面金额并以人民币认购和交易的股票。

B股、H股和N股是专供外国和我国港、澳、台地区投资者买卖的，以人民币标明票面金额但以外币认购和交易的股票。其中，B股在上海、深圳上市，H股在中国香港上市，N股在纽约上市。

（三）股票的发行、销售方式和发行价格

1.股票的发行方式

股票的发行方式分为公开间接发行和不公开直接发行两种。

（1）公开间接发行。公开间接发行是指通过中介机构，公开向社会公众发行股票。我国股份有限公司在采用募集设立方式向社会公开发行新股时须由证券经营机构承销的做法，就属于股票的公开间接发行。这种发行方式的发行范围广，发行对象多，易于足额募

集资本；股票的变现性强，流通性好；股票公开间接发行还有助于提高发行公司的知名度和扩大其影响力。但这种发行方式也有不足，主要是手续繁杂，发行成本高。

（2）不公开直接发行。不公开直接发行是指不公开对外发行股票，只向少数特定的对象直接发行，因而无须经中介机构承销。我国股份有限公司采用发起设立方式和以不向社会公开募集的方式发行新股的做法，即属于股票的不公开直接发行。这种发行方式弹性较大，发行成本低，但发行范围小，股票变现性差。

2.股票的销售方式

股票的销售方式指的是股份有限公司向社会公开发行股票时所采取的股票销售方法。股票销售方式有两类：自销和承销。

（1）自销。股票发行的自销是指发行公司自己直接将股票销售给认购者。这种销售方式可由发行公司直接控制发行过程，实现发行意图，并节省发行费用；但筹资时间往往较长，发行公司要承担全部发行风险，并需要发行公司具有较高的知名度、信誉和实力。

（2）承销。股票发行的承销是指发行公司将股票销售业务委托给证券经营机构代理。这种销售方式是发行股票所普遍采用的。我国《公司法》规定，股份有限公司向社会公开发行股票，必须与依法设立的证券经营机构签订承销协议，由证券经营机构承销。股票承销又分为包销和代销两种办法。

所谓包销，是指根据承销协议商定的价格，证券经营机构一次性全部购进发行公司公开募集的全部股份，然后以较高的价格出售给社会上的认购者。对发行公司来说，采用包销的办法可及时筹足资本，免于承担发行风险（股款未募足的风险由承销商承担）；但股票以较低的价格售给承销商会损失部分溢价。

所谓代销，是指证券经营机构仅替发行公司代售股票，并由此获取一定的佣金，但不承担股款未募足的风险。

3.股票的发行价格

股票的发行价格是指股票发行时所使用的价格，也就是投资者认购股票时所支付的价格。股票的发行价格通常由发行公司根据股票面额、股市行情和其他有关因素决定。以募集方式设立的公司首次发行的股票价格，由发起人决定；公司增资发行新股的股票价格，由股东大会做出决议。

股票的发行价格可以和股票的面额一致，但多数情况下两者不一致。股票的发行价格一般有以下三种：

（1）等价。等价是指以股票的票面额为发行价格，也称为平价发行。这种发行价格，一般在股票的初次发行或在股东内部分摊增资的情况下采用。等价发行股票容易推销，但无从取得股票溢价收入。

（2）时价。时价是指以本公司股票在流通市场上买卖的实际价格为基准确定的股票发行价格。其原因是股票在第二次发行时已经增值，收益率已经变化。选用时价发行股票，考虑了股票的现行市场价值，对投资者也有较大的吸引力。

（3）中间价。中间价是指以时价和等价的中间值确定的股票发行价格。

按时价或中间价发行股票，股票发行价格会高于或低于其面额。前者称溢价发行，后者称折价发行。如属溢价发行，发行公司所获得的溢价款列入资本公积。

【提示】我国《公司法》规定，股票发行价格可以等于票面金额（等价），也可以超过票面金额（溢价），但不得低于票面金额（折价）。

（四）股票发行的规定与条件

（1）每股金额相等。同次发行的股票，每股的发行条件和价格应当相同。

（2）股票发行价格可以按票面金额，也可以超过票面金额，但不得低于票面金额。

（3）股票应当载明公司名称、公司登记日期、股票种类、票面金额及代表的股份数、股票编号等主要事项。

（4）向发起人、国家授权投资的机构、法人发行的股票，应当为记名股票；向社会公众发行的股票，可以为记名股票，也可以为无记名股票。

（5）公司发行记名股票，应当置备股东名册，记载股东的姓名或者名称、住所、各股东所持股份、各股东所持股票编号、各股东取得其股份的日期；发行无记名股票，应当记载其股票数量、编号及发行日期。

（6）公司发行新股，必须具备下列条件：前一次发行的股份已募足，并间隔1年以上；公司在最近3年内连续盈利，并可向股东支付股利；公司在3年内财务会计文件无虚假记载；公司预期利润率可达同期银行存款利率。

（7）公司发行新股，应由股东大会做出有关下列事项的决议：新股种类及数额；新股发行价格；新股发行的起止日期；向原有股东发行新股的种类及数额。

（五）股票发行的程序

股份有限公司在设立时发行股票与增资发行新股，程序上有所不同。

1.设立时发行股票的程序

（1）提出募集股份申请。

（2）公告招股说明书，制作认股书，签订承销协议和代收股款协议。

（3）招认股份，缴纳股款。

（4）召开创立大会，选举董事会、监事会。

（5）办理设立登记，交割股票。

2.增资发行新股的程序

（1）股东大会做出发行新股的决议。

（2）由董事会向国务院授权的部门或省级人民政府申请并经批准。

（3）公告新股招股说明书和财务会计报表及附属明细表，与证券经营机构签订承销合同，定向募集时向新股认购人发出认购公告或通知。

（4）招认股份，缴纳股款。

（5）改组董事会、监事会，办理变更登记并向社会公告。

（六）普通股融资的优缺点

1.普通股融资的优点

与其他筹资方式相比，以普通股筹措资本具有如下优点：

（1）发行普通股筹资具有永久性，无到期日，无需归还。这对保证公司资本的最低需要、维持公司长期稳定发展极为有益。

（2）发行普通股筹资没有固定的股利负担，股利的支付与否和支付多少视公司有无盈利和经营需要而定，经营波动给公司带来的财务负担相对较小。由于普通股筹资没有固定的到期还本付息的压力，所以筹资风险较小。

（3）发行普通股筹集的资本是公司最基本的资金来源，反映了公司的实力，可作为其他方式筹资的基础，尤其可为债权人提供保障，增强公司的举债能力。

（4）由于普通股的预期收益较高并可一定程度地抵销通货膨胀的影响，因此普通股筹资容易吸收资金。

2.普通股融资的缺点

（1）普通股的资本成本较高，发行费用一般也高于其他证券。

（2）以普通股筹资会增加新股东，这可能会分散公司的控制权。此外，新股东分享公司未发行新股前积累的盈余，会降低普通股的每股净收益，从而会引发股价的下跌。

三、优先股筹资

优先股是指公司在筹集资金时，给予投资者某些优先权的股票。这种优先权主要表现在两个方面：一是优先股有固定的股息，不随公司业绩好坏而波动，并可以先于普通股股东领取股息；二是当公司破产进行财产清算时，优先股股东对公司剩余财产有先于普通股股东的要求权。但优先股一般不参加公司的红利分配，持股人亦无表决权，不能借助表决权参加公司的经营管理。因此，优先股与普通股相比较，虽然收益和决策参与权有限，但风险较小。

（一）优先股的基本特征

1.优先股通常预先定明股息收益率

由于优先股股息收益率事先固定，所以优先股的股息一般不会根据公司经营情况而增减，而且优先股股东一般也不能参与公司的分红，但其可以先于普通股股东获得股息。对公司来说，由于股息固定，所以它不影响公司的利润分配。

2.优先股的权利范围小

优先股股东一般没有选举权和被选举权，对股份公司的重大经营无投票权，但在某些情况下可以享有投票权。

（二）优先股的种类

优先股的种类很多，主要有以下几种：

1.累积优先股和非累积优先股

对于累积优先股，在某个营业年度内，如果公司所获得的盈利不足以分派规定的股利，日后累积优先股股东对往年未付给的股息有权要求如数补给。对于非累积优先股，虽然优先股股东对公司当年所获得的利润有先于普通股股东获得分派股息的权利，但如果该年公司所获得的盈利不足以按规定的股利分配时，非累积优先股股东不能要求公司在以后年度中予以补发。一般来讲，对投资者而言，累积优先股比非累积优先股具有更大的优越性。

2.参与优先股与非参与优先股

当企业利润增大时，除享受既定比率的利息外，还可以跟普通股共同参与利润分配的优先股，称为参与优先股。除了既定股息外，不再参与利润分配的优先股，称为非参与优先股。一般来讲，参与优先股较非参与优先股对投资者更为有利。

3.可转换优先股与不可转换优先股

可转换优先股是指允许优先股持有人在特定条件下把优先股转换为一定数额的普通股；否则，就是不可转换优先股。可转换优先股是近年来日益流行的一种优先股。

4. 可收回优先股与不可收回优先股

可收回优先股是指允许发行该类股票的公司，按原来的价格再加上若干补偿金将已发行的优先股收回的股票。当该公司认为能够以较低股利的股票来代替已发行的优先股时，往往会行使这种权利。反之，就是不可收回的优先股。

（三）优先股筹资的优缺点

优先股筹资的优点是有固定的股利，但无约定性；没有固定到期日，无须偿还；能增强企业信誉。但其也存在资本成本高、限制条件多、企业财务负担重等缺点。

任务3　债务资金的筹集

一、银行借款

（一）银行借款的种类

1. 按借款期限不同，分为短期借款、中期借款和长期借款

短期借款期限在1年以内，中期借款期限在1～5年，长期借款期限在5年以上。

2. 按借款是否需要担保，分为信用借款、担保借款和票据贴现

信用借款是指以借款人的信用为依据而获得的借款，企业取得这种借款无须以财产抵押。

担保借款是指以一定的财产做抵押或以一定的保证人做担保为条件而取得的借款。它分为保证借款、抵押借款和质押借款3类。

票据贴现是指企业以持有的未到期的商业票据向银行贴付一定的利息而取得的借款。

3. 按提供贷款的机构不同，分为政策性银行贷款和商业银行贷款

政策性银行贷款是指执行国家政策性贷款业务的银行向企业发放的贷款。例如，国家开发银行为满足企业承建国家重点建设项目的资金需要而提供的贷款，主要为执行国家重点扶持行业等经济政策服务；进出口信贷银行为大型设备的进出口提供买方或卖方信贷。

商业银行贷款是指各商业银行向工商企业提供的贷款，这类贷款主要满足企业生产经营的资金需要。

企业还可从信托投资公司取得实物或货币形式的信托投资贷款，或者从财务公司获得各种贷款等。

4. 按借款的用途不同，分为基本建设借款、专项借款和流动资金借款

（二）银行借款筹资的程序

（1）企业提出借款申请，提供借款资料。

（2）银行审查企业申请，进行调查与审批。

（3）签订借款合同，发放贷款。

（4）企业按合同规定按时还本付息。

（三）与银行借款有关的信用条件和保护性条款

1. 信贷额度

信贷限额是银行对借款人规定的无担保贷款的最高额，如借款人超过限额继续借款，

银行将停止办理。此外，如果企业信誉恶化，银行也有权停止借款。对于信贷额度，银行不承担法律责任，没有强制义务。

2.周转信贷协定

周转信贷协定是指银行具有法律义务地承诺提供不超过某一最高限额的贷款协定，在协定的有效期内，银行必须满足企业在任何时候提出的借款要求。企业享受周转信贷协定必须就贷款限额的未使用部分向银行付一笔承诺费。银行对周转信贷协议负有法律义务。

【做中学 2-1】东南企业与银行商定的年度周转信贷额为1 000万元，承诺费率为4%，借款企业年度内使用了800万元。企业应向银行支付多少承诺费？

承诺费=200×4%=8（万元）

3.补偿性余额

补偿性余额是指银行要求借款人在银行中保持按贷款限额或实际借用额一定百分比（一般为10%至20%）计算的最低存款余额。企业在使用资金的过程中，通过资金在存款账户的进出，始终保持一定的补偿性余额在银行存款的账户上。这实际上增加了借款企业的利息，提高了借款的实际利率，加重了企业的财务负担。

【做中学 2-2】南方公司按年利率8%向银行取得1年期借款1 000万元，银行要求保留15%的补偿性余额，企业实际可以动用的借款只有850万元。该项借款的实际利率为多少？

$$实际利率=\frac{企业实际负担的利息}{企业实际取得本金}=\frac{1\ 000\times 8\%}{850}\times 100\%=9.41\%$$

4.借款抵押

银行向财务风险较大的企业或对其信誉没有把握的企业发放贷款，有时需要有抵押品担保以减少自己蒙受损失的风险。借款的抵押品通常是借款企业的应收账款、存货、股票、债券及房屋等。银行接受抵押品后，将根据抵押品的账面价值决定贷款金额，一般为抵押品的账面价值的30%至50%。企业接受抵押贷款后，其抵押财产的使用及将来的借款能力会受到限制。抵押贷款的利率要高于非抵押贷款的利率，原因在于银行将抵押贷款视为风险贷款，借款企业的信誉不是很好，所以需要收取较高的利息；而银行一般愿意为信誉较好的企业提供贷款，且利率相对较低。

5.偿还条件

贷款的偿还有到期一次偿还和在贷款期内定期等额偿还两种方式。一般来说，企业不希望采用分期等额偿还方式借款，而是愿意在贷款到期日一次偿还，因为分期偿还会加大贷款的实际利率。但是银行一般希望采用分期付息方式提供贷款，因为到期一次偿还借款本金会增加企业的财务压力，加大企业的拒付风险，同时会降低借款的实际利率。

6.其他承诺

银行有时还要求企业为取得借款而做出其他承诺，如及时提供财务报表、保持适当的水平（如特定的流动比率）等。

（四）借款利息的支付方式

1.利随本清法

利随本清法又称收款法，即在短期借款到期时向银行一次性支付利息和本金。采用这种方法，借款的名义利率等于实际利率。

【做中学2-3】长城公司从银行取得借款2 000万元，期限1年，名义利率8%，利息160万元。按照贴现法付息，企业该项贷款的实际利率为多少？

$$实际利率=\frac{企业实际负担的利息}{企业实际取得本金}=\frac{160}{2\,000-160}\times100\%=8.7\%$$

2.贴现法

贴现法是指银行向企业发放贷款时，先从本金中扣除利息部分，而借款到期时企业再偿还全部本金的方法。采用这种方法，贷款的实际利率会高于名义利率。

【做中学2-4】A公司向银行申请5年期贷款1 000万，利率8%，每季度支付利息一次，其实际贷款利率是多少？

每季度名义利率=8%÷4=2%

支付次数=5×4=20（次）

实际利率和名义利率的换算关系为：$i=[(1+r\div m)^{m}-1]\times100\%$

其中：i为实际利率；r为名义利率；m为每年支付利息的次数。

将数字代入：$i=[(1+r\div m)^{m}-1]\times100\%=[(1+8\%\div4)^{4}-1]\times100\%=8.24\%$

在按季支付利息的情况下，实际利率为8.24%，高于8%的名义利率。

（五）银行借款筹资的优缺点

1.银行借款筹资的优点

（1）筹资速度快。与发行证券相比，银行借款一般所需时间较短，可以迅速获得资金。

（2）借款弹性较大。企业与银行可以直接接触，商谈确定借款的时间、数量和利息。如果在借款期间企业经营情况发生变化，企业也可与银行协商，修改借款的数量和条件。借款到期后如有正当理由，还可延期归还。

（3）借款成本较低。就我国目前的情况看，利用银行借款所支付的利息比发行债券所支付的利息低。另外，也无须支付大量的发行费用。

2.银行借款筹资的缺点

（1）财务风险高。企业举借长期借款，必须定期付息，在经营不利的情况下，企业有不能偿付的风险，甚至会导致破产。

（2）限制性条款多。企业与银行签订的借款合同中一般都有一些限制性条款，如定期报送有关部门报表、不能改变借款用途等。

（3）筹资数量有限。银行一般不愿借出巨额的长期借款，因此，利用银行借款筹资有一定的上限。

二、商业信用

商业信用是指商品交易中以延期付款或预收货款形式进行购销活动而形成的借贷关系。企业乐意使用，是因为提供商业信用的企业实际上提供了两项服务：一是销售商品；二是提供短期借款。

（一）商业信用的形式

1.赊购商品

赊购商品是由延期付款形成的。

2.预收货款

预收货款是由延期交货形成的，对于紧俏商品，购买单位乐意采用这种形式。对于飞机、轮船等生产周期长、售价高的商品，也采用这种形式先订货，以缓解资金占用过多的压力。

3.商业汇票

商业汇票是一种期票，是反映应付账款和应收账款的书面证明。其分为商业承兑汇票和银行承兑汇票两种形式。对于商品买卖关系中的买方（延迟付款方）来说，它是一种短期融资方式。

（二）商业信用条件

所谓信用条件，是指销货人对付款时间、现金折扣和折扣期限做出的具体规定，其主要形式有：

（1）预收货款。

（2）延期付款但不提供现金折扣。比如，“N/30”表示商品的买方应在30天之内按发票金额付清货款，没有现金折扣。

（3）延期付款但早付款有现金折扣。比如，“3/10”表示商品的买方在10天内按发票金额付清货款，享有3%的现金折扣。

（三）现金折扣成本的计算

在销售方提供现金折扣的情况下，如果购买单位在规定折扣期内付款，便可享受免费信用，在这种情况下购买单位没有因为享受信用而付出代价。如果购买单位放弃现金折扣，该企业便要承受因放弃而造成的隐含利息成本。一般而言，放弃现金折扣的成本可用下式计算：

$$放弃现金折扣成本=\frac{折扣百分比}{1-折扣百分比}\times\frac{360}{信用期-折扣期}$$

【做中学2-5】A公司向B公司赊购货物一批，价值10 000元，付款折扣条件是“2/10，N/30”。

如果B公司在10天内付款，则折扣的金额为10 000×2%=200（元），实际付款金额为10 000-200=9 800（元）。如果B公司在30天内付款，则不给折扣，实际付款金额为10 000元。

$$放弃现金折扣成本（机会成本）=\frac{2\%}{1-2\%}\times\frac{360}{30-10}\times100\%=36.73\%$$

（四）商业信用融资的优缺点

1.商业信用融资的优点

（1）筹资便利。利用商业信用筹措资金非常方便，因为商业信用与商品买卖同时进行，属于一种自然性融资，不用做非常正规的安排。

（2）筹资成本低。如果没有现金折扣，或企业不放弃现金折扣，则利用商业信用集资没有实际成本。

（3）限制条件少。如果企业利用银行借款筹资，银行往往对贷款的使用规定一些限制条件，而商业信用则限制较少。

2.商业信用融资的缺点

商业信用的期限一般较短，如果企业取得现金折扣，则时间会更短；如果放弃现金折扣，则要付出较高的资本成本。

三、企业债券

债券是指债务人为筹集资金而发行的、约定在一定期限还本付息的有价证券，是债权人拥有公司债权的凭证。其特点是：①券面载明财产权；②权利、义务的变更和债券的转让同时发生。

（一）债券的种类

1.按发行主体不同，分为政府债券、金融债券和公司债券

政府债券由各国中央政府或地方政府发行。政府债券风险小、流动性强，是最受投资者欢迎的债券之一。

金融债券是由银行或其他金融机构发行的。金融债券风险不大，流动性较好，报酬也比较高。

公司债券又称企业债券，由股份公司等各类企业发行。与政府债券相比，公司债券的风险较大，因而利率也比较高。

2.按有无抵押担保，分为信用债券、抵押债券和担保债券

信用债券是无抵押担保的债券，是仅凭发行者的信誉发行的。政府债券属于信用债券，一个信用良好的企业也可以发行信用债券，但有一定的条件限制。

抵押债券是以一定的抵押品作抵押才能发行的债券。这种债券在西方比较常见，抵押债券按抵押品的不同又可分为不动产抵押债券、设备抵押债券和证券抵押债券。

担保债券是由一定的保证人作担保而发行的债券。当企业没有足够的资金偿还债券时，债权人有权要求担保人偿还。我国1998年4月8日颁布的《企业债券发行与转让管理办法》规定，保证人应是符合《担保法》的企业法人，同时还要具备以下条件：①净资产不能低于被保证人发行债券的本金和利息；②近3年连续盈利；③不涉及改组、解散等事宜或重大诉讼案件；④中国人民银行规定的其他条件。

3.按是否记名，分为记名债券和无记名债券

记名债券是指在券面上注明债权人姓名或名称，同时在发行公司的债权人名册上进行登记的债券。这种债券的优点是比较安全，缺点是转让时手续比较复杂。

无记名债券是指在券面上不注明债权人姓名或名称，同时也不在发行公司的债权人名册上进行登记的债券。无记名债券转让时随即生效，无须背书，因而比较方便。

4.其他分类有可转换债券、无息债券、浮动利率债券、收益债券

（二）债券的基本要素

1.债券的面值

债券的面值包括两个基本内容：一是币种；二是票面金额。面值的币种可用本国货币表示，也可用外币表示，这取决于发行者的需要和债券的种类。债券的票面金额是债券到期时偿还债务的金额，面值印在债券上，固定不变，到期必须足额偿还。

2.债券的期限

债券有明确的到期日，债券从发行日起至到期日之间的时间称为债券的期限。债券的期限有日益缩短的趋势。在债券的期限内，公司必须定期支付利息；债券到期时，公司必须偿还本金。

3.债券的利率

债券上通常载明利率，一般为固定利率，也有少数是浮动利率。债券的利率为年利率，面值与利率相乘可得出年利息。

4.债券的价格

理论上，债券的面值就是它的价格，但在实际操作中，由于发行者的考虑或资金市场上供求关系、利息率的变化，债券的市场价格常常脱离它的面值，但差额并不大。发行者计算利息、偿付本金都以债券的面值为依据，而不以价格为依据。

（三）债券发行的资格和条件

1.发行债券的资格

我国《公司法》规定，股份有限公司、国有独资公司和两个以上的国有企业或者其他两个以上的国有投资主体投资设立的有限责任公司，有资格发行公司债券。

2.发行债券的条件

（1）股份有限公司的净资产额不低于人民币3 000万元，有限责任公司的净资产额不低于人民币6 000万元。

（2）累计债券总额不超过公司净资产额的40%。

（3）最近3年平均可分配利润足以支付公司债券1年的利息。

（4）所筹集的资金投向符合国家产业政策。

（5）债券的利率不得超过国务院限定的水平。

（6）国务院规定的其他条件。

3.再次发行公司债券的限制条件

发行公司凡有下列情形之一的，不得再次发行公司债券：

（1）前一次发行的公司债券尚未募足的。

（2）对已发行的公司债券或者其债务有违约或延迟支付本息的事实，且仍处于持续状态的。

（四）债券发行价格及计算

微课：债券发行价格的计算

（1）当票面利率=市场利率时，等价发行。

（2）当票面利率>市场利率时，溢价发行。

（3）当票面利率<市场利率时，折价发行。

债券之所以会存在溢价发行和折价发行，是因为资金市场上的利率是经常变化的，而企业债券一经发行，就不能调整其票面利率。从债券的开印到正式发行，往往需要经过一段时间，在这段时间内如果资金市场上的利率发生变化，就要靠调整发行价格的方法来使债券顺利发行。当票面利率高于市场利率时，以溢价发行债券；当票面利率低于市场利率时，以折价发行债券；当票面利率等于市场利率时，以等价发行债券。

债券发行价格的确定其实就是一个求现值的过程，其等于各期利息的现值和到期还本的现值之和，折现率以市场利率为标准。

债券发行价格的计算公式为：

$$债券发行价格=\sum 各期利息的现值+到期本金（面值）的现值$$

利息=债券票面金额×票面利率

【做中学 2-6】某公司发行面值为1 000元、票面利率为10％、期限为10年、每年年末支付利息的债券，到期还本。债券发行时市场利率发生了变化，分别为10%、15%、5%。

当市场利率为10％时，债券的发行价格为：

P=1 000×（P/F，10%，10）+1 000×10％×（P/A，10%，10）

=1 000×0.3855+100×6.1446=1 000（元）

当市场利率为15％时，债券的发行价格为：

P=1 000×（P/F，15%，10）+1 000×10％×（P/A，15%，10）

=1 000×0.2472+100×5.0188=749（元）

当市场利率为5％时，债券的发行价格为：

P=1 000×（P/F，5%，10）+1 000×10％×（P/A，5%，10）

=1 000×0.6139+100×7.7217=1 386（元）

注：此处计算保留整数。

（五）债券筹资的优缺点

1.债券筹资的优点

（1）资本成本低。债券的发行费用低，并且利息在税前支付，比股票筹资成本低。

（2）能够保证控制权。债券持有人无权干涉企业的经营管理事务。

（3）可以发挥财务杠杆作用。债券只支付固定的利息，当企业盈利较多时，可以留更多的收益给股东或用于企业扩大经营。

2.债券筹资的缺点

（1）筹资风险高。债券有固定的到期日，并定期支付利息，无论企业经营如何都要偿还。

（2）限制条件多。债券发行契约书上的限制条款比优先股和短期债务严格得多，可能会影响企业以后的发展或筹资能力。

（3）筹资额有限。利用债券筹资在数额上有一定限制，当公司的负债超过一定程度后，债券筹资的成本会上升，有时甚至难以发行出去。

四、融资租赁

融资租赁是由租赁公司按承租单位要求出资购买设备，在较长的契约或合同期内提供给承租单位使用的信用业务。一般借贷的对象是资金，而融资租赁的对象是实物，融资租赁是融资与融物相结合、带有商品销售性质的借贷活动，是企业筹集资金的一种方式。

（一）融资租赁的特点

（1）租赁期较长，一般长于资产有效使用期的一半，在租赁期间双方无权取消合同。

（2）由承租企业负责设备的维修、保养和保险，承租企业无权拆卸改装。

（3）租赁期满，按事先约定的方法处理设备，包括退还租赁公司、继续租赁、企业留购。

（二）融资租赁的种类

融资租赁分为直接租赁、售后租回、杠杆租赁三种。

1.直接租赁

直接租赁是指租赁公司用自有资金、银行贷款或招股等方式，在金融市场上筹集资金，向设备制造厂家购进用户所需设备，然后再租给承租企业使用的一种主要融资租赁方式。

2.售后租回

售后租回是指卖主（即承租人）将一项自制或外购的资产出售后，又将该项资产从买主（即出租人）处租回，习惯将其称为“回租”。在售后租回方式下，卖主同时是承租人，买主同时是出租人。通过售后回租交易，资产的原所有者（即承租人）在保留对资产的占有权、使用权和控制权的前提下，将固定资产转化为货币资本，在出售时可取得全部价款的现金，而租金则是分期支付的，从而获得了所需的资金；而资产的新所有者（即出租人）通过售后租回交易，找到了一个风险小、回报有保障的投资机会。

3.杠杆租赁

杠杆租赁是指出租人一般支付租赁资产全部价款的一部分，另以租赁资产作抵押，由金融机构贷款支付其余价款，然后将购入资产用于租赁的一种融资租赁形式。

（三）融资租赁租金的计算

1.融资租赁租金的构成

融资租赁的租金包括设备价款和租息两部分，其中租息又可分为租赁公司的融资租赁成本、租赁手续费等。具体地，融资租赁的租金计算内容如下：

（1）设备价款是租金的主要内容，包括设备的买价、运杂费和途中保险费。

（2）融资租赁成本指设备租赁期间为购买设备所筹集资金的利息。

（3）租赁手续费指租赁公司承办租赁设备的营业费用和一定的盈利。

2.租金的支付方式

（1）按期限的长短，分为年付、半年付、季付和月付等。

（2）按支付期先后，分为先付和后付两种。

（3）按每期支付金额，分为等额支付和不等额支付两种。

3.租金的计算方法

租金的计算方法有很多，我国融资租赁实务中大多采用平均分摊法和等额年金法。

（1）平均分摊法。平均分摊法是先以商定的利息率和手续费率计算出租赁期间的利息和手续费，然后连同设备成本按支付次数平均计算。这种方法没有充分考虑资金时间价值因素。每次应付租金的计算公式为：

$$R=\frac{(C-S)+I+F}{N}$$

其中：R为每次支付的租金；C为租赁设备购置成本；S为租赁设备预计残值；I为租赁期间利息；F为租赁期间手续费；N为租期。

【做中学2-7】南方公司向租赁公司租入设备一套，采购价为100万元，租期5年，预计残值为5万元，期满设备归出租方所有。年利率为8%，租赁手续费为设备价值的3%，每年年末支付租金一次。

租赁期间利息 $=100\times(1+8\%)^5-100=46.93$（万元）

租赁手续费 $=100\times3\%=3$（万元）

每年支付租金 $=\dfrac{(100-5)+46.93+3}{5}=28.99$（万元）

（2）等额年金法。等额年金法是运用年金现值的计算原理计算每期应付租金的方法。在这种方法下，通常要根据利率和手续费率确定一个租费率作为贴现率。

①后付等额租金的计算。后付等额租金即普通年金，根据普通年金现值的计算公式，可推导出后付租金方式下每年年末支付租金数额的计算公式：

$$R=\frac{PV}{(P/A,i,n)}$$

②先付等额租金的计算。根据先付年金的现值公式，可得到先付等额租金的计算公式：

$$R=\frac{PV}{(P/A,i,n-1)+1}$$

【做中学2-8】某企业拟采用融资租赁方式于2016年1月1日从租赁公司租入一台设备，设备款为50 000元，租期为5年，到期后设备归企业所有。双方商定，如果采取后付等额租金方式付款，则折现率为16%；如果采取先付等额租金方式付款，则折现率为14%。企业的资金成本率为10%。分别计算后付和先付等额租金方式下的每年租金数额。

后付等额租金方式下的每年等额租金额=50 000÷（P/A，16%，5）=15 270（元）

先付等额租金方式下的每年等额租金额=50 000÷[（P/A，14%，4）+1]

=12 776（元）

（四）融资租赁的优缺点

1.融资租赁筹资的优点

（1）筹资速度快。融资租赁往往比借款购置设备更迅速、更灵活，因为融资租赁是筹资与设备购置同时进行，可以缩短设备的购进、安装时间，使企业尽快形成生产能力，有利于企业尽快占领市场，打开销路。

（2）限制条款较少。债券和长期借款都规定了相当多的限制条款，虽然类似的限制在租赁公司中也有，但一般比较少。

（3）降低设备因陈旧过时而遭到淘汰的风险。随着科学技术的迅速发展，固定资产更新周期日趋缩短，企业设备陈旧过时的风险很大，利用融资租赁筹资可降低这一风险。这是因为融资租赁的期限一般为资产使用年限的75%，不会像自己购买设备那样在整个期间内都得承担风险，而且多数租赁协议都规定由出租人承担设备陈旧过时的风险。

（4）财务风险小。租金在整个租赁期内分摊，可适当减轻企业到期还本的负担。

（5）租金可在所得税前扣除，税收负担轻。

（6）可提供一种新的资金来源。

2.融资租赁筹资的缺点

（1）资本成本较高。

（2）固定的租金支付构成较重的负担。

（3）不能享有设备残值。

任务4 资金规模的确定

常用的筹资规模确定的方法主要有销售百分比法、线性回归法、高低点法和实际预算法。

微课：销售百分比法

一、销售百分比法

销售百分比法是指根据销售收入与资产负债表和利润表有关项目间的比例关系，预测各项目短期资金需要量的方法。该种方法有两个基本假定：一是假定企业的盈利模式、经营状况及管理水平不变，从而建立起各资产、负债项目与销售收入间的比例关系；二是假定未来销售是可预测的。

销售百分比法一般借助于预计利润表和预计资产负债表来确定其资金需要量，即通过预计利润表来预测企业留存利润这种内部资金来源的增加额；通过预计资产负债表来测定企业筹资总规模与外部筹资规模的增加额。

（一）预计利润表

（1）取得基年实际利润表资料，计算并确定利润表各项目与销售额的百分比。

（2）取得预测年度销售额的预计数，并以此同基年利润表各项目与实际销售额的比率相乘，计算预计年度利润表各项目的预计数，编制预计利润表。

（3）预计年度税后利润数与预定的留存比率，确定并计算内部留存利润的数额。

（二）预计资产负债表

（1）确定资产或负债中与销售额之间有固定不变比率关系的项目，即随着销售的变动而同步变动的项目，也就是敏感性项目，包括敏感性资产项目（如库存现金、应收账款、存货、固定资产净值等）和敏感性负债项目（如应付账款、应付费用等）两部分。非敏感性项目，如对外投资、短期借款、长期负债和实收资本等，在短期内不会随着销售规模的扩大而相应的改变。

（2）取得基年实际资产负债表资料，并计算得出资产负债表各敏感性项目与销售额的百分比。

（3）按照预计的销售额求得预计资产负债表中需要追加的外部筹资额。

（三）需要追加的外部筹资额

需要追加的外部筹资额也可用以下简便的公式来计算：

$$\text{需要追加的外部筹资额}=\Delta S\times\left(\sum a-\sum r\right)-\Delta E$$

其中：ΔS为预计年度销售增加额；$\sum a$为基年敏感资产的销售百分比；$\sum r$为基年敏感负债的销售百分比；ΔE为预计年度留存收益增加额。

【做中学2-9】某公司2015年12月31日的资产负债表简表见表2-1。

该公司2015年度的收入为50万元，2015年度的销售净利率为10%，股利发放率为50%并且2016年预计保持不变，则：

2016年度内部筹资额=600 000×10%×（1-50%）=30 000（元）

根据资产负债表项目的敏感程度，编制以百分比形式表示的资产负债表（见表2-2）。

表 2-1　　资产负债表简表　　单位：元

资产	金额	负债及所有者权益	金额
货币资金	60 000	短期借款	100 000
存货	200 000	应付账款	150 000
应收账款	180 000	应交税金	20 000
固定资产	400 000	长期负债	150 000
其他资产	30 000	负债合计	420 000
		所有者权益合计	450 000
资产总计	870 000	负债及所有者权益总计	870 000

表 2-2　　以百分比形式表示的资产负债表

资产	百分比	负债及所有者权益	百分比
货币资金	12%	短期借款	20%
存货	40%	应付账款	30%
应收账款	36%	应交税金	4%
固定资产	不适用	长期负债	不适用
其他资产	不适用	负债合计	54%
		所有者权益合计	不适用
资产总计	88%	负债及所有者权益总计	54%

表 2-2 表明，每增加 100 元的销售额，需增加 34 元的营运资金。

假设该公司 2015 年度销售额由 50 万元上升到 60 万元，则需增加的资金数额为：

(600 000-500 000) × (88%-54%) =34 000（元）

2015 年度公司需增加的资金数额=34 000-30 000=4 000（元）

二、线性回归法

线性回归法是指根据筹资规模与业务量之间的关系，按照回归的方法来建立相关模型，利用历史资料，在已知销售预测（x）的基础上，确定其筹资规模（y）的方法。其模型为：

$$y=a+bx$$

其中：y 为筹资规模；a 为不变资金规模；b 为单位业务量所需要的变动资金规模；x 为业务量。

在实际的运用中，需要利用历史资料来确定 a、b 的数值，然后在已知销售预测（x）的基础上，确定其筹资规模（y）。具体可通过如下方程组求得 a、b 的数值：

$$\sum y = na + b\sum x$$

$$\sum xy = a\sum x + b\sum x^2$$

【做中学 2-10】南方公司 2011—2015 年销售量及资金占用变化见表 2-3，假定 2016 年的销售量为 7.5 万件，试确定 2016 年的筹资规模。

表 2-3　2011—2015 年销售量及资金占用变化

年度	销售量 x（万件）	资金需要量 y（万元）	xy	x^2
2011	6	500	3 000	36
2012	5.5	480	2 640	30.25
2013	5	450	2 250	25
2014	6.5	530	3 445	42.25
2015	7	560	3 920	49
合计	$\sum x=30$	$\sum y=2\ 520$	$\sum xy=15\ 255$	$\sum x^2=182.5$

由上述方程组推导出计算 a、b 的公式为：

$$b = \frac{n\sum xy - \sum x\sum y}{n\sum x^2 - (\sum x)^2} = \frac{5\times 15\ 255 - 30\times 2\ 520}{5\times 182.5 - 30^2} = 54$$

$$a = \frac{\sum y - b\sum x}{n} = \frac{2\ 520 - 54\times 30}{5} = 180$$

代入方程，则

$y = a + bx = 180 + 54x$

2016 年筹资规模=180+54×7.5=585（万元）

三、高低点法

高低点法是指根据历史资料中业务量最高和最低的成本数据建立直线方程，以得到预测结果的一种数学方法。基本原理是：各期的总成本或混合成本都可以用成本性态模型 y=a+bx（混合成本=固定成本+变动成本）表示。最高点产量和最低点产量以及它们各自所对应的成本分别用以下公式反映：

y（H）=a+bx（H）高点成本总额

y（L）=a+bx（L）低点成本总额

在分析时，从成本资料中找到两点，一点代表数据中的最高点，另一点代表最低点，将数值代入上述公式，求出 a 和 b 的值，确定直线方程，进而求出当前销售量水平下的资金需要量。高点和低点的判断依据是业务量的高低，而不是资金占用量的多少。

$$b=\frac{\Delta y}{\Delta x}=\frac{\text{最高收入期资金占用量}-\text{最低收入期资金占用量}}{\text{最高销售收入}-\text{最低销售收入}}$$

$$a=y-bx$$

高低点法适用的前提条件：

（1）高低点法所取得的成本数据应能代表企业生产经营活动的正常情况。

（2）通过高低点法分解而求得的成本公式，只能用于相关范围内（最高点与最低点之间）的情况。

【做中学 2-11】承【做中学 2-8】，采用高低点法预测 2016 年的筹资规模。

通过表 2-3 中的数据，可以找出最高点（7，560）和最低点（5，450）。

$$b=\frac{560-450}{7-5}=55$$

分别将高点值和低点值代入公式：

高点：$a=560-55\times7=175$

低点：$a=450-55\times5=175$

将 a、b 值代入 $y=a+bx=175+55x$

2016 年筹资规模=175+55×7.5=587.5（万元）

四、实际预算法

实际预算法是指企业在项目投资额基本确定的情况下，根据项目所需的实际投资额确定筹资规模的方法。具体预算步骤为：

（1）确定投资需要额，即确定预算项目的投资规模。

（2）确定需要筹集的资金总额。由于企业项目投资额在时间安排上与企业在一定时期内确定的筹资总规模并非完全一致，企业在确定一定时期的筹资规模时，可通过分项汇总的方法来预计其筹资总额。

（3）计算企业内部筹资额。根据企业内部资金的来源，计算本期可提供的资金数额。

（4）确定企业对外筹资额。用筹资总额减去企业内部筹资额，即可确定企业对外筹资额。

任务5　资本成本的计算

一、资本成本的概念与作用

在市场经济条件下，企业不能无偿使用资金，必须从其经营收益中拿出一定数量的资金支付给资金提供者。因此人们常说，在市场经济条件下，企业使用资金都是要付出代价的。所以，企业必须节约使用资金。

（一）资本成本的概念与构成

企业筹集和使用资金往往要付出代价，企业的这种为筹措和使用资金而付出的代价即为资本成本。资本成本由用资费用和筹资费用两部分构成。

1. 用资费用

用资费用是指企业在生产经营、投资过程中因使用资金而付出的费用，如向股东支付的股利、向债权人支付的利息等，这是资本成本的主要内容。

企业从金融市场筹集到资金，对资金供应者来说，他暂时失去了使用这部分资金的获利机会，因此要求得到相应的报酬，即一定数额的货币时间价值；对于筹集资金的企业来说，它得到了使用资金的权利，需要按规定支付一定的费用。在投资有风险的情况下，资金供应者在要求获得货币的时间价值之外，还要求得到一定的风险价值；与此对应，资金使用者为了获得资金使用权需要付出更大的代价。因此，资金使用费包括支付给投资者的无风险报酬和风险报酬两部分。

2.筹资费用

筹资费用是指企业在筹措资金过程中为获取资金而支出的费用。例如，向银行支付的借款手续费，因发行股票、债券而支付的发行费等均属于筹资费用。筹资费用与用资费用不同，它通常是在筹措资金时一次性支付的，在用资过程中不再发生，因此可将其视为筹资数量的一项扣除。

资本成本可以用绝对数来表示，也可用相对数来表示，但在财务管理中，一般用相对数表示，即表示为用资费用与实际筹得资金的比率。其通用计算公式为：

$$资本成本率=\frac{用资费用}{筹资总额-筹资费用}\times100\%$$

（二）资本成本的应用

资本成本是企业进行筹资、投资决策的主要依据。只有投资项目的投资报酬率高于资本成本，资金的筹集和使用才有利于提高企业价值。资本成本可以应用在许多方面，且主要用于筹资决策和投资决策。

1.资本成本是比较筹资方式、选择追加筹资方案的依据

个别资本成本是比较各种筹资方式优劣的一个尺度。企业筹集长期资金一般可选择多种方式，如长期借款、发行债券、发行股票等，这些长期筹资方式的个别资本成本是不一样的。资本成本的高低可作为比较各种筹资方式优缺点的一个依据——当然它并不是选择筹资方式的唯一依据，企业还要考虑财务风险、资金期限、偿还方式、限制条件等，但资本成本作为一个重要因素，直接关系到企业的经济利益，是在做筹资决策时需要考虑的一个首要问题。

2.综合资本成本是企业进行资本结构决策的基本依据

企业的全部长期资金通常是采用多种筹资方式组合构成的，这种长期筹资组合有多个方案可供选择。因此，综合资本成本的高低就是比较各个筹资组合方案、做出资本结构决策的基本依据。

3.资本成本是评价投资项目、比较投资方案和进行投资决策的主要经济标准

一般而言，一个投资项目，只有其投资收益率高于其资金成本，经济上才是合理的；否则，该投资项目就无利可图，甚至会发生亏损。通常将资本成本视为投资项目的最低极限报酬率和是否采用投资项目的“取舍率”，并将其作为比较、选择投资方案的标准。

4.资本成本还可作为衡量企业整个经营业绩的基准

在这方面，可将企业实际的资本成本与相应的总资产报酬率相比较。如果报酬率高于资本成本，则可以认为经营有利；反之，如果总资产报酬率低于资本成本率，则可以认为企业经营业绩不佳，需要改善经营管理、提高总资产报酬率或降低资本成本。

（三）资本成本率的种类

在公司筹资实务中，通常运用资本成本的相对数，即资本成本率。资本成本率是指公司用资费用与有效筹资额之间的比率，通常用百分比来表示。资本成本率一般分为三种：

1.个别资本成本率

个别资本成本率是指公司各种长期资本的成本率。例如，股票资本成本率、债券资本成本率、长期借款资本成本率。公司在比较各种筹资方式时，需要使用个别资本成本率。

2.加权平均资本成本率

综合资本成本率是指公司全部长期资本的成本率。公司在进行长期资本结构决策时，可以利用综合资本成本率。

3.边际资本成本率

边际资本成本率是指公司追加长期资本的成本率。公司在追加筹资方案的选择中，需要运用边际资本成本率。

二、个别资本成本的计算

（一）个别资本成本率的计算

个别资本成本率是公司用资费用与有效筹资额的比率。其基本的计算公式如下：

$$K=\frac{D}{P-F}$$

或

$$K=\frac{D}{P(1-f)}$$

微课：个别资本成本的计算

其中：K为资本成本率；D为用资费用额；P为筹资额；F为筹资费用额；f为筹资费用率，即筹资费用额与筹资额的比率。

（二）债券资本成本率的计算

公司债券资本成本中的利息费用在所得税前列支，但发行债券的筹资费用一般较高，应予以考虑。债券的筹资费用即发行费用，包括申请费、注册费、印刷费、上市费及推销费等。

债券资本成本率可按下列公式计算：

$$K_b=\frac{I_b(1-T)}{B_0(1-f)}=\frac{B\cdot i\cdot(1-T)}{B_0(1-f)}$$

其中：K_b为债券资本成本率；T为所得税税率；B为债券面值；B_0为债券筹资额，按发行价格确定；i为债券票面利率；f为债券筹资费用率。

【做中学2-12】某企业发行一笔期限为10年的债券，债券面值为1 000万元，票面利率为12%，每年付息一次，发行费率为3%，所得税税率为40%，债券按面值等价发行，该债券的资本成本率计算如下：

$$K_b=\frac{1\ 000\times 12\%\times(1-40\%)}{1\ 000\times(1-3\%)}=7.42\%$$

（三）银行借款资本成本率的计算

银行借款资本成本率的计算与债券一致，可按下列公式计算：

$$K_L=\frac{I(1-T)}{L(1-f)}=\frac{L\cdot i\cdot(1-T)}{L(1-f)}$$

其中：K_L为银行借款资本成本率；I为银行借款年利息额；L为银行借款筹资总额，

即借款本金；i为银行借款利率；f为长期借款筹资费用率，即借款手续费率。

【做中学2-13】ABC公司欲从银行取得一笔借款1 000万元，手续费0.1%，年利率5%，期限3年，每年结息一次，到期一次还本。公司所得税税率为25%。这笔借款的资本成本率计算如下：

$$K_L=\frac{1\ 000\times5\%\times(1-25\%)}{1\ 000\times(1-0.1\%)}=4.17\%$$

如果公司借款的筹资费用很少，可以忽略不计。这时银行的借款资本成本率可按下式计算：

$K_L=i(1-T)$

其中：i为银行借款利率。

（四）普通股资本成本率的计算

按照资本成本率实质上是投资必要报酬率的思路，普通股的资本成本率就是普通股投资的必要报酬率。在此主要介绍股利折现模型的计算方法。

股利折现模型的基本形式是：

$$P_o=\sum_{t=1}^{n}\frac{D_t}{(1+K_c)^t}$$

其中：P_0为普通股现值；D_t为普通股第t年的股利；K_c为普通股投资必要报酬率，即普通股资本成本率。

上述普通股资本成本率的模型应用，因具体的股利政策而有所不同。股利政策包括剩余股利政策、固定股利支付率政策、固定股利或稳定增长股利政策和低正常股利加额外股利政策。

如果公司采用固定股利政策，即每年分派固定股利D元，则资本成本率可按下式计算：

$$K_c=\frac{D}{P_0}$$

如果把筹资费用考虑进去，则为：

$$K_L=\frac{D}{P_0(1-f)}$$

【做中学2-14】ABC公司拟发行普通股，发行价格为12元，每股发行费用为2元，预定每年每股分派现金股利1.2元。其资本成本率的计算为：

$$K_c=\frac{1.2}{12-2}\times100\%=12\%$$

如果公司采用固定增长股利政策，股利固定增长率为G，则资本成本率需按下式计算：

$$K_c=\frac{D}{P_0}+G$$

【做中学2-15】XYZ公司准备增发普通股，每股发行价格15元，发行费用3元，预定第一年每股分派现金股利1.5元，以后每年股利增长2.5%。其资本成本率的计算为：

$$K_c=\frac{1.5}{15-3}\times100\%+2.5\%=15\%$$

（五）优先股资本成本率的计算

优先股的股利通常是固定的，公司利用优先股筹资还需花费发行费用。优先股与债券的不同之处在于，股利在税后支付且没有固定的到期日。优先股资本成本率的计算公式为：

$$K_P = \frac{D}{P_0(1-f)}$$

其中：K_P为优先股成本；P_0为发行优先股总额；D为优先股每年的股利；f为优先股筹资费率。

【做中学2-16】某企业按面值发行100万元的优先股，筹资费率为4%，每年支付12%的股利，计算优先股的资本成本率如下：

$$K_P = \frac{100 \times 12\%}{100 \times (1-4\%)} \times 100\% = 12.5\%$$

（六）留存收益资本成本率的测算

公司的留存收益又称为保留盈余，是由公司税后利润形成的，是企业资金的一种重要来源。从表面上看，公司保留盈余并不花费什么资本成本。实际上，股东愿意将其留用于公司而不作为股利取出投资于别处，是因为股东要求留存收益能获得与普通股等价的报酬。因此，留存收益也有资本成本，不过这是一种机会成本。留存收益资本成本率的测算方法与普通股基本相同，只是不考虑筹资费用。其计算公式为：

$$K_e = \frac{D}{P_0}$$

股利不断增加的留存收益的计算公式为：

$$K_e = \frac{D}{P_0} + G$$

普通股和留存收益都属于所有者权益，股利支付不固定。与其他投资者相比，普通股股东所承担的风险最大，因此普通股的报酬也应最高。所以，在各种资金来源中，普通股的资本成本最高。

三、加权平均资本成本

企业可以从多种渠道、以多种方式筹集资本，而各种方式筹集的资本成本是不一样的。要想正确进行筹资和投资决策，就必须计算企业的综合资本成本，即加权平均资本成本。加权平均资本成本是指一个公司全部资金的成本率，通常是以各种资本所占的比重为权数，对各种资本的成本进行加权平均测算的。因此，加权平均资本成本是由个别资本成本率和各种资本所占的比重这两个因素所决定的。

个别资本成本率在之前已经介绍了，包括长期借款、债券、普通股、优先股和保留盈余的资本成本率。各种资本所占的比重是指一个公司各种资本分别占公司全部资本的比重。

微课：加权平均资本成本的计算

加权平均资本成本的计算公式为：

$$K_w = \sum_{j=1}^{n} K_j W_j$$

其中：K_w为加权平均资本成本率；K_j为第j种资本成本率；W_j为第j种资金比例。另外，$\sum_{j=1}^{n} W_j = 1$。

【做中学2-17】ABC公司的资金总额为1 000万元，筹资方式见表2-4。

表2-4　ABC公司的筹资方式

筹资方式	账面价值（万元）	比重（%）	资本成本率（%）
银行借款	200	20	6
长期债券	300	30	7
普通股	400	40	9
保留盈余	100	10	8
合计	1 000	100%	—

该公司加权平均资本成本率的计算如下：

K_w=6%×20%+7%×30%+9%×40%+8%×10%=7.7%

【思考】加权平均资本成本受到哪些因素的影响？若改变企业的资本结构，会有什么变化？

四、边际资本成本

（一）边际资本成本的概念

边际资本成本是指公司追加筹资的资本成本，即公司新增1元资金所需负担的成本。

加权平均资本成本是企业过去筹集的或目前使用的资金的成本，但企业各种资金的成本是随着时间的推移或筹资条件的变化而不断变化的，因此加权平均资本成本也不是一成不变的。一个企业在进行投资前，不能仅仅考虑目前使用资金的成本，还要考虑为投资项目新筹集资金的成本，这就需要计算资金的边际成本。

（二）边际资本成本的计算

当企业新筹集的资金不是单一来源时，边际资本成本也是按照加权平均法计算的，即加权平均边际资本成本。

资本成本的计算步骤：

（1）确定目标资本结构。

（2）确定各种资金的成本。

（3）计算筹资总额分界点。根据目标资本结构和各种资本成本变化的分界点，计算筹资总额分界点，又称筹资突破点。

$$某种方式筹资突破点=\frac{该方式资本成本的分界点}{该方式筹资额占筹资总额的比重}$$

边际资本成本的计算公式为：

$$BP_j=\frac{TF_j}{W_j}$$

其中：BP_j为筹资总额的分界点或筹资突破点；TF_j为第j种资本的成本分界点；W_j为目标资本结构中第j种资本的比重。

（4）计算边际资本成本。分别计算加权平均资本成本即可得到各种范围的资本成本。

当边际投资报酬率大于边际资本成本率时，投资或筹资方案可行；反之，则不可行。

【做中学 2-18】某公司目前拥有资本1 000万元，其中银行长期借款200万元，优先股50万元，普通股（含留存收益）750万元。为了满足追加投资的需要，公司拟筹措新资，试确定筹措新资的资本成本。

假定公司财务人员经分析确定目前的资本结构属于目标范围内，在今后增资时应予以保持，即长期负债0.20，优先股0.05，普通股0.75。

财务人员分析了资本市场状况和企业的筹资能力，认为随着企业筹资规模的增大，各种资金的成本也会发生变化。计算资料见表2-5。

表2-5　测算资料

资本种类	目标资本结构	新筹资的数量范围	资本成本（%）
长期负债	0.20	12 000元以内 12 000～30 000元 30 000元以上	7 8 9
优先股	0.05	3 000元以内 3 000元以上	10 12
普通股	0.75	30 000元以内 30 000～75 000元 75 000元以上	15 16 17

筹资资本成本计算结果见表2-6。

表2-6　筹资资本成本计算结果

资本种类	资本成本（%）	各种资本的筹资范围	筹资总额分界点（元）	筹资总额的范围
银行长期借款	7 8 9	12 000元以内 12 000～30 000元 30 000元以上	12 000÷0.20=60 000 30 000÷0.20=150 000	60 000元以内 60 000～150 000元 150 000元以上
优先股	10 12	3 000元以内 3 000元以上	3 000÷0.05=60 000	60 000元以内 60 000元以上
普通股	15 16 17	30 000元以内 30 000～75 000元 75 000元以上	30 000÷0.75=40 000 75 000÷0.75=100 000	40 000元以内 40 000～100 000元 100 000元以上

表2-6显示了特定筹资种类成本变化的分界点。例如，银行长期借款在12 000元以内时，其成本为7%，而在目标资本结构中，债务的比重为20%，这表明债务成本在由7%上升到8%之前，企业可以筹集到60 000元资本。当筹资总额多于60 000元时，债务成本就要上升到8%。

根据上一步骤计算出的分界点，可以得出5个新的筹资范围：(1) 40 000元以内；(2) 40 000～60 000元；(3) 60 000～100 000元；(4) 100 000～150 000元；(5) 150 000元以上。

对以上5个范围分别计算加权平均资本成本，即可得到各种范围的资本成本，计算过程见表 2-7。当投资报酬率大于边际资本成本率时，筹资方案可行；反之，则不可行。

表 2-7 各种范围的资本成本计算过程

序号	筹资总额范围	资本种类	目标资本结构	个别资本成本（%）	边际资本成本（%）	综合边际资本成本（%）
1	40 000元以内	长期借款 优先股 普通股	0.20 0.05 0.75	7 10 15	1.4 0.5 11.25	13.15
2	40 000～60 000元	长期借款 优先股 普通股	0.20 0.05 0.75	7 10 16	1.4 0.5 12	13.90
3	60 000～100 000元	长期借款 优先股 普通股	0.20 0.05 0.75	8 12 16	1.6 0.6 12	14.20
4	100 000～150 000元	长期借款 优先股 普通股	0.20 0.05 0.75	8 12 17	1.6 0.6 12.75	14.95
5	150 000元以上	长期借款 优先股 普通股	0.20 0.05 0.75	9 12 17	1.8 0.6 12.75	15.15

任务6 杠杆原理

一、杠杆原理的概念

自然科学中的杠杆原理是指通过杠杆的使用，只用一个比较小的力量便可以产生更大的效果。财务管理中的杠杆原理则是指由于固定费用的存在（包括生产经营方面的固定费用和财务方面的固定费用），当业务量发生比较小的变化时，利润会发生比较大的变化。

由于成本按习性分类是研究杠杆问题的基础，所以首先要介绍成本习性问题，然后分别说明经营杠杆、财务杠杆和联合杠杆。

（一）成本按习性分类

所谓成本习性是指成本与业务量之间的依存关系。按成本习性可以把成本分为固定成本、变动成本和混合成本三类。

1.固定成本

凡总额在一定时期和一定业务量范围内不受业务量增减变动影响而固定不变的成本，叫作固定成本。固定成本主要有折旧费、保险费、管理人员工资、办公费等，这些费用每年支出水平基本相同，产销量在一定范围内变动时，它们保持固定不变。因此，随着产量的增加，它将分配给更多数量的产品，每单位固定成本将随着产量的增加而减少。

固定成本还可以进一步区分为酌量性固定成本与约束性固定成本两类。酌量性固定成本是企业根据经营方针由高阶层领导确定一定期间的预算额而形成的固定成本，主要是由管理当局的短期决策行为影响（决定）的，包括研究开发费、广告宣传费、职工培训费等。因此，要降低酌量性固定成本，就要在预算时精打细算，合理确定这部分成本的数量。约束性固定成本主要属于经营能力成本，是企业为维持一定的业务量必须负担的最低成本，如厂房、机器设备的折旧、保险费、管理人员工资等。企业的经营能力一经形成，在短期内难于做出重大改变，因而与此相联系的成本也将在较长时期内继续存在。要想降低约束性固定成本，只能从合理利用经营能力入手。

应当指出的是，固定成本总额只是在一定时期和业务量的一定范围内保持不变的。因此，固定成本必须和一定时期、一定业务量联系起来进行分析，从较长时间来看，所有的成本都在变化，没有绝对不变的固定成本。

2. 变动成本

变动成本是指成本总额随着业务量的变动而同比例增减变动的成本，如直接材料、直接人工等。这里的变动成本是就总业务量的成本总额而言的。若从单位业务量的变动成本来看，它是固定的，即它不受业务量增减变动的影响。成本总额随着业务量变动而成正比例变动的这种完全的线性联系，只有在一定的相关范围内存在；超出了相关范围，它们之间的联系则可能表现为非线性。

3. 混合成本

混合成本是指既包含固定成分又包含变动成分的成本。这些成本的总额既随业务量变动，又不成正比例变动，因此不能将其简单地归入变动成本或固定成本。在实际工作中，大部分的成本明细项目都属于混合成本，如劳务费、交通费、餐费、通信费、设备的维护费等。

混合成本按其与业务量的关系又可以分为半固定成本和半变动成本两类。

（1）半固定成本。这类混合成本在一定业务量范围内不随业务量的变动而变动，类似固定成本，当业务量突破这一范围，成本就会跳跃上升，并在新的业务量变动范围内固定不变。

（2）半变动成本。这类混合成本可以分解为标准的固定成本和变动成本，它的固定部分不受业务量影响，变动部分则是在固定部分的基础上随业务量的增长而成正比例增加。

综上所述，成本按习性分类如图2-1所示。

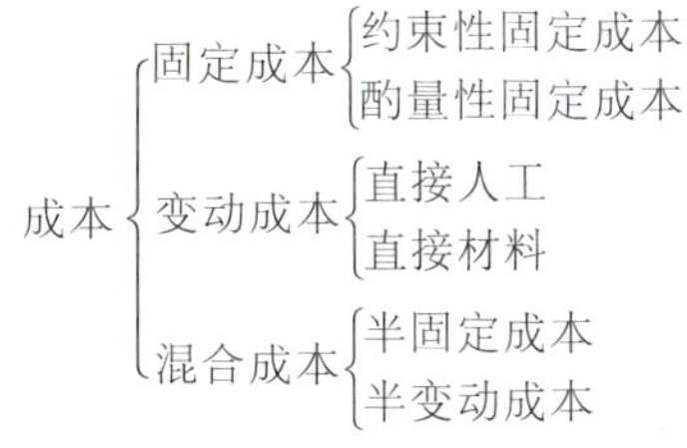

图2-1 成本按习性分类

（二）总成本习性模型

从以上分析可以看出，成本按习性可以分为变动成本、固定成本和混合成本三类，混合成本又可以按一定方法分解为半变动成本和半固定成本，总成本习性模型可用下式表示：

$$y=a+vx$$

其中：y为总成本；a为固定成本；v为单位变动成本；x为产量。

如果能求出公式中a和v的值，就可以利用这个直线方程来进行成本预测、成本决策和其他短期决策，因此总成本习性模型是一个非常重要的模型。

（三）边际贡献和利润的计算

边际贡献是指销售收入减去变动成本以后的差额，计算公式为：

$$\begin{aligned} M&=S-V \\ &=(P-v)\cdot Q \\ &=m\cdot Q \end{aligned}$$

其中：M为边际贡献总额；S为销售收入总额；V为变动成本总额；P为销售单价；v为单位变动成本；Q为产销数量；m为单位边际贡献。

利润是指支付利息和缴纳所得税之前的利润，通常称为息税前利润。成本按习性分类后，息税前利润可用下列公式计算：

$$\begin{aligned} EBIT&=S-V-a \\ &=(P-v)Q-a \\ &=M-a \end{aligned}$$

其中：EBIT为息税前利润；a为固定成本。

二、经营杠杆

（一）经营杠杆的概念

在其他条件不变的情况下，产销量的增加虽然一般不会改变固定成本的总额，但会降低单位固定成本，提高单位利润，使息税前利润的增长率大于产销量的增长率。反之，产销量的减少会提高单位固定成本，降低单位利润，使息税前利润的下降率大于产销量的下降率。如果不存在固定成本，所有成本都是变动的，那么边际贡献就是息税前利润，这时息税前利润变动率就同产销量变动率完全一致。这种由于存在固定成本而造成的息税前利润变动率大于产销量变动率的现象叫作经营杠杆或营业杠杆。

（二）经营杠杆系数的计算

经营杠杆系数是指公司营业利润的变动率相当于营业额变动率的倍数，反映了经营杠杆的作用程度。为了反映经营杠杆的作用程度、估计经营杠杆利益的大小、评价营业风险的高低，需要计算经营杠杆系数。其计算公式是：

$$DOL=\frac{\Delta EBIT/EBIT}{\Delta S/S}$$

其中：DOL为经营杠杆系数；EBIT为变动前的息税前利润；△EBIT为息税前利润的变动额；S为产销量；△S为产销量的变动额。

【做中学2-19】ABC公司有关资料见表2-8，试计算该公司的经营杠杆系数。

该公司的经营杠杆系数计算如下：

$$DOL=\frac{\Delta EBIT/EBIT}{\Delta S/S}=\frac{800\div 2\,000}{2\,000\div 10\,000}=2$$

表2-8 ABC公司有关资料 金额单位：万元

	产销量变动前	产销量变动后	变动额	变动率（%）
销售额	10 000	12 000	2 000	20
变动成本	6 000	7 200	1 200	20
边际贡献	4 000	4 800	800	20
固定成本	2 000	2 000	—	—
息税前利润	2 000	2 800	800	40

上述公式是计算经营杠杆系数的常用公式，但该公式必须根据变动前和变动后的有关资料才能进行计算，不能仅仅根据基期资料进行计算。为此，我们必须根据上述公式推导出用基期资料计算经营杠杆系数的公式。

设：M为基期边际贡献；R为产销量变动率（R=ΔS/S）；a为固定成本。

因为产销量变动与边际贡献变动率一致，所以变动后的边际贡献为M+MR。

$$DOL=\frac{\Delta EBIT/EBIT}{\Delta S/S}=\frac{\Delta EBIT/EBIT}{R}$$

$$=\frac{(M+MR-a)-(M-a)}{R(EBIT)}=\frac{MR}{R(EBIT)}=\frac{M}{EBIT}$$

于是得到下列公式：

$$经营杠杆系数=\frac{基期边际贡献}{基期息税前利润}$$

则【做中学2-19】中的经营杠杆系数为：$DOL=\frac{4\,000}{2\,000}=2$

（三）经营风险分析

经营风险是指企业由于生产经营的原因而带来的收益的不确定性。一般来说，影响公司经营风险的因素有很多，主要包括以下几个方面：

（1）公司产品需求的不稳定性。

（2）产品销售价格的不稳定性。

（3）生产要素价格的不稳定性。

（4）产出价格对投入价格变动的调整能力。

（5）经营杠杆效应。

其中，经营杠杆系数越大，EBIT对销售量波动的反应程度越大，经营风险就越大。产销量变动时，息税前利润将以DOL倍的幅度增加，而产销量减少时，息税前利润又将以DOL倍的幅度减少。可见，经营杠杆扩大了市场和生产等不确定因素对利润变动的影响，而且经营杠杆系数越大，利润变动越激烈，企业的经营风险就越大。一般来说，在其他因素不变的情况下，固定成本越高，经营杠杆系数越大，经营风险就越大。

【做中学2-20】假定XYZ公司2013—2015年的营业总额分别为3 000万元、2 600万元和2 400万元，每年的固定成本都是800万元，变动成本率为60%。XYZ公司营业风险的计算见表2-9。

表2-9　　XYZ公司营业风险的计算　　金额单位：万元

年份	营业额	营业额降低率(%)	变动成本	固定成本	营业利润	息税前利润降低率(%)
2013	3 000	—	1 800	800	400	—
2014	2 600	13	1 560	800	240	40
2015	2 400	8	1 440	800	160	33

由表中的计算可见，XYZ公司在营业总额为2 400万元～3 000万元的范围内，固定成本总额每年都是800万元，即保持不变，而随着营业总额的下降，息税前利润以更快的速度下降。例如，XYZ公司2014年与2013年相比，营业总额的降低率为13%，同期息税前利润的降低率为40%；2015年与2014年相比，营业总额的降低率为8%，同期息税前利润的降低率为33%。由此可知，由于XYZ公司没有有效地利用营业杠杆，从而导致了营业风险，即息税前利润的降低幅度大于营业总额的降低幅度。

三、财务杠杆

（一）财务杠杆的概念

在公司资本规模和资本结构一定的条件下，公司从息税前利润中支付的债务利息和优先股的股利是相对固定的。当息税前利润增多时，每1元息税前利润所负担的固定财务费用会相应地降低，扣除公司所得税后可分配给普通股股东的利润就会增加，从而给普通股股东带来额外的收益。这种由于固定财务费用的存在，使普通股每股盈余的变动幅度大于息税前利润的变动幅度的现象叫作财务杠杆。

（二）财务杠杆系数的计算

财务杠杆系数是指普通股每股盈余的变动率相当于息税前利润变动率的倍数，反映了财务杠杆的作用程度。为了反映财务杠杆的作用程度、估计财务杠杆利益的大小、评价财务风险的高低，需要计算财务杠杆系数。其计算公式是：

$$DFL=\frac{\Delta EPS/EPS}{\Delta EBIT/EBIT}$$

其中：DFL为财务杠杆系数；ΔEBIT为息税前利润变动额；EBIT为息税前利润；ΔEPS为普通股每股盈余变动额；EPS为普通股每股盈余。

为方便计算，上式可以进一步简化：设I为利息；d为优先股股利；T为所得税税率；N为流通在外普通股股数。

$$EPS=\frac{(EBIT-I)\times(1-T)-d}{N}$$

$$DFL=\frac{\Delta EPS/EPS}{\Delta EBIT/EBIT}=\frac{\Delta EBIT(1-T)}{(EBIT-I)(1-T)-d}\times\frac{EBIT}{\Delta EBIT}=\frac{EBIT}{EBIT-I-\frac{d}{(1-T)}}$$

即

$$财务杠杆系数=\frac{息税前利润}{息税前利润-利息-\frac{优先股股利}{1-所得税税率}}$$

【做中学2-21】ABC公司全部债务资本为3 000万元，债务年利率8%，公司所得税税率25%。在息税前利润为800万元时，税后利润为420万元。其财务杠杆系数的计算如下：

$$DFL=\frac{800}{800-3\,000\times 8\%}=1.43$$

（三）财务风险分析

财务风险是指企业为取得财务杠杆利益而利用负债资金时，增加了破产机会或普通股盈余大幅度变动的机会所带来的风险。企业为取得财务杠杆利益，就要增加负债，一旦企业息税前利润下降，不足以补偿固定利息支出，企业的每股盈余就会下降得更快，甚至会导致企业破产。

【做中学2-22】XYZ公司2013—2015年的息税前利润分别为160万元、240万元和400万元，无优先股，每年的债务利息都是150万元，公司所得税税率为25%，普通股股数为50万股。XYZ公司财务杠杆系数的计算见表2-10。

表2-10 XYZ公司财务杠杆系数的测算

年份	EBIT（万元）	EBIT增长率（%）	利息（万元）	所得税（万元）	税后净利（万元）	EPS（万元）	EPS增长率（%）	财务杠杆系数
2013	160	—	150	2.5	7.5	0.15	—	—
2014	240	50.00	150	22.5	67.5	1.35	800.00	16.00
2015	400	66.67	150	62.5	187.5	3.75	177.78	2.67

由表2-10可见，XYZ公司2013—2015年每年的债务利息均为150万元，但随着息税前利润的提高，每股收益以更快的速度提高。2014年与2013年相比，息税前利润增长50%，同期每股收益的增长率为800%，财务杠杆系数为16；2015年与2014年相比，息税前利润的增长率为66.67%，同期每股收益的增长率达到了177.78%，财务杠杆系数为2.67。

一般而言，企业的财务杠杆系数越大，企业的财务杠杆利益和财务风险就越大；财务杠杆系数越小，企业的财务杠杆利益和财务风险就越小。财务杠杆系数变动有其自身的规律性：

（1）只要企业债务的利息大于0，财务杠杆系数恒大于1，在其他因素不变的情况下，财务杠杆系数与利息成正比。

（2）在利息不变的情况下，息税前利润越大，财务杠杆系数就越小，财务风险也就越小；反之，则财务风险就越大。

（3）财务杠杆系数与企业资本规模成正比，在其他因素不变的情况下，如果资本规模发生了变动，财务杠杆系数也将随之变动。

（4）财务杠杆系数与利息率的变动成正比，在债务利率发生变动的情况下，即使其他因素不变，财务杠杆系数也会发生变化。利息率提高，财务杠杆系数就随之增大，财务风险也就加大；反之，则财务风险降低。

(5) 财务杠杆系数与优先股股息的变动成反比。在其他条件不变的情况下，优先股股息越多，财务杠杆系数就越大，财务风险也就越大；反之，则财务风险越小。

四、复合杠杆

(一) 复合杠杆的概念

如前所述，由于存在固定的生产经营成本，产生经营杠杆作用，使息税前利润的变动率大于业务量的变动率；同样，由于存在固定的财务成本（如固定利息和优先股股利），产生财务杠杆作用，使企业每股盈余的变动率大于息税前利润的变动率。从企业利润产生到利润分配的整个过程来看，既存在固定的生产经营成本，又存在固定的财务成本，这使得每股盈余的变动率远远大于业务量的变动率，人们通常把这种现象叫作复合杠杆。

(二) 复合杠杆系数的计算

复合杠杆系数是指普通股每股盈余变动率相当于业务量变动率的倍数。只要企业同时存在固定的生产经营成本和固定的利息费用等财务支出，复合杠杆就会存在。但不同企业复合杠杆的作用程度是不完全一致的，为此，需要对复合杠杆作用的程度进行计量，用公式表示如下：

$$DTL = DOL \times DFL = \frac{\Delta EPS/EPS}{\Delta S/S}$$

其中：DTL为复合杠杆系数。

【做中学2-23】ABC公司的营业杠杆系数为2，同时财务杠杆系数为1.5。该公司复合杠杆系数的计算为：

DTL=2×1.5=3

复合杠杆系数为3表示：当公司业务量增长1倍时，普通股每股盈余将增长3倍，反映了公司的复合杠杆利益；反之，当公司业务量下降10%时，普通股每股盈余将下降30%，反映了公司的复合杠杆风险。

(三) 企业风险分析

从以上分析可以看出，在复合杠杆的作用下，当企业经济效益好时，每股盈余会大幅度上升；当企业经济效益差时，每股盈余会大幅度下降。由于复合杠杆作用使每股盈余大幅度波动而造成的风险，称为复合风险。在其他因素不变的情况下，企业复合杠杆系数越大，每股盈余的波动幅度就越大，财务风险也就越大；反之，财务风险就越小。

任务7 最佳资本结构评价

一、资本结构概念

从某种意义上讲，企业筹资决策的核心是资本结构决策。合理的资本结构可以使企业充分发挥财务杠杆作用，获取更大的自有资金收益率（或每股收益）；而不合理的资本结构将使企业背负沉重的债务负担，面临巨大的财务风险。

资本结构是指企业各种资本的构成及其比例关系。它有广义和狭义之分。广义的资本结构是指企业全部资本的构成及其比例关系，它不仅包括企业的全部长期资本，还包括各种短期资本，即包括流动负债在内的全部负债与所有者权益（股东权益）之间的构成及其比例关系。其实质是企业资产负债表中右方所有项目之间的构成及其比例关系。因此，资本结构也称为财务结构。狭义的资本结构是指企业长期资本的构成及其比例关系，即长期负债与所有者权益（股东权益）之间的构成及其比例关系。在这种情况下，企业的短期资本作为营运资本的一部分进行管理。

企业的资本结构是由于企业采用不同的筹资方式而形成的。各种筹资方式及其不同组合类型决定着企业的资本结构及其变化。尽管企业的资本有很多，但从性质上来说只有两大类：一是自有资本；二是借入资本。由自有资本和借入资本组合而成的资本结构又称为搭配资本结构或杠杆资本结构，其搭配比率或杠杆比率表示资本结构中借入资本和自有资本之间的比例关系，因此，资本结构的实质是研究借入资本与自有资本之间的比例构成，或借入资本在全部资本中的比例构成问题。

二、最佳资本结构的含义

所谓最佳资本结构，是指公司在一定时期内，使其加权平均资本成本最低、公司价值最大时的资本结构。其判断标准有如下三条：

（1）有利于最大限度地增加股东财富，使公司价值最大化。

（2）使公司加权平均资本成本达到最低，这是一条主要标准。

（3）保持资金的流动性，使公司的资本结构具有一定的弹性。

需要指出的是，人们可以在理论上推导出最佳资本结构，但在现实生活中，最佳资本结构往往是一种理想状态，可以接近它但难以实现它。因此，我们所说的最佳资本结构，就是通过公司理财，努力接近的一个目标。简单地讲，开办一家公司，没有自有资本是不可能的，实际上我们要考虑的是如何对待负债。

三、比较加权平均资本成本法

比较加权平均资本成本法是通过计算不同资本结构（或筹资方案）的加权平均成本，并进行比较、分析，以确定企业最佳资本结构的一种方法。该法认为在众多资本结构方案（或筹资方案）中，加权平均成本最低的方案最佳。

【做中学2-24】某企业需筹集资金100万元，可以用银行存款、发行债券和普通股三种方式筹集，各种筹资方式见表2-11。

三个方案的加权资本成本计算如下：

方案一：40%×8%+40%×10%+20%×12%=9.6%

方案二：30%×8%+40%×10%+30%×12%=10%

方案一：20%×8%+30%×10%+50%×12%=10.6%

第一种加权资本成本最低，因此在三种方案中，最优资本结构为第一种。

【思考】此种方法下企业的目的是什么？若再增加其他方案，会有更合适的选择吗？

表2-11　　某企业各种筹资方式　　单位：%

筹资方式	方案一	方案二	方案三	个别资本成本
银行存款	40	30	20	8
债券	40	40	30	10
普通股	20	30	50	12
加权平均资本成本	9.6	10	10.6	—

比较加权平均资本成本法的优点是计算原理容易理解，计算简单；缺点是可能会放弃可行的投资方案，从而不能达到使所有者收益最大化的目标。

四、每股盈余无差异点法

微课：每股盈余无差异点法

所谓无差异点，是指使不同资本结构的每股收益（EPS）相等时的息税前利润（EBIT）点。在此点上，无所谓哪一种资本结构最佳。当企业的息税前利润低于此点时，则借入资金较少的资本结构最佳；反之，借入资金较多的资本结构最佳。所谓每股盈余无差异点法，就是指通过计算、分析不同资本结构的无差异点来确定最佳资本结构的一种方法。由于该法主要研究EBIT与EPS之间的关系，故也称其为EBIT-EPS分析法。

【做中学2-25】某企业原有资金1 000万元，其中普通股400万元（面值1元，400万股），留存收益200万元，银行借款400万元，年利率10%，企业所得税税率25%。现准备扩大经营，增资600万元，筹资方案有两种：

A方案：全部发行普通股，每股面值1元，发行价1.5元，400万股；

B方案：全部发行债券，600万元，年利率15%。

为确定普通股每股收益最大的方案，按以下步骤计算：

(1) 计算各方案的每股收益。

若采用A方案：资本结构变为普通股800万元，资本公积200万元，留存收益200万元，银行借款400万元，$EPS_A=\frac{(EBIT-400\times10\%)\times(1-25\%)}{800}=\frac{(EBIT-40)\times75\%}{800}$。

若采用B方案：资本结构变为普通股400万元，留存收益200万元，银行借款400万元，债券600万元，$EPS_B=\frac{(EBIT-400\times10\%-600\times15\%)\times(1-25\%)}{400}=\frac{(EBIT-130)\times75\%}{400}$。

(2) 计算两个方案每股盈余无差异点的息税前利润。

令$EPS_A=EPS_B$，则$EBIT_A=EBIT_B=220$万元。

(3) 确定最佳筹资方式。

两个方案的息税前利润与每股收益的关系如图2-2所示，可以清楚地看出企业在相应的息税前利润水平下应采取的筹资方式。

从图2-2可以看出，当预计公司的息税前利润大于220万元时，应采用A方案筹资，股东的每股收益最大；当息税前利润小于220万元时，应采用B方案筹资。也就是说，息税前利润越大，负债比率高的筹资方案对每股收益的提高越有利。如果企业有多个可供参

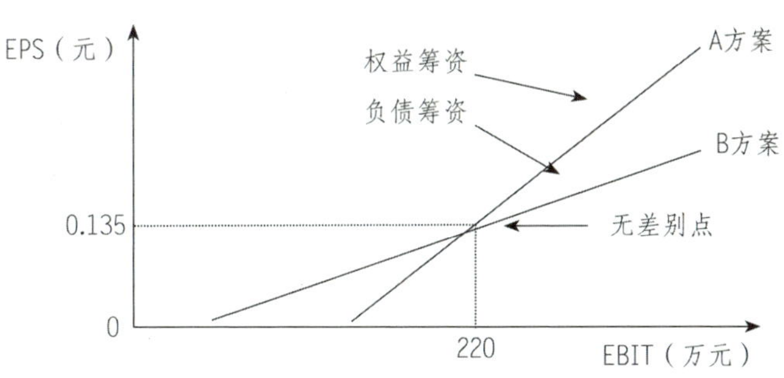

图2-2　两个方案的息税前利润与每股收益的关系

考的方案，可采用两两对比的方法分别求出多个无差异点，再进行决策。

每股盈余无差异点法的优点在于计算简单，也容易理解；其不足之处在于股东只追求每股收益最大化，而忽视了高负债的风险。

【思考】每股盈余无差异点的计算与哪些要素有关？若企业筹资方式再发生变化，其将如何影响无差异点？

项目小结

本项目主要知识点归纳总结见表2-12。

表2-12　本项目主要知识点归纳总结

主要知识点	内容	
资本成本计算	个别资本成本	银行借款资本成本
		债券资本成本
		普通股资本成本
		优先股资本成本
		留存收益资本成本
	加权平均资本成本	全部资本的成本率
	边际资本成本	新增1元资金所需负担的成本
杠杆原理	经营杠杆	$DOL=\frac{\Delta EBIT/EBIT}{\Delta S/S}$
	财务杠杆	$DFL=\frac{\Delta EPS/EPS}{\Delta EBIT/EBIT}$
	复合杠杆	$DTL=DOL\times DFL$
最佳资本结构确定	比较加权平均资本成本法	加权平均成本最低的方案最佳
	每股盈余无差别点法	分析不同资本结构的无差异点，确定最佳资本结构

项目三　项目投资决策

学习目标

知识目标

1. 掌握项目投资的内容和程序。
2. 计算、确定项目投资各阶段的现金流量。
3. 计算项目投资评价折现指标与非折现指标。

技能目标

1. 能运用评价指标和评价方法对项目投资方案进行正确评价与决策。
2. 能运用相关财务指标进行证券投资决策分析。

态度目标

1. 树立时间价值观念，明确不同阶段的现金流量对投资决策的影响。
2. 树立风险意识，明确投资决策要在风险和收益间做出权衡。

工作情境与工作任务

投资（investment）一般是指经济主体为了获取经济效益而投入资金或资源用以转化为实物资产或金融资产的行为和过程，主要包括项目投资和证券投资。

投资管理的核心是以投资意向建议、可行性研究报告、投资分析评价一系列工作为基础的投资决策的管理。项目投资是指以扩大生产能力和改善生产条件为目的的资本性支出，包括新建项目和更新改造项目，主要运用静态指标和动态指标进行分析评价。那么，进行项目投资决策时主要会涉及哪些指标？这些指标如何计算？在进行不同的投资方案决策时，又该如何运用不同的指标进行分析呢？

任务1 项目投资认知

一、项目投资的含义与特点

项目投资又称资本性投资，是指公司作为投资主体，以特定项目为对象，直接与生产经营中固定资产等数量的增加和质量的改善有关的一种长期投资行为。与股票、债券等证券投资不同，项目投资是一种直接的、生产性的对内实物投资，即把资金投资于生产性资产，从而获取利润。生产性公司的投资项目主要可分为以新增生产能力为目的的新建项目和以恢复或改善生产能力为目的的更新改造项目两大类。

相对于短期投资来说，项目投资表现出如下特点：

（一）项目投资的次数少、金额大

与短期投资相比，项目投资并不经常发生，特别是大规模的、战略性的项目投资，一般要隔若干年甚至十几年才发生一次。虽然投资次数小，但每次投资金额比较多，在公司总资产中占有相当大的比重。正是由于这一特点，在进行项目投资决策时，应确保有较多的时间进行专门的研究和评价，并为项目投资制订专门的资金筹集计划。

（二）项目投资决策的影响期间长

项目投资中长期资产的经济寿命往往比较长，其投资决策一经做出，将会在相当长的时间内发挥作用，对公司的生产经营活动甚至生存发展都会产生重大的影响，因此，这就要求在进行项目投资时必须小心谨慎，进行认真的可行性研究。

（三）项目投资的变现能力较差

项目投资的实物形态主要是厂房和机器设备等固定资产，这些资产不易改变其用途，因此，项目投资一旦完成，如要改变其原始用途或将其出售都是相当困难的，要么难以实现，要么代价太大。项目投资的不可逆转性，要求公司在投资决策时须注重其有效性，避免盲目投资。

（四）项目投资的风险较大

一方面，项目投资的投资额较大、影响的时间较长、变现能力差；另一方面，影响项目投资未来收益的因素也较多，从而造成项目投资比其他形式的投资承担了更大的风险，

投资决策的失误将给公司带来巨大的甚至是灾难性的损失。因此，公司在投资决策时要研究风险的来源并加以规避，并将其投资风险控制在公司可以承受的范围之内。

二、项目投资的程序

项目投资的程序包括以下环节：

（一）项目提出

项目提出是项目投资程序的第一步。项目是根据公司的长远发展战略、中长期投资计划和投资环境的变化，在把握良好投资机会的情况下提出的，可以由公司高层管理人员提出，也可以由公司的各级管理部门和相关部门经理提出。

（二）项目评价

项目评价是投资决策的关键环节。项目评价的主要内容包括：预计项目投资各期的现金流量；假设项目投资折现率给定的情况下，选择合适的项目评价指标并加以计算。一个投资项目从筹建到投资再到终结，往往经历比较长的时间，而不同时点的现金流量缺乏可比性，实务中通常是采用贴现现金流量模型，把由该项投资活动所引起的不同时点的现金流量调整到同一时点上进行比较分析。以此权衡项目的风险和收益，考查项目是否能够增加公司价值。

（三）项目选择

项目评价完成后，应按照管理权限由公司高层管理人员或相关部门经理在项目评价的基础上进行项目选择。其基本理论依据是当投资项目的边际收入等于边际成本时，其投资收益最大，投资规模最佳。投资项目被选定之后，将被纳入公司资本预算并准备执行和实施。在这一过程中，财务主管的主要任务是进行项目投资评估和决策，预测项目各年需要投入的资本总量，并为项目投资做出专门的资金筹措计划。

（四）项目执行与控制

投资项目一经选择并纳入资本预算后，即可进入投资预算的执行过程。在这一过程中，应建立一套科学合理的预算执行跟踪系统，以及时、准确地反映资本预算的执行情况。根据实际指标与预算指标对比的结果，找出差异，分析原因，并将分析结果及时反馈给各有关部门或单位，以便调整差异，实现预定的目标。另外，如果出现新的情况，还要随时根据变化的情况，对投资项目做出进一步的评价，并根据评价结果适时修正或调整资本预算。

三、项目计算期

项目计算期是指投资项目从投资建设开始到最终清理结束整个过程的全部时间，包括建设期和运营期。

其中，建设期是指项目资金正式开始投入到项目建成投产为止所需要的时间，建设期第一年的年初称为建设起点，建设期最后一年的年末称为投产日。在实践中，通常应参照项目建设的合理工期或项目的建设进度计划合理地确定建设期。项目计算期最后一年的年末称为终结点。从投产日到终结点之间的时间间隔称为运营期（又称为生产经营期），运营期一般应根据项目主要设备的经济使用寿命来确定。

项目计算期、建设期和运营期之间有以下关系成立，即项目计算期=建设期+运营期

四、独立方案和互斥方案

所谓独立方案，是指在决策过程中，一组互相分离、互不排斥的方案或单一的方案。在独立方案中，选择某一方案并不排斥选择另一方案。

互斥方案是指互相关联、互相排斥的方案，即一组方案中的各个方案彼此可以相互代替，采纳方案组中的某一方案，就会自动排斥这组方案中的其他方案。因此，互斥方案具有排他性。

任务2　项目投资现金流量的估算

投资决策的关键是做好投资方案的财务评价工作。在公司投资的决策过程中，通常采用现金流量作为对投资方案进行财务评价的基础。采用现金流量作为投资决策指标的属性，能够比利润更相关、更可靠地衡量投资收益。正确地计算投资项目各期的现金流量，是运用有关指标对投资方案进行财务评价的基础。

一、现金流量及构成

在投资决策中，现金流量是指一个项目引起的公司现金收入和现金支出增加的数量。它包括以下三层含义：第一，它是投资项目的现金流量。现金流量是特定项目引起的，并不是特定会计期间的现金流量。第二，它是指增量现金流量。所谓增量现金流量，是指接受或拒绝某个投资项目后，公司总现金流量因此而发生变动的部分。第三，这里的现金是指广义的现金。它不仅包括各种货币资金，还包括需要投入项目的、公司拥有的非货币资源的变现价值（或重置成本）。

在项目投资决策中，现金流量包括现金流入量、现金流出量和净现金流量等几种形式。需要强调的是，项目投资决策中使用的现金流量与财务报告中现金流量表所提供的现金流量相比，无论是在具体构成内容方面，还是在计算口径方面，都有着较大的差别，因此不能将二者混为一谈，更不能相互替代。

（一）现金流入量

现金流入量（CI）是指在项目从投资开始到项目寿命终止的过程中发生的现金流入。其包括：

（1）营业收入。它是指项目投产后各期正常的生产经营活动中形成的现金流入量。

（2）回收的固定资产余值。它是指投资项目终止时固定资产报废清理或中途转让时收回的固定资产价值，如报废、清理、出售、变卖或转让等时估计可收回的价值。

（3）回收的流动资金。它是指在项目终止时收回的原来公司垫支在流动资产上的价值。

（4）其他现金流入量，即除了上述三种情况之外的现金流入。

（二）现金流出量

现金流出量（CO）是指在项目从投资开始到项目寿命终止过程中发生的现金流出。其包括：

（1）固定资产投资支出。它主要是指在项目投资中用于构成固定资产价值的现金流出，包括购入或建造成本、运输成本、安装成本等。

（2）垫支的营运资本，又称垫支的流动资金、流动资金投资等。它是指项目投产前后分次或一次投放于流动资产上的资本增加额，一般包括产品生产过程中所需的材料、在产品、产成品和货币资金等。

（3）付现成本。它是指在生产经营过程中需要实际支付现金的营运成本。它等于当年的营运成本总额减去固定资产折旧、无形资产摊销额等的差额。

（4）有关税金。它主要是指项目投产后依法缴纳的、单独列示的各项税款，如增值税、所得税等。

（5）其他现金流出，即不属于上述情况的现金流出。

（三）净现金流量

净现金流量（NCF）是指在项目寿命期内的某一期间的现金流入量和现金流出量之间的差额。其计算公式为：

$$净现金流量=当期现金流入量-当期现金流出量$$

这里所说的“某一期间”，通常是指一年，有时也指投资项目持续的整个期间。当现金流入量大于现金流出量时，净现金流量为正值；反之，净现金流量为负值。在项目建设期，净现金流量一般为负值，在项目投产后的正常经营期内，各年净现金流量通常为正值。可见，项目计算期内的各年净现金流量指标是进行投资决策评价的重要信息。

二、现金流量的估算方法

进行项目投资决策时，根据投资项目所处的不同阶段，可以将现金流量分为初始现金流量、经营现金流量和终结现金流量三部分。

（一）初始现金流量

初始现金流量是指为使项目建成并投入使用而发生的有关现金流量。它由以下几个部分构成：

（1）固定资产投资支出，包括固定资产的购置成本或建造成本，以及运输费、安装费等。

（2）垫支的营运资金。除固定资产投资外，通常还需要投入营运资金以保证项目的正常运转，如对原材料、在产品、产成品等方面的投资。这些投资一般在项目终结时得以收回。

（3）其他费用。它是指与投资项目运转相关的各项费用支出，如筹建费、注册费、职工培训费等。

（4）原有固定资产的变价收入。它主要是指在对固定资产更新改造时，变卖原有固定资产所带来的现金流入。需要注意的是，如果原有固定资产的账面价值与其出售价格不一致，则会出现出售损益，从而给公司带来所得税影响。由投资引起的所得税影响，应在计算项目现金流量时加以考虑。

（二）经营现金流量

经营现金流量是指项目投入使用后，在其整个寿命周期内因生产经营活动所产生的现金流量。这种现金流量一般是按年计算的。经营现金流量主要包括：①增量税后现金流入量，是指投资项目投产后增加的税后现金收入（或成本费用节约额）；②增量税后现金流出量，是指与投资项目有关的以现金支付的各种税后成本费用，一般包括有需要付现的营业成本和所得税引起的现金支出。

经营现金流量的计算方法有以下三种：

经营现金流量=收现销售收入−付现成本−所得税　（3−1）

经营现金流量=净利润+折旧　（3−2）

营业现金流量=税后收入−税后付现成本+折旧抵税

=收入×（1−税率）−付现成本×（1−税率）+折旧×税率　（3−3）

其中：公式（3−2）可以由公式（3−1）推导而来，推导过程如下：

经营现金流量=收现销售收入−付现成本−所得税

=收现销售收入−（总成本费用−折旧）−所得税

=收现销售收入−总成本费用−所得税+折旧

=净利润+折旧

公式（3−3）也可以由公式（3−2）推导出来，推导过程如下：

营业现金流量=税后净利润+折旧

=（收现收入−成本）×（1−税率）+折旧

=（收现收入−付现成本−折旧）×（1−税率）+折旧

=收现收入×（1−税率）−付现成本×（1−税率）−折旧×（1−税率）+折旧

=收现收入×（1−税率）−付现成本×（1−税率）+折旧×税率

上述三个公式，常用的是公式（3−3），因为企业的所得税是根据企业总利润计算的。在决定某个项目是否投资时，我们往往使用差额分析法确定现金流量，并不知道整个企业的利润及与此有关的所得税，而公式（3−3）并不需要知道企业的利润是多少，使用起来比较方便，尤其是有关固定资产更新的决策，我们没有办法计量某项资产给企业带来的收入和利润，以至于无法使用前两个公式。

（三）终结现金流量

终结现金流量是指项目经济寿命结束时发生的各种现金流量。其主要包括两部分：经营现金流量和非经营现金流量。经营现金流量与经营期计算方式一样。非经营现金流量主要包括原来垫支营运资金的收回、固定资产残值变价收入以及出售时的所得税影响等。

【做中学3−1】大庆公司甲投资方案：固定资产投资900万元，建设期为1年，使用寿命为5年，按直线法计提折旧，期满固定资产残值收入为10万元。5年中每年销售收入为300万元，每年的付现成本为60万元。该企业适用的所得税税率为25%，试计算该方案的净现金流量。

固定资产的年折旧额=（900−10）÷5=178（万元）

项目计算期=1+5=6（年）

建设期：NCF_0=−900万元

NCF_1=0

经营期：$NCF_{2\sim5}$=（300−60−178）×（1−25%）+178=224.5（万元）

终结点：NCF_6=（300−60−178）×（1−25%）+178+10=234.5（万元）

净现金流量=−900+0+224.5+224.5+224.5+224.5+234.5=232.5（万元）

【做中学3-2】大庆公司乙投资方案：项目投资总额为1 000万元，其中固定资产投资760万元，建设期2年，于建设起点分2年平均投入，期满有残值收入4万元；无形资产投资240万元，于建设起点投入，在生产经营期内摊销完毕；流动资金投资20万元，于投产日开始垫付。该项目的经营期为6年，6年中每年的销售收入为400万元，付现成本每年为40万元，以后随着设备陈旧，将逐年增加修理费5万元。该企业适用的所得税税率为25%，试计算该方案的净现金流量。

固定资产的年折旧额=（760-4）÷6=126（万元）

无形资产的年摊销额=240÷6=40（万元）

项目计算期=2+6=8（年）

建设期：NCF_0=-（380+240）=-620（万元）

NCF_1=-380万元

NCF_2=-20万元

经营期：NCF_3=（400-40-126-40）×（1-25%）+126+40=311.5（万元）

NCF_4=（400-45-126-40）×（1-25%）+126+40=307.75（万元）

NCF_5=（400-50-126-40）×（1-25%）+126+40=304（万元）

NCF_6=（400-55-126-40）×（1-25%）+126+40=300.25（万元）

NCF_7=（400-60-126-40）×（1-25%）+126+40=296.5（万元）

NCF_8=（400-65-126-40）×（1-25%）+126+40+20+4=316.75（万元）

上述方案的现金流量计算见表3-1。

表3-1　各年的现金流量计算　单位：万元

项　目	年　数								
	0	1	2	3	4	5	6	7	8
固定资产投资	-380	-380							
无形资产投资	-240								
营运资金垫支			-20						
销售收入（1）				400	400	400	400	400	400
付现成本（2）				40	45	50	55	60	65
折旧（3）				126	126	126	126	126	126
摊销（4）				40	40	40	40	40	40
营业利润（5）=（1）-（2）-（3）-（4）				194	189	184	179	174	169
所得税（6）=（5）×25%				48.5	47.25	46	44.75	43.5	42.25
税后营业利润（7）=（5）-（6）				145.5	141.75	138	134.25	130.5	126.75
营业现金净流量（8）=（7）+（3）+（4）				311.5	307.75	304	300.25	296.5	292.75
固定资产残值									4
营运资金回收									20
现金流量合计	-620	-380	-20	311.5	307.75	304	300.25	296.5	316.75

净现金流量=-620-380-20+311.5+307.75+304+300.25+296.5+316.75
=816.75（万元）

【提示】也有观点认为终结现金流量仅包括非经营现金流量，即仅包括原来垫支营运资金的收回、固定资产残值变价收入以及出售时的所得税影响等。终结现金流量是否包括运营期最后一期经营现金流量这种争论本身没有太大的现实意义，只要不影响项目现金流量的估计，不影响整体的项目投资决策即可。

任务3 项目投资评价指标及应用

项目投资评价指标按照是否考虑资金的时间价值，可以划分为非贴现指标和贴现指标两类。其主要区别在于，前者没有考虑资金的时间价值，计算较为简便；而后者考虑了资金的时间价值，计算较为复杂，但更为科学、合理。无论是采用非贴现指标还是贴现指标，都需要计算投资项目的现金流量，以其作为投资决策的必要资料，有时还需要计算投资项目的税后利润。

一、非贴现指标

非贴现指标主要有投资回收期和年平均报酬率两种。

（一）投资回收期

投资回收期（PP），是指投资项目产生的现金流入量累积到与投资额相等时所需要的时间。其一般以年为单位，按是否包括建设期又分为包括建设期的投资回收期和不包括建设期的投资回收期。

微课：投资回收期的确定

1.投资回收期的计算

针对投资项目各期现金流量的分布情况，投资回收期的计算方法有以下两种：

（1）如果原始投资一次支出，且每年现金净流入量相等，则投资回收期的计算公式为：

$$\text{不包括建设期的投资回收期} = \frac{\text{原始投资额}}{\text{每年现金净流入量}}$$

【做中学3-3】承【做中学3-1】的资料，要求：运用静态投资回收期法计算该项目的投资回收期。

不包括建设期的投资回收期=900÷224.5 =4（年）

包括建设期的投资回收期=4+1=5（年）

（2）如果现金流入量每年不等或原始投资是分几年投入的，则可使下式成立的n为投资回收期：

$$\sum_{t=0}^{n} NCF_t = 0$$

其中：n为投资涉及的年限；NCF_t为第t年的净现金流量。

或者：

$$包括建设期的投资回收期 = 收回投资的若干M整年 + \frac{至第M年末尚未收回的投资}{第M+1年的现金净流量}$$

【做中学3-4】承【做中学3-2】的资料，要求：计算该项目的投资回收期。

乙方案投入使用后各年现金流入量不相等，应先计算累计净现金流量，见表3-2。

表3-2　各年的累计净现金流量计算　单位：万元

年数	乙方案	
	各年净现金流量	累计净现金流量
0	-620	-620
1	-380	-1 000
2	-20	-1 020
3	311.5	-708.5
4	307.75	-400.75
5	304	-96.75
6	300.25	203.5
7	296.5	500
8	316.75	816.75

$$包括建设期的投资回收期 = 5 + \frac{96.75}{300.25} = 5.32(年)$$

2.投资回收期的决策原则

运用投资回收期判断投资项目是否可行的原则是：在采用投资回收期这一指标进行决策时，应先确定一个行业基准的投资回收期，然后用投资方案回收期与之比较。只有当项目的投资回收期既未超过项目的寿命期（即前者小于后者），又未超过行业的基准投资回收期时，投资项目才是可以接受的。投资回收期越短，方案越有利，项目的效益越好。如果有几个项目可供选择，一般应该选择投资回收期最短的项目。

3.投资回收期的优缺点

投资回收期计算简便，经济意义明确、直观，并且容易理解，在一定程度上反映了投资效果的优劣。它的缺点是没有考虑资金的时间价值，只考虑投资的效率，不能反映投资回收期之后的现金流入情况。投资回收期主要用来测定方案的流动性，不能计量方案的盈利性。

（二）年平均报酬率

1.年平均报酬率的计算

年平均报酬率（ARR），是指投资项目年均现金净流入与原始投资额的比率。其计算公式为：

$$年平均报酬率 = \frac{年均现金净流入}{原始投资额}$$

其中：年均现金净流入是指项目投入使用后的年均现金净流入，等于所有经营现金流量和终结现金流量之和再除以项目使用寿命。

【做中学3-5】承【做中学3-2】的资料，要求：计算该项目的年平均报酬率。

乙方案各年现金净流入量不相等，应先计算年均现金净流入，再计算年平均报酬率，即：

乙方案的年均现金净流入=（311.5+307.75+304+300.25+296.5+292.75）÷6
=302.13（元）

乙方案年平均报酬率=302.13÷1 020=29.62%

2.年平均报酬率的决策规则

这种方法要求公司首先要达到必要年平均报酬率。在进行决策时，高于必要年平均报酬率的方案可以入选，低于必要年平均报酬率的方案则应拒绝，在多个互斥方案中则选用年平均报酬率最高者。

3.年平均报酬率的优缺点

这种方法计算简便，简明易懂，应用范围广。另外，年平均报酬率考虑了投资方案在其整个寿命期内的现金流量，这一点较投资回收期更为合理。但是，它没有考虑货币的时间价值，不同期间的现金流量也被看作具有相同的价值，将前期的现金流量等同于后期的现金流量是不妥当的。因此，实际工作中很少单独使用年平均报酬率进行决策。

二、贴现指标

贴现指标是指考虑复利与贴现的决策指标，主要包括净现值、获利能力指数和内含报酬率。

（一）净现值

净现值（NPV），是指特定方案未来现金流入量的现值与未来现金流出量的现值之间的差额。

1.净现值的计算

计算净现值，就是将所有未来现金流入量和现金流出量都按预定贴现率折算成它们的现值，然后再计算它们的差额。其计算公式为：

$$\begin{aligned}\text{净现值（NPV）} &= \text{项目计算期内各年净现金流量的现值之和}\\ &= \sum\text{现金流入量的现值} - \sum\text{现金流出量的现值}\\ &= \sum_{k=0}^{n}\frac{I_k}{(1+i)^k} - \sum_{k=0}^{n}\frac{O_k}{(1+i)^k}\end{aligned}$$

其中：n为投资涉及的年限；I_k为第k年的现金流入量；O_k为第k年的现金流出量；i为预定的贴现率。

【做中学3-6】承【做中学3-1】的资料，设折现率为9%，计算甲方案的净现值。

$NPV_{甲}$=-900+224.5×（P/A，9%，4）×（P/F，9%，1）+234.5×（P/F，9%，6）
=-900+224.5×3.2397×0.9174+234.5×0.5963
=-92.93（万元）

2.净现值的决策原则

净现值是一个绝对值金额，在单项方案决策中，如果该方案的净现值大于等于零，则此方案可行；否则，方案不可行。在多个备选方案的互斥决策中（假设备选方案原始投资相同且项目计算期相等），在净现值大于零的投资项目中，选择净现值较大的投资项目。

3.净现值的优缺点

净现值指标的优点：考虑了资金的时间价值；利用了项目计算期内的全部现金流量信息，是投资项目财务可行性分析的主要指标。

净现值指标的缺点：净现值是一个绝对数指标，对于不同规模的独立投资项目，不便于比较投资项目的优劣；净现值的计算比较复杂；现金流量的预测和折现率的选择比较困难。

（二）获利能力指数

获利能力指数（PI），是指投资项目未来现金流入量现值与现金流出量现值的比率，亦称现值比率、获利指数。

1. 获利能力指数的计算

$$获利能力指数（PI）=\sum 现金流入量的现值 \div \sum 现金流出量的现值$$

$$=\sum_{k=0}^{n}\frac{I_k}{(1+i)^k}\div\sum_{k=0}^{n}\frac{O_k}{(1+i)^k}$$

其中：n为投资涉及的年限；I_k为第k年的现金流入量；O_k为第k年的现金流出量；i为预定的贴现率。

【做中学3-7】承【做中学3-1】，设折现率为9%，计算甲方案的获利能力指数。

$$PI_{甲}=\frac{-92.33}{|-900|}\times 100\%=-10.33\%$$

2. 获利能力指数的决策规则

如果获利能力指数≥1，投资项目报酬率≥预定的贴现率，则方案可行；如果获利能力指数＜1，投资项目报酬率＜预定的贴现率，则方案不可行。

3. 获利能力指数的优缺点

获利能力指数的主要优点是，其克服了净现值法不便于不同规模的项目进行比较的问题，可以对独立投资机会进行获利能力的比较。但是，获利能力指数的概念不好理解。另外，选择不同的贴现率，各方案的优先次序会发生变化。

（三）内含报酬率

所谓内含报酬率（IRR），是指能够使投资方案净现值为零的贴现率。内含报酬率是根据方案自身的现金流量计算出来的，是方案本身的投资报酬率。它反映项目所占用资金的盈利率，是考查项目盈利能力的主要动态评价指标。

1. 内含报酬率的计算

内含报酬率的计算公式为：

$$\sum 现金流入量的现值-\sum 现金流出量的现值=0$$

$$\sum_{k=0}^{n}\frac{I_k}{(1+r)^k}=\sum_{k=0}^{n}\frac{O_k}{(1+r)^k}$$

其中：r为内含报酬率；n为投资涉及的年限；I_k为第k年的现金流入量；O_k为第k年的现金流出量；i为预定的贴现率。

内含报酬率（IRR）的计算，主要有两种方法：

（1）年金法。它适用于各期现金流入量相等、符合年金形式的情况。此时内含报酬率可直接利用年金现值系数表来确定。

（2）逐步测试法。它适用于各期现金流入量不相等的非年金形式。其计算方法是，先估计一个贴现率，用它来计算方案的净现值；如果净现值为正数，则说明方案本身的报酬率超过估计的贴现率，应提高贴现率后进行进一步测试；如果净现值为负数，则说明方案本身的报酬率低于估计的贴现率，应降低贴现率后进一步测试。经过多次测试，得出使方案净现值由正到负或者由负到正接近于零的两个贴现率，再用插值法计算出方案本身的内含报酬率。

微课：内含报酬率的确定

【做中学3-8】承【做中学3-3】，计算甲方案的内含报酬率。

$NPV_{甲}$=-900+224.5×（P/A，i，4）×（P/F，i，1）+234.5×（P/F，i，6）=0

当i=6%时，$NPV_{甲}$=-900+224.5×3.4651×0.9434+234.5×0.705
=43.24　（万元）

当i=8%时，$NPV_{甲}$=-900+224.5×3.3121×0.9259+234.5×0.6302
=-63.75　（万元）

当i=7%时，$NPV_{甲}$=-900+224.5×3.3872×0.9346+234.5×0.6663
=-33.06　（万元）

所以，内含报酬率在6%和7%之间，运用插值法的计算如图3-1所示。

图3-1　内含报酬率的插值法计算

$$\frac{IRR-6\%}{7\%-6\%}=\frac{0-43.24}{-33.06-43.24}$$

$$IRR=6\%+\frac{3.24}{33.06+43.24}\times(7\%-6\%)=6.57\%$$

2.内含报酬率的决策规则

在采用内含报酬率来评估独立投资项目时，需要将计算出来的内含报酬率与公司的资本成本或所要求的最低投资报酬率相比较。如果项目的内含报酬率大于资本成本，则该项目可行；反之，则该项目不可行。采用内含报酬率来评估多个互斥投资项目时，应选用内含报酬率最大的项目。

3.内含报酬率的优缺点

内含报酬率考虑了资金的时间价值以及项目在整个寿命期内的经济状况，能够直接衡量项目的真正投资收益率，而且无须预先确定折现率。但是，它的计算过程比较复杂，对于每年净现金流量不等的项目，要经过多次计算才行。对于经营期存在大量追加投资的情形，可能会计算出多个内含报酬率，甚至会出现内含报酬率不存在的情形，以致缺乏实际意义。

（四）不同贴现指标之间的比较

1.净现值与内含报酬率

净现值法和内含报酬率法都是比较好的投资评估方法，它们都考虑了资金的时间价值，都能比较客观、准确地反映投资项目的经济效益。

在采用净现值法和内含报酬率法进行独立决策时，将得出相同的结论，即净现值指标认为可行，内含报酬率也同样认为可行。这时一般应当根据内含报酬率指标，优先安排内含报酬率较高的方案。

在互斥方案的可行性评价中，净现值和内含报酬率可能会得出不一致的结论。计算净现值时会预先确定折现率，通常按投资者要求的最低收益率确定，而内含报酬率指标隐含着公司可以按照项目本身的内含报酬率进行再投资的假定。如果两者得出的结果产生矛盾，应选择净现值大的项目。

2.净现值与获利能力指数的比较

净现值法与获利能力指数法都考虑了货币的时间价值和项目的全部效益与成本，都是较好的投资评估方法。两者的主要区别是，净现值是一个绝对数指标，反映投资的效益；获利能力指数是一个相对数指标，反映投资的效率。一般情况下，两种方法会得出相同的结论。当两者出现差异时，若是独立方案，则应优先安排获利能力指数高的项目；若是互斥方案，则应采用净现值大的方案。

3.内含报酬率与获利能力指数的比较

两者都是根据相对比率来评价方案的。在运用内含报酬率法时，无须事先选择贴现率，根据内含报酬率的高低就可以确定独立投资的次序，只在取舍方案时需要考虑资金成本或最低报酬率，从而判断方案是否可行。获利能力指数法要求事先设定一个适合的贴现率，以便将现金流量折为现值，贴现率的高低将会影响方案的优先次序。

【思考】当不同决策指标得出的结论不一致时，我们该如何进行项目投资决策？

三、项目投资评价指标的运用

（一）独立方案的决策

在评价独立方案时，需要利用评价指标考察独立方案是否具有可行性。通常，一个项目若同时满足以下条件：净现值≥0，获利能力指数≥1，内含报酬率≥资金成本率，则项目具有财务可行性；反之，则不具有财务可行性。而静态的投资回收期与年平均报酬率可作为辅助指标评价投资项目。应注意的是，当辅助指标与主要指标（贴现指标）的评价结论发生矛盾时，应以主要指标的结论为准。

（二）互斥方案的决策

在互斥方案的决策中，由于各个备选方案的投资额、项目计算期不相一致，因而要根据各个方案的使用期、投资额相等与否，采用不同的方法做出选择。

1.互斥方案的投资额、项目计算期均相等

互斥方案的投资额、项目计算期均相等时，可采用净现值法或内含报酬率法。

【做中学3-9】大庆公司现有资金100万元可用于固定资产项目投资，有A、B、C、D4个互相排斥的备选方案，这4个方案的投资总额均为100万元，项目计算期都为6年，贴现率为10%，现经计算：

NPV_A=8.13（万元），IRR_A=13.3%

NPV_B=12.25 （万元），IRR_B=16.87%

NPV_C=-2.12（万元），IRR_C=8.96%

NPV_D=10.36（万元），IRR_D=15.02%

要求：选择哪一个投资方案为最优？

因为C方案净现值为-2.12万元，小于0，内含报酬率为8.96%，小于贴现率，不符合财务可行的必要条件，所以应舍去。

A、B、D三个方案的净现值均大于0，且内含报酬率均大于贴现率，因此A、B、D三个方案均符合财务可行的必要条件，且$NPV_B>NPV_D>NPV_A$，所以应优先选择B方案。

2.互斥方案的投资额不相等，但项目计算期相等

当互斥方案的投资额不相等，但项目计算期相等时，可采用差额法。

所谓差额法，是指在两个投资总额不同的方案的差量现金净流量（记作ΔNCF）的基础上，计算出差额净现值（记作ΔNPV）或差额内含报酬率（记作ΔIRR），并据以判断方案优劣的方法。

在此方法下，一般用投资额大的方案减投资额小的方案，当ΔNPV≥0或ΔIRR≥i时，投资额大的方案较优；反之，则投资额小的方案为优。

【做中学3-10】大庆公司有一台5年前购置的旧机器，正考虑用市场上的一种新设备对其进行替换，以增加收益、降低成本。旧设备原值60 000元，已提折旧30 000元，还可使用5年，预计期满无残值。旧设备每年带来营业收入80 000元，每年的付现成本为40 000元。旧设备目前的市场价值为20 000元。新设备的市场价值为100 000元，预计使用年限为5年，预计净残值为10 000 元。新设备每年可带来营业收入120 000元，每年的付现成本为50 000元，新旧设备均采用直线法计提折旧。公司所得税税率为25%，资本成本为10%，大庆公司是否应该更换新设备？

更换新设备与继续使用旧设备的差量现金流量如下：

（1）差量初始现金流量的计算。

新设备购置成本=-100 000元

旧设备变价收入=20 000元

旧设备出售节税=（30 000-20 000）×25%=2 500（元）

差量初始现金流量=-77 500元

（2）差量经营现金流量的计算。

差量营业收入=120 000-80 000=40 000 （元）

差量付现成本=50 000-40 000=10 000 （元）

差量年折旧额=（100 000-10 000）÷5-（60 000-30 000）÷5=12 000（元）

差量经营现金流量=（40 000-10 000） ×（1-25%） +12 000×25%
　　　　　　　　=25 500（元）

（3）差量终结现金流量的计算。

差量终结现金流量=25 500+（10 000-0）=35 500（元）

（4）差量净现值的计算。

差量净现值=25 500×（P/A，10%，4）+35 500×（P/F，10%，5）-77 500
　　　　　=25 500×3.16987+35 500×0.62092-77 500
　　　　　=25 374.35 （元）

更换新设备与继续使用旧设备相比，可以多获得25 374.35元的净现值，所以企业应该考虑设备更新。

3.互斥方案的投资额不相等，项目计算期也不相同

当互斥方案的投资额不相等，项目计算期也不相同时，可采用年均净现值法。

微课：项目投资决策的年均净现值法

所谓年均净现值法，是指通过比较所有投资方案的年均净现值指标的大小来选择最优方案的决策方法。在此法下，年均净现值最大的方案为优。

若贴现率为i，项目计算期为n，则：

$$年均净现值=\frac{净现值}{年金现值系数}=\frac{NPV}{(P/A,i,n)}$$

【做中学3-11】大庆公司现有甲、乙两个互斥投资方案。甲方案初始投资额为10 000元，项目使用寿命为5年，期满时净残值为1 000元，每年经营现金流量为4 500元。乙方案初始投资额为20 000元，项目使用寿命为8年，期满时无残值，每年经营现金流量为5 500元。公司资本成本为12%。请判断应该选择哪个投资方案。

甲方案的净现值=4 500×（P/A，12%，5）+1 000×（P/F，12%，5）-10 000
=4 500×3.60478+1 000×0.55743-10 000
=6 788.94（元）

乙方案的净现值=5 500×（P/A，12%，8）-20 000
=5 500×4.96764-20 000
=7 322.02（元）

甲方案的年均净现值=6 788.94÷3.60478=1 883.32（元）

乙方案的年均净现值=7 322.02÷4.96764=1 473.94（元）

通过上述计算可知，尽管乙方案的净现值大于甲方案的净现值，但是它的寿命较长，导致乙方案的年均净现值低于甲方案的年均净现值，因此，应该选择甲方案。

项目小结

本项目主要知识点归纳总结见表3-3。

表3-3 本项目主要知识点归纳总结

主要知识点		内容
项目投资现金流量的估算	初始现金流量	固定资产投资支出、垫支的营运资金、其他费用（如筹建费、注册费、职工培训费等）、原有固定资产的变价收入（考虑所得税影响）
	经营现金流量	经营现金流量=收现销售收入-付现成本-所得税=净利润+折旧等非付现费用=收入×（1-税率）-付现成本×（1-税率）+折旧×税率
	终结现金流量	终结现金流量=最后一项经营现金流量+原来垫支营运资金的收回、固定资产残值变价收入以及出售时的所得税影响等
项目投资评价指标	投资回收期	$\frac{包括建设期的}{投资回收期}=收回投资的若干M整年+\frac{至第M年末尚未收回的投资}{第M+1年的现金净流量}$
	年平均报酬率	$年平均报酬率=\frac{平均现金净流入}{原始投资额}$
	净现值	现值（NPV）=项目计算期内容各年净现金流量的现值之和 $=\sum现金流入量现值-\sum现金流出量现值$
	获利能力指数	获利能力指数（PI）$=\sum现金流入量现值\div\sum现金流出量现值$
	内含报酬率	$\sum现金流入量现值-\sum现金流出量现值=0$ 计算方法：（1）年金法；（2）逐步测试法

项目四　营运资金管理

学习目标

知识目标

1. 了解营运资金的含义和特点。
2. 理解现金、应收账款和存货的管理目标。
3. 掌握最佳现金持有量的确定方法。
4. 掌握信用政策的构成与决策方法。
5. 熟练运用存货经济批量模型。

技能目标

1. 能够确定最佳现金持有量。
2. 能够对信用政策的更改做出决策。
3. 能够确定存货的经济批量。

态度目标

1. 能与企业内部相关部门沟通营运资金管理的制度、原则和方法。
2. 能与政府部门沟通了解政策法规，具备政策法规的解读能力。

工作情境与工作任务

库存现金是变现能力最强的资产，可以用来满足生产经营开支的各种需要。拥有足够的库存现金对于降低企业的风险有重要的意义，但库存现金属于非营利性资产，如果库存现金持有量过多，企业的收益水平也相应降低。那么，你知道该如何确定合理的现金持有量吗？

采用赊销的方式可以扩大销售、增加利润，但是应收账款的增加也会造成资金成本、坏账损失等费用的增加。你知道怎样确定信用条件和如何确定收账政策吗？

企业持有充足的存货有利于生产的顺利进行，节约采购费用与生产时间，然而，存货的增加必然会占用更多的资金。那么，你知道怎样确定存货的合理进货批量吗？

营运资金是指企业在生产经营活动中占用流动资产的资金。营运资金有广义和狭义之分。广义的营运资金是指一个企业流动资产的总额；狭义的营运资金是指流动资产减流动负债后的余额。营运资金的管理主要是指流动资产的管理。

现金管理

现金有广义和狭义之分。广义的现金是指在生产经营过程中以货币形态存在的资金，包括库存现金、银行存款和其他货币资金等。狭义的现金仅指库存现金。这里所讲的现金是指广义的现金。

现金是变现能力最强的资产，可以用来满足生产经营开支的各种需要，也是还本付息和履行纳税义务的重要保证。拥有足够的库存现金对于降低企业的风险、增加企业资产的流动性和债务的可清偿性有重要的意义。但现金收益性最差，持有量过多，企业的收益也将相应地降低。因此，企业必须合理地确定现金的持有量，使现金的收支不但在数量上保持平衡，而且在时间上也相互衔接，在保证企业经营活动所需现金的同时，尽量减少企业闲置的现金数量，提高资金收益率。

一、持有现金的动机

企业持有一定量现金以满足交易性需要、投机性需要和预防性需要。

（一）交易性需要

交易性需要是指满足企业日常业务的现金支付需要。企业经常得到收入，如销售；也经常发生支出，如采购、发放工资与股利、纳税；两者不可能同步同量。收入多于支出，形成现金置存；收入少于支出，出现资金缺口。企业必须维持适当的现金余额，才能使业务活动正常地进行下去。

（二）投机性需要

投机性需要是指将置存现金用于有利可图的机会。比如，在原材料价格突然下跌时，购入价格便宜的原材料。一般来说，除了金融和投资公司以外，专为投机性需要而特别置存现金的企业不多，当它们遇到不寻常的购买机会时，也常设法临时筹集资金。但拥有相当数量的现金确实为突然的大批量采购提供了方便。

（三）预防性需要

预防性需要是指持有现金以备意外事项发生。比如，对于经营风险或销售收入变动幅度较大的企业来说，其现金流难以准确测算，需持有一定的现金以备不测。此外，预防性现金数额还与企业的借款能力有关，如果企业能够很容易地随时借到短期资金，也可以减少预防性现金的数额；若非如此，则应扩大预防性现金额。

二、最佳现金持有量的确定

最佳现金持有量是指在正常情况下，能保证企业生产经营的最低限度所需要的现金持有量，即持有这一数额的现金对企业最有利。若现金持有量低于这一限度，则会影响企业资金的正常周转，增加企业的财务风险；若现金持有量高于这一限度，则又会降低企业的经济效益。现金最佳持有量一般与企业现金需求量、现金需求量的可预测性、有价证券的利率、有价证券的变现能力强弱及现金与有价证券的兑换费用等因素直接相关。确定最佳现金持有量的方法有很多，比较常用的方法有以下两种：

（一）成本分析模式

成本分析模式是根据现金相关成本，分析、预测其总成本最低时现金持有量的一种方法。企业持有现金将会有三种成本：

微课：现金的持有成本

1. 机会成本

现金作为企业的一项资金占用，是有代价的，这种代价就是它的机会成本。假定某企业的资本成本是10%，年均持有50万元的现金，则该企业每年现金的成本为5万元（50×10%）。现金持有量越大，机会成本越高。企业为了经营业务，需要拥有一定的现金，付出相应的机会成本是必要的，但现金拥有量过多，机会成本大幅度上升就不合算了。

2. 管理成本

企业拥有现金会发生管理费用，如管理人员工资、安全措施费等。这些费用是现金的管理成本。管理成本是一种固定成本，与现金持有量之间无明显的比例关系。

3. 短缺成本

现金的短缺成本是指企业因缺乏必要的现金，不能应付业务开支所需而使企业蒙受损失或为此付出的代价。现金的短缺成本随现金持有量的增加而下降，随现金持有量的减少而上升。

上述三项成本之和最小的现金持有量就是最佳现金持有量。如果把以上三种成本线放在一个图上（如图4-1所示），就能表现出持有现金的总成本，找出最佳现金持有量的点：机会成本线向右上方倾斜，短缺成本线向右下方倾斜，管理成本线为平行于横轴的平行线，总成本线便是一条抛物线，该抛物线的最低点即为持有现金的最低总成本。超过这一点，机会成本上升的代价会大于短缺成本下降的好处；在这一点之前，短缺成本上升的代价会大于机会成本下降的好处。这一点横轴上的量，即是最佳现金持有量。

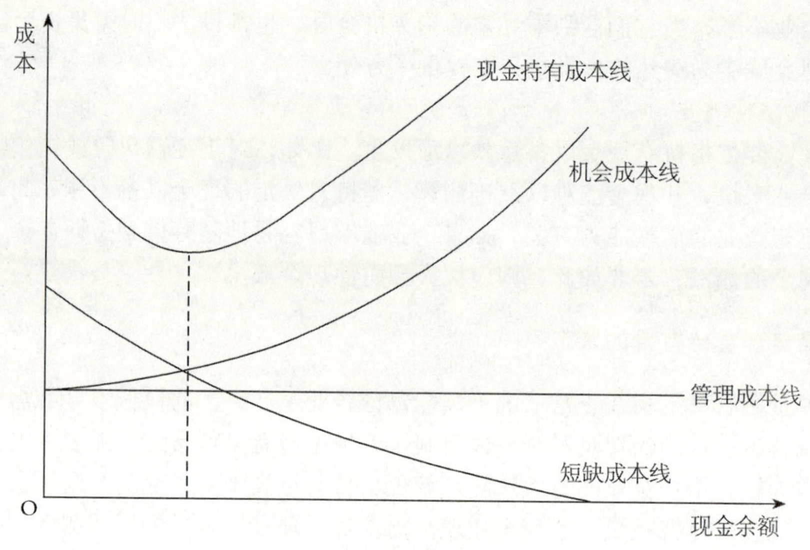

图4-1　现金持有成本线

关于最佳现金持有量的具体计算，可以先分别计算出各种方案的机会成本、管理成本、短缺成本，再从中选出总成本之和最低的现金持有量为最佳现金持有量。

【做中学4-1】富达自行车有限公司2015年投资2 879万元，引进年产40万辆铝合金车架生产线，已竣工调试。该公司产品质量优良，价格合理，在市场上颇受欢迎，销售很好，达产后新增销售收入1.2亿元，增值税2 400万元。因此，公司迅速发展壮大，货币资金持有量不断增加。公司财务经理为了尽量减少企业闲置的现金数量，提高资金收益率，考虑确定最佳现金持有量，于是让财务科对四种不同现金持有量的成本做了测算，具体数据见表4-1。

表4-1　现金持有方案　单位：元

项目＼方案	A	B	C	D
现金持有量	25 000	50 000	75 000	100 000
管理成本	20 000	20 000	20 000	20 000
短缺成本	10 000	6 000	2 000	0

财务经理根据上述数据，结合企业12%的资本收益率，利用成本分析模式，确定企业最佳现金持有量为75 000元。

分析过程如下：

(1) 持有现金的机会成本是指因持有现金而丧失的再投资收益，即应有的资本收益。

A方案持有资金的机会成本为：25 000×12%=3 000（元）

B方案持有资金的机会成本为：50 000×12%=6 000（元）

C方案持有资金的机会成本为：75 000×12%=9 000（元）

D方案持有资金的机会成本为：100 000×12%=12 000（元）

(2) 利用现金成本分析模式，我们可以编制出富达自行车有限公司最佳现金持有量测算表，见表4-2。

表4-2　最佳现金持有量测算表　单位：元

方案及现金持有量	管理成本	机会成本	短缺成本	相关总成本
A（25 000）	20 000	3 000	10 000	33 000
B（50 000）	20 000	6 000	6 000	32 000
C（75 000）	20 000	9 000	2 000	31 000
D（100 000）	20 000	12 000	0	32 000

通过分析和比较表4-2中各方案的总成本可知，C方案的相关总成本最低，即公司持有75 000元现金时，各方面的总代价最低，故财务经理确定75 000元为最佳现金持有量。

【思考】利用成本分析模式确定最佳现金持有量的利弊是什么？

（二）随机模式

随机模式是在现金需求量难以预知的情况下进行现金持有量控制的方法。对企业来讲，现金需求量往往波动大且难以预知，但企业可以根据历史经验和现实需要测算出现金持有量的上限和下限，将现金持有量控制在上下限之间。当现金持有量达到控制上限时，用现金购入有价证券，使现金持有量下降；当现金持有量降到控制下限时，则抛售有价证券换回现金，使现金持有量回升；若现金持有量在控制的上下限之内，则不必进行现金与有价证券的转换，保持它们各自的现有存量。图4-2描述了这种对现金持有量的控制。

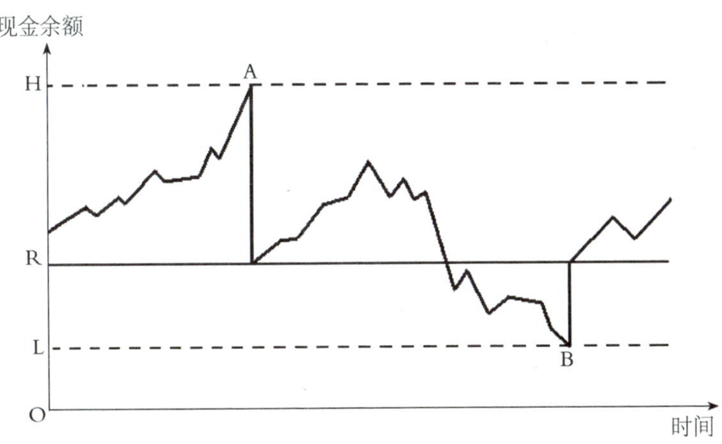

图4-2　最佳现金持有量的随机模式

在图4-2中，虚线H为现金持有量的上限，虚线L为现金持有量的下限，实线R为最优现金返回线。从图4-2中可以看到，企业的现金持有量（表现为现金每日余额）是随机波动的，当其达到A点时，即达到了现金持有量控制的上限，企业用现金购买有价证券，使现金持有量回落到现金返回线（R线）的水平；当现金持有量降至B点时，即达到了现金持有量控制的下限，企业则应转让有价证券换回现金，使其持有量回升至现金返回线的水平。现金持有量在上下限之间的波动属控制范围内的变化，是合理的，不予理会。以上关系中的现金持有量上限H、现金返回线R可按下列公式计算：

$$R = \sqrt[3]{\frac{3b\delta^2}{4i}} + L$$

$$H = 3R - 2L$$

其中：b为有价证券每次的固定转换成本；i为有价证券的日利息率；δ为预期每日现金余额变化的标准差（可根据历史资料测算）；下限L的确定，则受到企业每日的最低现金需要、管理人员的风险承受倾向等因素的影响。

【做中学4-2】海通公司有价证券的年利率为9%，每次固定转换成本为50元，公司认为任何时候其银行活期存款及现金余额均不能低于1 000元，又根据以往经验测算出现金余额波动的标准差为800元。则最优现金返回线R、现金控制上限H为：

有价证券日利率=9%÷360=0.025%

$$R = \sqrt[3]{\frac{3b^2}{4i}} + L = \sqrt[3]{\frac{3\times50\times800^2}{4\times0.025\%}} + 1\,000 = 5\,579\text{（元）}$$

H＝3R－2L＝3×5 579－2×1 000＝14 737（元）

这样，当公司的现金余额达到14 737元时，即应以9 158元（14 737－5 579）的现金去投资有价证券，使现金持有量回落到5 579元；当公司的现金余额降至1 000元时，应转让4 421元（5 579－10 000）的有价证券，使现金持有量回升到5 579万元。

随机模式建立在企业现金流量的未来需求总量和收支不可预测的前提下，因此计算出来的现金持有量比较保守。

【思考】利用随机模式确定最佳现金持有量的利弊是什么？

三、现金收支的日常管理

现金收支管理的目的在于提高现金使用效率。为达到这一目的，应当注意做好以下几个方面的工作：

（一）力争现金流量同步

现金流量同步是指企业能尽量使现金流入与现金流出发生的时间趋于一致，这样可以使其所持有的交易性现金余额降到最低水平。

（二）使用现金浮游量

从企业开出支票，收票人收到支票并存入银行，至银行将款项划出企业账户，中间需要一段时间。现金在这段时间的占用称为现金浮游量。在这段时间里，尽管企业已开出了支票，但仍可动用其在活期存款账户上的这笔资金。不过，在使用现金浮游量时，一定要控制好使用时间，否则会发生银行存款的透支。

（三）加速收款

这主要是指缩短应收账款的时间。发生应收账款会增加企业资金的占用，但它又是必要的，因为它可以扩大销售规模，增加销售收入。问题在于，如何既利用应收账款吸引顾客，又缩短收款时间。这要在两者之间找到适当的平衡点，并实施妥善的收账策略。

（四）推迟应付款的支付

推迟应付款的支付，是指企业在不影响自己信誉的前提下，尽可能推迟应付款的支付期，充分运用供货方所提供的信用优惠，在信用期的最后一天支付款项。当然，这要权衡折扣优惠与急需现金之间的利弊得失。

任务2　应收账款管理

应收账款是企业因对外销售商品、材料、提供劳务及其他原因，应向购货单位或接受劳务的单位及其他单位收取的款项。

应收账款作为企业为扩大销售和盈利的一项投资，也会发生一定的成本，所以企业需要在应收账款所增加的盈利和所增加的成本之间做出权衡。应收账款管理就是分析赊销的条件，使赊销带来的盈利增加大于应收账款投资产生的成本费用增加，最终使企业现金收入增加，企业价值上升。

一、应收账款的功能

应收账款的功能是指它在生产经营中的作用，主要指：

（一）增加销售

目前，企业对外销售主要有现销和赊销两种方式。现销就是一手交钱、一手交货，即现金流入与货物流出是同一时间，这是一种理想的销售方式。在市场竞争日益激烈、买方市场占主导条件的环境下，企业为扩大销售、提高市场份额，往往会在一定条件下给予客户赊销。赊销不但使顾客在未付款的情况下提前拥有和使用该商品，还会让顾客在销售期内无偿占用企业的资金。这对购货方来说是百利而无一害的，但对销售方而言，则是在增加销售的同时增加了应收账款的成本。

（二）减少存货

对于季节性销售企业来说，一般在销售淡季产成品存货积压较多，企业持有产成品存货，要支付管理费、保险费等成本；相反，企业持有应收账款则无须上述费用。季节性销售企业在淡季一般都采用较为优惠的信用条件进行销售，以便把存货转化为应收账款，降低各种费用支出。

二、应收账款的成本

应收账款是企业的一项资金投放，是为了扩大销售和盈利而进行的投资。投资肯定要发生成本，这些成本包括机会成本、管理成本和坏账成本。

（一）机会成本

企业资金如果不投放于应收账款，便可用于其他投资并获得收益，比如投资于有价证券，则会有利息收入。这种因投放于应收账款而放弃的其他收入，即为应收账款的机会成本，这种成本一般按企业平均资本成本率计算。

（二）管理成本

企业对应收账款进行管理所耗费的各种费用，即为应收账款的管理成本，主要包括对客户的资信调查费用、应收账款账簿记录费用、收账费用、收集相关信息费用、其他相关费用。

（三）坏账成本

应收账款因故不能收回而给企业带来的损失，称为应收账款的坏账成本。此项成本一般与应收账款的额度成正比。

三、应收账款政策的制定

应收账款政策又称为信用政策，是企业财务政策的一个重要组成部分。企业要管好用好应收账款，必须事先制定合理的信用政策，信用政策一般由信用标准、信用条件和收账政策三个部分组成。

（一）信用标准

信用标准是企业同意向顾客提供商业信用而提出的基本要求，一般以坏账损失率表示。企业的信用标准越高，越能减少企业的坏账损失，降低应收账款的机会成本，但不利于企业扩大销售。反之，信用标准越低，虽然会增加销售，但会相应增加坏账损失和应收账款的机会成本。因此，企业应根据具体情况来确定其信用标准。

（二）信用条件

信用条件是企业要求顾客支付赊销款项的条件，一般包括信用期限、现金折扣期及现金折扣率、季节性优惠等。信用期限是企业为顾客规定的最长付款时间；现金折扣期是为顾客规定的可享受现金折扣的付款时间；现金折扣率是顾客在折扣期限内付款所给予的优惠率，在于鼓励信用客户较早支付发票款。例如，在账单中常见的“2/10，N/30”就是一项信用条件，它规定顾客在10天内付款，可享受2%的现金折扣，如超过10天，则应在30天内付款，不再享受任何折扣。在上述“2/10，N/30”中，10天为现金折扣期，2%为现金折扣率，30天为信用期限。季节性优惠是鼓励客户购买季节性产品的信用条款，它允许客户在销售高峰期前提货而延迟付款至高峰期后，可以满足那些销售季节过后才能付款的客户的需求，可用来避免存货存储成本。

企业提供比较优惠的信用条件能增加销售量，但相应地增加应收账款的机会成本、坏账成本、现金折扣成本；反之，企业提供比较苛刻的信用条件，虽能降低诸如应收账款的机会成本、坏账成本和现金折扣成本等，但销售量也会随之减少。因此，企业应根据本行业的惯例及企业的具体情况来制定恰当的信用条件。

【思考】企业在确定信用期限的时候，应该考虑哪些因素？

（三）收账政策

收账政策是指信用条件被违反时，企业应采取的收账策略及催收过期应收账款所遵循的程序。企业如果采用较积极的收账政策，可能会减少应收账款投资，减少坏账损失及机会成本，但同时会增加收账费用；反之，如果采用较消极的收账政策，则会增加应收账款投资，增加坏账损失及机会成本，但会减少收账费用。因此，企业必须采用适合自身情况的收账政策。

收账政策主要是收账费用与坏账损失之间的权衡。一般说来，企业收账费用支出越多，坏账损失的比率将越小。但这两者并不一定存在线性关系，通常情况是开始花费一些收账费用只能降低很小一部分坏账损失，当收账费用逐渐增加，坏账损失的减少也较大，但当收账费用达到一定限度之后，再增加收账费用，对坏账损失的减少作用不大。在制定信用政策时，应权衡增加收账费用与减少应收账款机会成本和坏账损失之间的得失。

信用标准对于可接受的风险提供了一个基本的判别标准。信用条件是指扩展信用期间和提供现金折扣的条件。收账政策是指信用条件未被遵守时，企业采用什么行动进行收账。信用政策一般由财务经理负责制定，不管是信用标准、信用条件还是收款政策，都必须力求做到收益大于成本。单个信用政策可通过比较收益和成本来进行。但是，制定最优的信用政策，应把信用标准、信用条件和收账政策三者结合起来，这就使分析变得更加复杂。在分析时，必须考虑信用标准、信用条件、收账政策的综合变化对销售额、应收账款投资、坏账成本和收账成本的影响。这里的决策规则仍是收益大于成本。因为这种计算过于复杂，而且几个变量的变化都是预计的，有相当大的不确定性，所以信用政策的制定并不是主要靠数量分析，而是在很大程度上由管理经验和判断所决定的。

四、应收账款的日常管理

信用政策建立以后，企业要做好应收账款的日常控制工作，进行信用调查和信用评价，以确定是否同意顾客赊欠货款，当顾客违反信用条件时，还要做好账款催收工作。

（一）企业的信用调查

对顾客的信用进行评价是应收账款日常管理的重要内容。只有正确地评价顾客的信用状况，才能合理地执行企业的信用政策。要想合理地评价顾客的信用，必须对顾客信用进行调查，收集有关的信息资料。信用调查有两类：直接调查与间接调查。

1. 直接调查

直接调查是指调查人员与被调查单位接触，通过当面采访、询问、观看、记录等方式获取信用资料的一种方法。直接调查能保证收集资料的准确性和及时性，但若被调查单位不合作，则会使调查资料不完整。

2. 间接调查

间接调查是以被调查单位以及其他单位保存的有关原始记录和核算资料为基础，通过加工整理获得被调查单位信用资料的一种方法。这些资料主要来源于以下几个方面：

（1）被调查单位的财务报表。通过被调查单位的财务报表，基本上能掌握一个企业的财务状况。财务报表是信用资料的重要来源。

（2）信用评估机构。许多国家都有信用评估的专门机构，定期发布有关企业的信用等级报告。在信用评估等级方面，目前主要有两种：一种是采用三类九级制（AAA、AA、A、BBB、BB、B、CCC、CC、C）；另一种是采用三级制（AAA、AA、A）。专业的信用评估机构具有评估方法先进、评估调查细致、评估程序合理的优势，可信度较高。

（3）银行。银行也是信用资料的一个重要来源，因为许多银行都设有信用部，可以通过向当地的开户银行征询来获得被调查单位的有关信用资料。

（4）其他。在调查时也可以向工商管理部门、财税部门、消费者协会和证券交易部门等征询。

（二）企业的信用评估

收集好信用资料后，要对这些资料进行分析，并对顾客的信用状况进行评估。信用评估的方法有很多，5C评估法和信用评分法是比较常见的方法。

1.5C评估法

5C评估法是指重点分析影响信用的品德、能力、资本、抵押品和条件五个方面的一种方法。

2.信用评分法

信用评分法是指先对一系列财务比率和信用情况指标进行评分，然后进行加权平均，得出顾客综合的信用分数，并以此进行信用评估的一种方法。

（三）收账的日常管理

收账是企业应收账款管理的一项重要工作。收账管理应包括如下两部分内容：

1.确定合理的收账程序

催收账款的程序一般是：信函通知、电话催收、派员面谈和法律行为。当顾客拖欠账款时，要先有礼貌地用信件通知，接着可以寄出一封措辞直率的信件，进一步则可通过电话催收；如再无效，企业收账员可直接与顾客面谈，协商解决；如果谈判不成，可以交给企业的律师采取法律行动。

2.确定合理的收账方法

顾客拖欠货款的原因有很多，但概括起来，可以分为两类：无力偿付和故意拖欠。因此，应根据具体情况，确定合理的处理方法。对于无力偿付的情况，企业要进行具体分析。如果确定顾客只是暂时遇到困难，经过努力可以东山再起，则企业应帮助顾客渡过难关，这样才能收回更多的账款；如果顾客遇到的困难很严重，已经到达破产界限，无法再恢复活力，则企业应及时向法院起诉，以期在破产清算时得到债权的部分清偿。

【提示】在应收账款收回或发生损失后，企业可以利用应收账款的周转率、坏账损失率等财务指标，结合其他财务资料，开展纵向和横向的比较，对信用政策的成效和应收账款的管理工作做出客观而公正的评价。

任务3 存货管理

存货是指企业在生产经营过程中为销售或者耗用而储备的物资，包括材料、燃料、低值易耗品、在产品、半成品、产成品、协作件、商品等。存货管理水平的高低直接关系到企业的生产经营能否顺利进行，并最终影响企业的收益、风险等状况，因此存货管理是财务管理的一项重要内容。

一、存货的功能与成本

（一）存货的功能

企业持有存货的主要功能包括：

（1）防止停工待料。储存必要的原材料和在产品，可以保证生产正常进行。

（2）适应市场变化。储备必要的产成品有利于销售。

（3）降低进货成本。适当储存原材料和产成品，以便组织均衡生产，降低产品成本。

（4）维持均衡生产。留有各种存货的保险储备，可以防止意外事件造成的损失。

（二）存货的成本

存货的成本主要包括以下内容：

微课：存货的成本

1.进货成本

进货成本是指为取得某种存货而支出的成本，主要由存货的进价成本、进货费用等构成。

（1）进价成本。进价成本经常用数量与单价的乘积来确定。年需要量用 D 表示，单价用 U 表示，于是进价成本为 DU 。

（2）进货费用。进货费用主要与进货次数有关，每次进货的变动成本用 K 表示；进货次数等于存货年需要量 D 与每次进货量 Q 之商，则进货费用为 $\frac{D}{Q}K$ 。

2.储存成本

储存成本是指企业为持有存货而发生的费用。其主要包括：存货资金占用费或机会成本、存货残损霉变损失等。单位成本用 K_c 表示，年均存货量为 $\frac{Q}{2}$ ，储存成本为 $K_c\frac{Q}{2}$ 。

3.缺货成本

缺货成本是指因存货不足而给企业造成的停产损失、延误发货的信誉损失及丧失销售机会的损失等。

二、存货经济批量的确定

（一）存货经济批量的概念

在存货决策中财务部门要做的是决定进货时间和进货批量。按照存货管理的目的，能够使存货总成本最低的进货批量，叫作经济订货量或经济批量。与存货总成本有关的变量（影响总成本的因素）很多，为了解决比较复杂的问题，有必要简化或舍弃一些变量，先研究解决简单的问题，然后再扩展到复杂的问题。这需要设立一些假设，在此基础上建立经济批量的基本模型。

（二）存货经济批量基本模型的假设

存货经济批量基本模型需要设立的假设条件是：

（1）企业能够及时补充存货，即需要订货时便可立即取得存货。

（2）能集中到货，而不是陆续入库。

（3）不允许缺货，即无缺货成本。

（4）需求量稳定，并且能预测。

（5）存货单价不变，不考虑现金折扣。

（6）企业现金充足，不会因现金短缺而影响进货。

（7）所需存货市场供应充足，不会因买不到需要的存货而影响其他因素。

（三）存货经济批量基本模型

设立了上述假设后，存货总成本（ TC ）的公式为：

$$TC=\frac{D}{Q}K+K_c\frac{Q}{2}+DU$$

当 K 、 K_c 、 U 为常量时， TC 的大小取决于 Q 。为了求出 TC 的极小值，对其进行求导计算，可得出下列公式：

$$Q=\sqrt{\frac{2KD}{K_c}}$$

这一公式被称为存货经济批量基本模型，求出的每次订货批量，可使TC达到最小值。这个基本模型还可以演变成其他形式。

每年最佳订货次数公式：

$$N=\frac{D}{Q}=\frac{D}{\sqrt{\frac{2KD}{K_c}}}=\sqrt{\frac{DK_c}{2K}}$$

与批量有关的存货总成本公式：

$$TC_{(Q)}=\sqrt{2KDK_c}$$

【做中学4-3】ABC公司每次生产需要耗用A材料45 000件，单位材料年储存成本为18元，平均每次进货费用为200元，A材料全年平均单位成本为200元，假定不存在数量折扣，不会出现陆续到货和缺货的现象。计算：（1）A材料的经济进货批量；（2）A材料的年度最佳进货批数；（3）A材料的相关进货成本；（4）A材料的相关储存成本；（5）A材料经济进货批量平均占用资金。

（1）A材料的经济进货批量 $=\sqrt{\frac{2\times 45\,000\times 200}{18}}=1\,000$（件）

（2）A材料的年度最佳进货批数 $=\frac{45\,000}{1\,000}=45$（次）

（3）A材料的相关进货成本 $=45\times 200=9\,000$（元）

（4）A材料的相关储存成本 $=\frac{1\,000}{2}\times 18=9\,000$（元）

（5）A材料经济进货批量平均占用资金 $=\frac{1\,000}{2}\times 200=100\,000$（元）

【思考】在利用存货经济批量模型确定存货的最佳进货批量和批数时，要注意的关键问题是什么？

三、存货日常管理

（一）存货ABC分类管理

存货ABC分类管理由意大利经济学家巴雷特于19世纪首创，后经过不断的发展与完善，现已广泛用于企业的存货管理与控制。存货ABC分类管理是指按一定的标准，将存货划分为A、B、C三类，分别采用分品种重点管理、分类别一般控制和按总额灵活掌握的存货管理方法。其分类标准有两种：一种是金额标准；另一种是品种数量标准。其中，金额标准是最基本的。具体操作步骤如下：

（1）计算每一种存货在一定期间内（通常为1年）的资金占用额。

（2）计算每一种存货资金占用额占全部存货资金占用额的百分比，并按大小顺序排列，编成表格。

（3）将存货占用资金巨大、品种数量较少的确定为A类。A类存货属高价值的存货，一般而言，大约占存货品种总数的10%，但其占用的资金金额却达到存货占用资金总额的

70%左右。将存货占用资金一般、品种数量相对较多的确定为B类。B类存货大约占存货品种总数的20%，其占用的资金金额大约也是存货占用资金总额的20%。将存货品种数量繁多但价值金额较小的确定为C类。C类存货属于低价值的存货，大约占存货品种总数的70%，但其占用的资金金额只是存货占用资金总额的10%左右。

（4）对A类存货进行重点规划和控制，尽可能缩短订货周期，选择最优的订货批量，在满足企业内部需要或顾客需要的前提条件下尽可能降低库存数量，做到每月盘点。对C类存货实行一般管理，通过采购大量存货的方式，延长存货的使用期限，以减少不必要的订货工作量，只需年终盘点即可。最后，对B类存货进行次重要管理，管理和控制的强度处于A类存货和C类存货之间，进行例行管理和控制，一个季度或半年盘点一次。

通过对存货进行A、B、C分类，可使企业分清主次，并采取相应的对策进行有效的管理和控制。从财务管理的角度来看，A类存货种类虽然较少，但占用资金较多，应集中主要精力，对其经济批量进行认真规划，实施严格控制；C类存货虽然种类繁多，但占用资金很少，不必耗费过多精力去分别确定经济批量，也难以实行品种或分大类控制，因此可凭经验确定进货量；B类存货介于A类存货和C类存货之间，也应给予相当的重视，但不必像A类存货那样非常严格地规划和控制，在管理中可根据实际情况采取灵活措施。

【做中学4-4】润东塑料制品公司对生产所需的主要原料进行了ABC分类，区分主次，并提出相应的管理控制措施。其主要做法如下：

（1）分类方法。

首先，根据年度生产任务所需每种材料的平均价格和储存量分别计算出每种主要材料占用的资金额及其占全部资金额的比重，然后按金额比重大小排列，按预定标准划分出A、B、C三类并编成表格，见表4-3。

表4-3 主要材料ABC分类表

材料名称（用编号代替）	占用资金额（元）	金额比重（%）	类　别
1	78 000	39.96	A
2	60 500	30.99	A
3	15 200	7.79	B
4	12 100	6.20	B
5	7 600	3.89	B
6	5 400	2.76	B
7	3 200	1.64	C
8	2 200	1.12	C
9	2 100	1.08	C
10	1 800	0.93	C
11	1 600	0.82	C
12	1 350	0.69	C
13	1 020	0.52	C
14	880	0.45	C
15	770	0.39	C
16	660	0.34	C
17	560	0.29	C
18	270	0.14	C
合　计	195 210	100	

根据以上分类，归纳统计出分类结果见表4-4。

表4-4 主要材料ABC分类统计表

ABC分类	各种材料品种数	品种数量比重(%)	资金额(元)	金额比重(%)
A类	2	11.11	138 500	70.95
B类	4	22.22	40 300	20.64
C类	12	66.67	16 410	8.41
合计	18	100	195 210	100

(2) A、B、C三类材料的具体管理和控制方法。

A类材料：作为管理和控制的重点，对每一个品种进行严格管理。

①要求严格注意库存量，必须掌握准确储存量，保证材料及时、足额的供应。

②旬、月、季都要进行详细的库存统计记录，根据领用部门的用料计划与实际消耗进行平衡，定期进行检查分析。

③建立严格的收耗存记录，及时分析资金占用情况，发现问题及时处理。

④确定每种材料的进货期和经济进货批量，按经济进货批量组织进货，遇到特殊情况报经领导批准。

B类材料：通过划分类别实施控制和管理。

①按类别每月填制库存情况统计报表并进行检查。

②按类别大体保证收、耗、存的计划与实际平衡。

③统筹安排进货量与进货期。

C类材料：实施总体金额控制管理。

①确定总体控制金额数，制定材料消耗控制标准。

②采购下放部门根据实际情况自行掌握，可适当增大一次进货量，减少采购费用。

【思考】对存货进行ABC分类管理的难点是什么？

(二) 存货管理新方法与新理念

MRP (material requirement planning) 即物料需求计划是以物料计划人员或存货管理人员为核心的物料需求计划体系，它的涵盖范围仅仅为物料管理这一块。制造资源计划 (manufacturng resources planning, MRPⅡ)，将公司高层管理与中层管理结合在一起，以制造资源计划为活动核心，促使企业管理循环的动作，达到最有效的企业经营。其涵盖范围包含企业的整个生产经营体系，包括经营目标、销售策划、财务策划、生产策划、物料需求计划、采购管理、现场管理、运输管理、绩效评价等各个方面。JIT作为一种生产运作管理模式，就是准时化生产，在加强对自动化控制和人力成本控制的情况下，借鉴了20世纪50年代美国商业超市的管理模式想法，“只在必要的时候，按必要的量，生产必要的产品”成为JIT的基本思想并风靡全球。JIT的中心任务就是“消除一切无效作业与浪费”，体现了精益生产理念。

项目小结

本项目主要知识点归纳总结见表4-5。

表 4-5　　本项目主要知识点归纳总结

<table>
<tr><th>主要知识点</th><th colspan="3">内　容</th></tr>
<tr><td rowspan="4">现金管理</td><td>持有现金的动机</td><td colspan="2">交易性需要
投机性需要
预防性需要</td></tr>
<tr><td rowspan="2">最佳现金持有量的确定</td><td>成本分析模式</td><td>机会成本
管理成本
短缺成本</td></tr>
<tr><td colspan="2">随机模式</td></tr>
<tr><td>现金收支的日常管理</td><td colspan="2">力争现金流量同步
使用现金浮游量
加速收款
推迟应付款的支付</td></tr>
<tr><td rowspan="6">应收账款管理</td><td>应收账款的功能</td><td colspan="2">增加销售
减少存货</td></tr>
<tr><td>应收账款的成本</td><td colspan="2">机会成本
管理成本
坏账成本</td></tr>
<tr><td>应收账款政策的制定</td><td colspan="2">信用标准
信用条件
收账政策</td></tr>
<tr><td rowspan="3">应收账款的日常管理</td><td>企业的信用调查</td><td>直接调查
间接调查</td></tr>
<tr><td>企业的信用评估</td><td>5C 评估法
信用评分法</td></tr>
<tr><td>收账的日常管理</td><td>确定合理的收账程序
确定合理的收账方法</td></tr>
<tr><td rowspan="4">存货管理</td><td>存货的功能与成本</td><td colspan="2">存货的功能</td></tr>
<tr><td></td><td>存货的成本</td><td>进货成本 $= DU + \frac{D}{Q}K$
储存成本 $= K_c\frac{Q}{2}$
缺货成本</td></tr>
<tr><td>存货经济批量的确定</td><td colspan="2">存货经济批量的概念
存货经济批量基本模型的假设
存货经济批量基本模型：$Q=\sqrt{\frac{2KD}{K_c}}$</td></tr>
<tr><td>存货日常管理</td><td colspan="2">存货 ABC 分类管理
存货管理新方法与新理念</td></tr>
</table>

项目五 利润分配管理

学习目标

知识目标

1. 掌握利润分配的基本原则。
2. 了解确定利润分配政策时应考虑的因素。
3. 熟悉利润分配的一般程序。
4. 掌握股利政策的类型。

技能目标

1. 能运用相关理论分析评价企业的股利政策。
2. 能够根据企业的实际情况选择恰当的股利分配政策。

态度目标

1. 树立资金合理支配的生活态度。
2. 通过学习企业利润分配，树立良好的投资理念。

工作情境与工作任务

企业收益与分配管理即为企业实现利润与对利润进行分配的管理过程。利润是指企业销售产品的收入扣除成本和税金等以后的余额。在不同的社会条件下，利润的内涵不同，体现的社会关系也不同。对利润的管理主要包括利润的形成管理和利润的分配管理。那么，企业的利润在分配时应该遵循什么样的分配原则？企业形成的利润应该按照什么样的程序进行分配？

如果是股份有限公司，那么股份有限公司的股利有哪些类型？股利的支付程序又是怎样的呢？

任务1　利润分配认知

企业年度决算后实现的利润总额，要在国家、企业的所有者和企业之间进行分配。利润分配关系着国家、企业、职工及所有者各方面的利益，是一项政策性较强的工作，必须严格按照国家的法规和制度执行。利润分配的结果形成了国家的所得税收入、投资者的投资报酬和企业的留用利润等不同的项目，其中企业的留用利润是指盈余公积金和未分配利润。由于税法具有强制性和严肃性，缴纳税款是企业必须履行的义务，从这个意义上看，财务管理中的利润分配主要是指企业的净利润分配，利润分配的实质就是确定给投资者分红与企业留用利润的比例。

利润分配是指企业按照国家及企业的有关规定，遵循一定的分配原则和程序，对企业一定时期的利润进行分配的过程。利润分配是企业理财的一项重要活动，直接关系到企业投资人的切身利益，也会对企业自身发展有着重要的影响。

一、利润分配的原则

（一）依法分配

企业的利润必须依法进行分配。企业利润分配的对象是在一定时期内实现的税后利润。税后利润是企业投资者拥有的权益，对这部分权益的处置与分配，企业应该严格遵守以《公司法》为核心的有关法律中的明确规定和要求。

（二）资本保全

企业的利润分配必须以资本保全为前提。企业分配的利润应当来源于当期净利润或者以前的留存收益，而不是资本金的返还。企业必须在有可供分配留存收益的情况下进行利润分配，只有这样才能充分保护投资者的利益。

（三）充分保护债权人利益

按照风险承担的顺序及其合同契约的约定，企业必须在利润分配之前偿清所有债权人的到期债务，否则不能进行利润分配。同时，在利润分配之后，企业还应当保持一定的偿债能力，以免产生财务困难，危及企业后续发展。此外，企业在与债权人签订某些长期债务契约的情况下，其利润分配还应征得债权人的同意或审核方能执行。

（四）多方及长短期利益兼顾

关于企业的利润分配，企业要正确处理长期利益和短期利益之间的关系，坚持分配与积累并重。企业除按规定提取法定公积金以外，还可适当留存一部分利润作为积累，这部分未分配利润仍归企业所有者所有。这部分积累的净利润不仅可以为企业扩大生产筹措资金，增强企业发展能力和抵抗风险的能力；还可以供未来年度进行分配，起到以丰补歉、平抑利润分配数额波动、稳定投资报酬率的作用。

二、利润分配的项目

按照我国《公司法》的规定，公司利润分配的项目主要有：

（一）法定公积金

法定公积金从净利润中提取，用于弥补企业亏损、扩大企业生产经营或者转增资本。企业分配当年税后利润时应按照10%的比例提取法定公积金；当法定公积金累计额达到企业注册资本的50%时，可以不再继续提取。任意公积金的提取由企业根据需要决定。

（二）股利（向投资者分配的利润）

公司向股东支付股利要在提取公积金之后，股利的分配应以各股东持有股份的数额为依据，每一股东取得的股利与其持有的股份数成正比。股份有限公司原则上应从累计盈利中分派股利，无盈利不得支付股利，即“无利不分”。但在公司用公积金弥补亏损以后，为维护其股票信誉，经股东会或者股东大会特别决议，也可用公积金支付股利。

微课：利润分配的项目

微课：利润分配的程序

三、利润分配的程序

股份公司当年实现的利润总额，应按照我国《公司法》等法律、法规的有关规定作相应调整后，依法缴纳所得税，然后按下列内容和顺序进行分配：

（一）计算可供分配的利润

将本年净利润（或亏损）与年初未分配利润（或亏损）合并，计算出可供分配利润。如果可供分配的利润为负数（即亏损），则不能进行后续分配；相反，则进行后续分配。

（二）提取法定公积金

企业实现的净利润在弥补亏损后，按10%的比例提取法定公积金。当法定公积金达到注册资本的50%时，可以不再提取。

（三）提取任意公积金

按照规定，公司从税后利润中提取法定公积金后，经股东会或者股东大会决议，还可以从税后利润中提取任意公积金。

（四）向股东（投资者）分配股利（利润）

公司弥补亏损和提取公积金后所余税后利润，可用于向股东（投资者）分配股利。其中，有限责任公司股东按照实缴的出资比例分红，全体股东约定不按照出资比例分红以及股份有限公司章程规定不按持股比例分配的除外。

股东会、股东大会或者董事会违反上述分配顺序，在公司弥补亏损和提取法定公积金之前向股东分配利润的，股东必须将违反规定分配的利润退还公司。公司持有的本公司股份不得分配利润。

【思考】假设年初未分配利润为100万元，本年净利润为-50万元，可供分配的利润为50万元，可以进行后续分配。在这种情况下，公司是否需要计提法定公积金？

【做中学5-1】甲公司2015年实现销售收入2 480万元，全年固定成本570万元，变动成本率55%，企业所得税税率25%。2015年度用税后利润弥补以前年度亏损40万元，按10%提取法定公积金，按5%提取任意公积金，向投资者分配利润的比率为可供分配利润的40%。

要求：计算甲公司2015年的税后利润、提取的法定公积金、任意公积金和未分配利润。

2015年税后利润=（2 480-570-2 480×55%）×（1-25%）=409.5（万元）

提取的法定公积金=（409.5-40）×10%=36.95（万元）

提取的任意公积金=（409.5-40）×5%=18.48（万元）

可供分配的利润=-40+409.5-36.95-18.48=314.07（万元）

应向投资者分配的利润=314.07×40%=125.63（万元）

未分配利润=314.07-125.63=188.44（万元）。

任务2 股利种类与股利支付认知

一、股利的种类

股利支付方式有多种，常见的有以下四种：

（一）现金股利

现金股利是指以现金支付的股利，它是股利支付的主要方式。公司支付现金股利除了要有累计盈余外，还要有足够的现金作支持。

（二）股票股利

股票股利是指公司以增发的股票作为股利的支付方式的股利，这将在任务4中作详细阐述。

（三）财产股利

财产股利是指以现金以外的资产支付的股利，主要是以公司所拥有的其他企业的有价证券作为股利支付给股东，如公司债券、股票。

（四）负债股利

负债股利是指公司以负债支付的股利，通常以公司的应付票据作为股利支付给股东，在不得已的情况下也有发行公司债券抵付股利的。财产股利和负债股利实际上是现金股利的替代。这两种股利方式目前在我国公司实务中很少使用，但并非法律所禁止。

二、股利支付的程序

股份有限公司向股东支付股利，其程序主要为：股利宣告日、股权登记日、除息日和股利支付日。

1.股利宣告日

股利宣告日是指公司董事会将股东大会通过本年度利润分配方案的情况以及股利支付情况予以公告的日期。

2.股权登记日

股权登记日是指有权领取股利的股东资格登记截止日期。只有在股权登记日这一天在册的股东才有资格领取本期股利，而在这一天以后在册的股东，即使是在股利支付日之前买入股票，也无权领取本期分配的股利。

3.除息日

除息日也称除权日，是指股利所有权与股票本身分离的日期，也就是将股票中含有的股利分配权予以解除，即在除息日当日及以后买入的股票不再享有本次股利分配的权利。

我国上市公司的除息日通常是在登记日的下一个交易日。

4.股利支付日

股利支付日即向股东发放股利的日期。

【做中学5-2】甲公司2015年7月10日发布了派发现金股利实施公告，本次公告称该公司2014年度分配方案已于2015年5月25日召开的2014年度股东大会审议通过。

具体分配方案是：每股可派发现金股利0.068元（含税），每10股派发现金股利0.68元（含税）。

我国《个人所得税法》规定，对于持有公司股份的自然人股东，由公司根据财政部、国家税务总局2005年6月13日发布的《关于股息红利个人所得税有关政策的通知》的规定，按10%代扣代缴个人所得税。所以，税后每股现金股利为0.0612元（0.068×（1-10%））。

实施日期如图5-1所示：

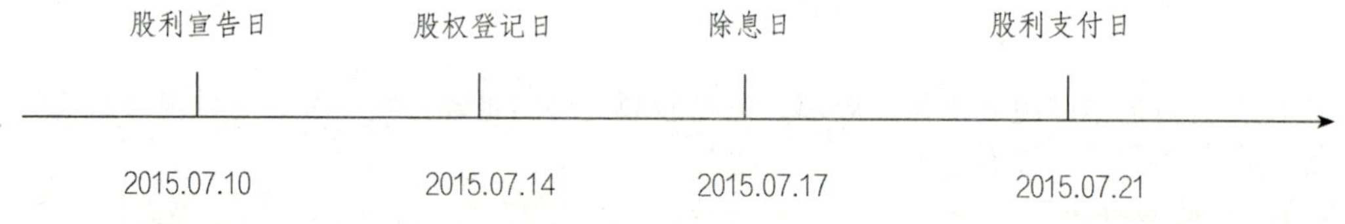

图5-1　甲公司股利支付程序

本次派发对象是截至2015年7月14日下午3时在上交所收市后，在中国证券登记结算有限责任公司上海分公司登记在册的本公司全体股东。因此，2015年7月14日为股权登记日，只有在这一天登记在册的股东才有资格分得本次股利。

【思考】股利种类主要有几种？股利支付的流程是什么？

任务3　股利理论与股利分配政策

一、股利理论

股利分配的核心问题是如何权衡股利支付决策与未来长期增长之间的关系，从而实现公司价值最大化的财务管理目标。围绕公司股利政策是否影响公司价值这一问题，不同学派有不同的观点，其股利理论主要分两类：股利无关论和股利相关论。

（一）股利无关论

股利无关论是米勒与莫迪格利安尼于1961年在以下假设的基础之上提出来的：①公司的投资政策已确定并且已经为投资者所理解；②不存在股票的发行和交易费用（即不存在股票筹资费用）；③不存在个人或公司所得税；④不存在信息不对称；⑤经理与外部投资者之间不存在代理成本。上述假设描述的是一种完美资本市场，因此，股利无关论又被称为完全市场理论。

该理论主要观点是：

（1）投资者并不关心公司股利的分配。

（2）股利的支付比率不影响公司的价值。

【提示】股利无关论是建立在完全市场理论之上的，又被称为完全市场理论。

（二）股利相关论

1.税差理论

根据税收效应，莱森伯格和拉姆斯韦在1979年提出了有关股利理论的税差理论。税差理论认为，如果不考虑股票交易成本，分配股利的比率越高，股东的股利收益纳税负担越会明显高于资本利得纳税负担，企业应采取低现金股利比率的分配政策。

如果存在股票的交易成本，甚至当资本利得税与交易成本之和大于股利收益税时，偏好定期取得股利收益的股东自然会倾向于企业采用高现金股利支付率政策。

2.客户效应理论

客户效应理论是对税差效应理论的进一步扩展，研究处于不同税收等级的投资者对待股利分配态度的差异。边际税率较高的投资者偏好低股利支付率的股票，边际税率较低的投资者喜欢高股利支付率的股票。因此，公司在制定或调整股利政策时，不应忽视股东对股利政策的需求，应该根据投资者的不同需求，分门别类地制定股利政策。

3.“一鸟在手”理论

1938年，威廉姆斯运用股利贴现模型（dividend discount model）对股利政策进行研究，形成了早期的“一鸟在手”理论。随后，林特勒、华特和戈登等又相继对此进行了研究。在“一鸟在手”理论的形成和完善过程中，戈登的贡献无疑是最大的。

“一鸟在手”的理论源于谚语“双鸟在林，不如一鸟在手”。该理论认为，对投资者来说，现金股利是抓在手中的鸟，而公司留存收益则是躲在林中的鸟，随时可能飞走。相对于股利支付而言，资本利得具有更大的不确定性。根据风险和收益对等原则，在公司收益一定的情况下，作为风险规避型的投资者偏好股利而非资本利得，股利支付的高低最终会影响公司价值。

4.代理理论

企业中的股东、债权人、经理人员等诸多利益相关者的目标并非完全一致，在追求自身利益最大化的过程中有可能会以牺牲另一方的利益为代价，这种利益冲突关系在公司股利分配决策过程中表现为不同形式的代理成本。主要的代理冲突有：股东与债权人之间的代理冲突，债权人为保护自身利益，希望企业采取低股利政策；经理人员与股东之间的代理冲突，实行多分少留的政策，既有利于抑制经理人员随意支配自由现金流量的代理成本，也有利于满足股东取得股利收益的愿望；同时，有利于解决控股股东与中小股东之间的代理冲突。对处于外部投资者保护程度较弱环境中的中小股东来说，他们希望企业采用高股利支付率政策，以防控股股东侵害其利益。

5.信号理论

有些学者认为，在信息不对称的情况下，公司可以通过股利政策向市场传递有关公司未来盈利能力的信息。股利政策所产生的信息效应会影响股票的价格。股利增长，可能传递的是未来业绩大幅增长的信号；也可能传递的是企业没有前景好的投资项目的信号。股利减少，可能传递的是企业未来出现衰退的信号；也可能传递的是企业有前景看好的投资项目的信号。

二、股利政策的类型

（一）剩余股利政策

剩余股利政策就是在公司有着良好的投资机会时，根据一定的目标资本结构（最佳资本结构），测算出投资所需的权益资本，先从盈余当中留用，然后将剩余的盈余作为股利予以分配。

采用剩余股利政策时，应遵循以下四个步骤：①设定目标结构，即确定权益资本与债务资本的比率，在此资本结构下，加权平均资本成本将达到最低水平；②确定目标资本结构下投资所需的股东权益数额；③最大限度地使用保留盈余来满足投资方案所需的权益资本数额；④投资方案所需的权益资本已经满足后若有剩余盈余，再将其作为股利发放给股东。

【做中学5-3】某公司去年税后利润600万元，今年年初公司讨论决定股利分配的数额。预计今年需要增加投资资本800万元。公司的目标资本结构是权益资本占60%，债务资本占40%，今年继续保持。按法律规定，至少要提取10%的公积金。公司采用剩余股利政策。

请问：公司应分配多少股利？

利润留存＝800×60%＝480（万元）

股利分配＝600－480＝120（万元）

按法律规定，至少要提取10%的公积金。在本例中，公司至少要提取600×10%＝60（万元）作为留存收益。企业实际提取480万元，在这种情况下，这一规定并没有构成实际限制。

（二）固定股利政策

固定股利政策是将每年发放的股利固定在某一固定的水平上并在较长的时期内不变，只有当公司认为未来盈余会显著地、不可逆转地增长时，才提高年度的股利发放额，如图5-2所示。

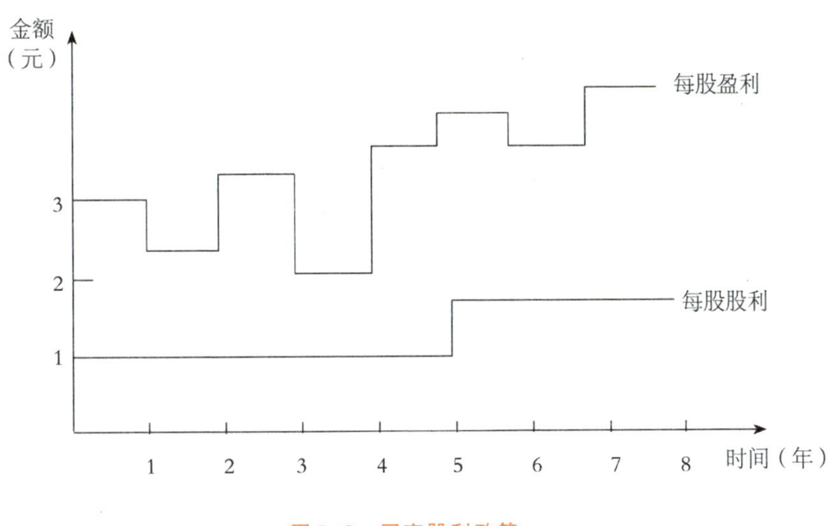

图5-2 固定股利政策

该股利政策的缺点在于股利的支付与盈余相脱节。当盈余较低时仍要支付固定的股利，这可能导致企业资金短缺，财务状况恶化；同时，不能像剩余股利政策那样保持较低的资本成本。

（三）固定股利支付率政策

固定股利支付率政策是指公司确定一个股利占盈余的比率，并长期按此比率支付股利的政策。在这一股利政策下，各年发放的股利随着公司经营的好坏而上下波动，获得较多盈余的年份股利高，获得盈余少的年份股利低。

（四）低正常股利加额外股利政策

低正常股利加额外股利政策是指公司在一般情况下每年只支付固定的、数额较低的股利，在盈余多的年份再根据实际情况向股东发放额外股利的政策。但是，额外股利并不固定化不意味着公司永久地提高了规定的股利率。

以上所述是企业在实际经济生活中常用的几种股利政策，各种股利政策各有所长，公司在分配股利时应借鉴其基本决策思想，结合企业实际情况，选择适宜的股利分配政策。

【做中学5-4】某公司今年年底的所有者权益总额为9 000万元，普通股6 000万股。目前的资本结构为长期负债占55%，所有者权益占45%，没有需要付息的流动负债。该公司的所得税税率为25%。预计继续增加长期债务不会改变目前的11%的平均利率水平。董事会在讨论明年资金安排时提出：

（1）计划年度分配现金股利0.05元/股。

（2）为新的投资项目筹集4 000万元的资金。

（3）计划年度维持目前的资本结构，并且不增发新股，不借入短期借款。

要求：计算实现董事会上述要求所需的息税前利润。

计算过程如下：

（1）发放现金股利所需税后利润=0.05×6 000=300（万元）

（2）投资项目所需税后利润=4 000×45%=1 800（万元）

（3）计划年度税后利润=300＋1 800=2 100（万元）

(4) 税前利润=2 100÷(1-25%)=2 800(万元)

(5) 计划年度借款利息=(原长期借款+新增借款)×利率

=(9 000÷45%×55%+4 000×55%)×11%=1 452(万元)

(6) 息税前利润=2 800+1 452=4 252(万元)

三、制定股利政策应考虑的因素

股利分配与公司的市场价值并非无关,公司的股利分配是在种种制约因素下进行的,公司不可能摆脱这些因素的影响。影响股利分配的因素有:

(一) 法律因素

为了保护债权人和股东的利益,有关法规对公司的股利分配经常做出如下限制:

(1) 资本保全。规定公司不能用资本(包括股本和资本公积)发放股利。

(2) 企业积累。规定公司必须按净利润的一定比例提取法定盈余公积。

(3) 净利润。规定公司年度累计净利润必须为正数时才可以发放股利,以前年度亏损必须足额弥补。

(4) 超额累积利润。由于股东接受股利缴纳的所得税高于其进行股票交易的资本利得税,于是许多国家规定公司不得超额累积利润,一旦公司的留存收益超过法律认可的水平,将被加征额外税额。我国法律对公司累积利润尚未做出限制性规定。

(二) 股东因素

从股东自身需要出发,影响股利分配的因素有:

(1) 稳定的收入和避税。一些依靠股利维持生活的股东,往往要求公司支付稳定的股利,若公司留存较多的利润,将受到这部分股东的反对。另外,一些高股利收入的股东又出于避税的考虑(股利收入的所得税高于股票交易的资本利得税),往往反对公司发放较多的股利。

(2) 控制权的稀释。公司支付较高的股利,就会导致留存盈余减少,这又意味着将来发行新股的可能性加大,而发行新股必然稀释公司的控制权,这是公司原有的持有控制权的股东们所不愿看到的局面。因此,若他们拿不出更多的资金购买新股以满足公司的需要,那么他们宁肯不分配股利也反对募集新股。

(三) 公司因素

从公司的经营需要来讲,也存在一些影响股利分配的因素:

(1) 盈余的稳定性。公司是否能获得长期稳定的盈余是其股利决策的重要基础。

(2) 资产的流动性。较多地支付现金股利会减少公司的现金持有量,使资产的流动性降低;而保持一定的资产流动性是公司经营所必需的。

(3) 举债能力。具有较强举债能力(与公司资产的流动性相关)的公司因为能够及时地筹措到所需的现金,有可能采取较宽松的股利政策;而举债能力较弱的公司则不得不多留存盈余,因而往往采取较紧的股利政策。

(4) 投资机会。有着良好投资机会的公司,需要有强大的资金支持,因而往往少发放股利,将大部分盈余用于投资;缺乏良好投资机会的公司,保留大量现金会造成资金的闲置,于是倾向于支付较高的股利。正因为如此,处于成长中的公司多采取低股利政策,陷于经营收缩的公司多采取高股利政策。

（5）资本成本。与发行新股相比，留存收益不需要花费筹资费用，是一种比较经济的筹资渠道。所以，从资本成本考虑，如果公司有扩大资金的需要，也应当采取低股利政策。

（6）债务需要。具有较高债务偿还需要的公司，可以通过举借新债、发行新股筹集资金偿还债务，也可直接用经营积累偿还债务。如果公司认为后者适当（比如，前者资本成本高或受其他限制难以进入资本市场），则会减少股利的支付。

（四）其他因素

（1）债务合同约束。

（2）通货膨胀。

四、股利分配方案

企业的股利分配方案一般包括以下几个方面：

（1）股利支付形式，即决定是以现金股利、股票股利还是其他某种形式支付股利。

（2）股利支付率，即股利与净利润的比率。

（3）股利政策的类型，即决定采取固定股利政策，还是稳定增长股利政策，或是剩余股利政策等。

（4）股利支付程序，即确定股利宣告日、股权登记日、除息日和股利支付日等具体事项。

【做中学 5-5】东方公司是一家大型钢铁公司，公司业绩一直很稳定，其盈余的长期增长率为12%。2013年公司税后盈利为1 000万元，当年发放股利共250万元。2014年，因公司面临一投资机会，预计其盈利可达到1 200万元，而该公司投资总额为900万元，预计2015年以后仍会恢复12%的增长率。公司目标资本结构负债：权益为4：5。现在公司面临股利分配政策的选择，可供选择的股利分配政策有固定股利支付率政策、剩余股利政策以及固定或稳定增长的股利政策。

要求：如果你是该公司的财务分析人员，请你计算2014年公司实行不同股利政策时的股利水平，并比较不同的股利政策，做出你认为正确的选择。

解：

（1）维持固定股利支付率政策时，计算如下：

2013年股利支付率=250÷1 000=25%

所以，2014年支付股利=1 200×25%=300（万元）

（2）采用剩余股利政策时，计算如下：

内部权益融资额=900×5÷（5+4）=500（万元）

所以，2014年支付股利=1 200−500=700（万元）

（3）实行持续增长的股利政策时，计算如下：

2014年支付股利=250×（1+12%）=280（万元）

（4）采用剩余股利政策分配股利时，优先考虑投资机会的选择，其股利额会随着所面临的投资机会而变动。因为公司每年面临不同的投资机会，所以会造成股利较大的变动，不利于稳定公司股价。固定股利支付率政策由于按固定比率支付，股利会随每年盈余的变动而变动，使公司股利支付极不稳定，不利于公司市值最大化目标的实现。稳定增长的股利政策的股利发放额稳定增长，有利于树立公司良好的形象，使公司股价稳定，且有利于公司长期发展，但是实行这一政策的前提是公司的收益必须稳定且能正确地预计其增长率。根据上述分析，东方公司应选择稳定增长的股利政策。

【思考】选择股利政策时主要考虑的因素有哪些？各种股利政策的优缺点分别是什么？

任务4 股票股利、股票分割与股票回购

一、股票股利

股票股利是公司以发放的股票作为股利的支付方式。

股票股利并不直接增加股东的财富，不导致公司资产的流出或者负债的增加，同时也不会因此增加公司的财产，但是会引起所有者权益各项目的结构发生变化。

发放股票股利后，如果盈利总额和市盈率不变，会由于普通股股数增加而引起每股收益和每股市价的下降；但又由于股东所持股份的比例不变，每位股东所持股票的市价总额仍保持不变。因此，股票股利不涉及公司的现金流。

【做中学5-6】甲公司在2014年度利润分配以及资本公积转增股本实施公告中披露的分配方案的主要信息如下：每10股送3股并派发现金股利0.6元（含税，送股和现金股利均按10%代扣代缴个人所得税），转增5股。

该公司在实施利润分配前，所有者权益情况见表5-1。

表5-1 甲公司所有者权益情况表 单位：万元

项　目	金　额
股本（面额1 元，已发行普通股60 000万股）	60 000
资本公积	60 000
盈余公积	16 000
未分配利润	120 000
所有者权益合计	256 000

要求：

（1）计算甲公司代扣代缴的现金股利所得税和股票股利所得税。

（2）计算全体股东实际收到的现金股利。

（3）计算分配后甲公司的股本、资本公积、未分配利润项目的金额。

计算过程如下：

（1）现金股利所得税＝60 000×0.06×10%＝360（万元）

股票股利所得税＝60 000×0.3×10%＝1 800（万元）

（2）股东实际收到的现金股利＝60 000×0.06－360－1 800＝1 440（万元）

（3）资本公积转增股本＝60 000×0.5＝30 000（万元）

发放股票股利增加股本＝60 000×0.3＝18 000（万元）

分配后的股本 = 60 000 + 30 000 + 18 000 = 108 000（万元）

分配后的资本公积 = 60 000 − 30 000 = 30 000（万元）

分配后的未分配利润 = 120 000 − 60 000×0.06 − 60 000×0.3 = 98 400（万元）

尽管股票股利不直接增加股东财富，也不增加公司价值，但对于公司和股东来说都有特殊意义。股票股利的意义主要表现在三个方面：

（1）使股票的交易价格保持在合理的范围之内（吸引更多的投资者）。

微课：股票股利

（2）以较低的成本向市场传达利好信号。发放股票股利通常是成长中的公司所为，因此投资者往往认为发放股票股利预示着公司会有较大发展，利润将大幅度增长。

（3）有利于保持公司的流动性，相对于现金股利，保持了公司的现金持有水平。

二、股票分割

（一）股票分割的含义及其影响

股票分割是指将面额较高的股票转换成面额较低的股票的行为。例如，将原来的1股股票转换成2股股票。股票分割不属于某种股利方式，但其所产生的效果与发放股票股利近似。股票分割时，发行在外的股数增加，使得每股面额降低，每股盈余下降，但公司价值不变，股东权益总额、股东权益各项目金额及其相互间的比例也不会改变。

（二）股票分割的目的

（1）增加股票股数，降低每股市价，从而吸引更多的投资者。

（2）股票分割往往是成长中公司的行为，给人们一种“公司正处于发展中”的印象，这种利好信息会在短时间内提高股价。

【做中学 5-7】某公司原发行面额 2 元的普通股 200 000 股，若按 1 股换成 2 股的比例进行股票分割，则分割前和分割后的股东权益项目见表 5-2 和表 5-3。

分割前和分割后的每股收益计算如下：

表 5-2　股票分割前的股东权益　单位：元

项目	金额
普通股（面额 2 元，已发行 200 000 股）	400 000
资本公积	800 000
未分配利润	4 000 000
股东权益合计	5 200 000

假设公司本年净利润为 440 000 元，则每股收益 = 440 000÷200 000 = 2.2（元）。

表 5-3　股票分割后的股东权益　单位：元

项目	金额
普通股（面额 1 元，已发行 200 000 股）	400 000
资本公积	800 000
未分配利润	4 000 000
股东权益合计	5 200 000

假定股票分割后的净利润不变，则每股收益=440 000÷400 000 = 1.1（元）。

三、股票回购

（一）股票回购的含义

股票回购是指公司在有多余现金时，向股东回购自己的股票，以此来代替现金股利的发放。

（二）股票回购的意义

1.对股东的意义

股票回购后股价上升，股东得到资本利得。当资本利得税率小于现金股利税率时，股东将得到纳税上的好处。

2.对公司的意义

进行股票回购有利于增加公司的价值。

（1）公司进行股票回购的目的之一是向市场传递股价被低估的信号。

（2）当公司可支配的现金流明显超过投资项目所需的现金流时，可以用自由现金流进行股票回购，有助于提高每股盈利水平。

（3）避免股利波动带来的负面影响。当公司剩余现金流是暂时的或者是不稳定的，没有把握能够长期维持高股利政策时，可以在维持一个相对稳定的股利支付率的基础上，通过股票回购发放股利。

（4）发挥财务杠杆的作用。如果公司认为资本结构中权益资本的比例较高，可以通过股票回购提高负债比率，改变公司的资本结构，并有助于降低加权平均资本成本。

（5）通过股票回购，可以减少外部流通股的数量，提高股票价格，这在一定程度上降低了公司被收购的风险。

（6）调节所有权结构。公司拥有回购的股票（库藏股），可以用来交换被收购或被兼并公司的股票，或满足认股权证持有人认购公司股票以及可转换债券持有人转换公司普通股的需要；还可以在执行管理层与员工股票期权时使用，避免因发行新股而稀释收益。

（三）股票回购的方式

股票回购的方式按照不同的分类标准主要有以下几种：

1.按照股票回购的地点进行分类

根据股票回购的地点不同，股票回购的方式可分为场内公开收购和场外协议收购两种。

场内公开收购是指上市公司把自己等同于任何潜在的投资者，委托在证券交易所有正式交易席位的证券公司，代自己按照公司股票当前市场价格回购。场外协议收购是指股票发行公司与某一类（如国家股）或某几类（如法人股、B股）投资者直接见面，通过在店头市场协商来回购股票的一种方式。

2.按照股票回购面向的对象进行分类

根据股票回购面向的对象不同，股票回购的方式可分为在资本市场上随机回购、向全体股东招标回购和同个别股东协商回购。

随机回购是最为普遍的，但往往受到监管机构的严格监控。在向全体股东招标回购的方式下，回购价格通常要高于当时的股票价格，而且要委托中介机构进行，成本费用较大。由于同个别股东协商回购不是面向全体股东，所以必须保持回购价格的公正合理性，以免损害其他股东的利益。

3.按照筹资方式进行分类

根据筹资方式的不同，股票回购的方式可分为举债回购、现金回购和混合回购。举债回购是指企业通过向银行等金融机构借款的办法来回购本公司股票，其目的无非是防御其他公司的敌意兼并与收购。现金回购是指企业利用剩余资金来回购本公司的股票。混合回购是指企业既动用剩余资金，又向银行等金融机构举债来回购本公司股票。

4.按照回购价格的确定方式进行分类

根据回购价格的确定方式不同，可分为固定价格要约回购和荷兰式拍卖回购。

固定价格要约回购是指企业在特定时间发出的以某一高出股票当前市场价格的价格水平回购既定数量股票的要约。为了在短时间内回购数量相对较多的股票，公司可以宣布固定价格回购要约。它的优点是赋予所有股东向公司出售其所持股票的均等机会，而且通常情况下公司享有在回购数量不足时取消回购计划或延长要约有效期的权力。荷兰式拍卖回购首次出现于1981年Todd造船公司的股票回购。此种方式的股票回购在回购价格确定方面给予公司更大的灵活性。在荷兰式拍卖的股票回购中，首先公司指定回购价格的范围（通常较宽）和计划回购的股票数量（可以上下限的形式表示）；然后股东进行投标，说明愿意以某一特定价格水平（股东在公司指定的回购价格范围内任选）出售股票的数量；公司汇总所有股东提交的价格和数量，确定此次股票回购的价格-数量曲线，并根据实际回购数量确定最终的回购价格。

【思考】什么是股票分割和股票回购？其动机分别是什么？

项目小结

本项目主要知识点归纳总结见表5-4。

表5-4　本项目主要知识点归纳总结

主要知识点	内容	
利润分配认知	利润分配的原则	依法分配原则 资本保全原则 充分保护债权人利益原则 多方及长短期利益兼顾原则
	利润分配的项目	法定公积金 股利（向投资者分配的利润）
	利润分配的程序	计算可供分配的利润 计提法定公积金 计提任意公积金 向股东（投资者）分配股利（利润）
股利种类与股利支付认知	股利种类	现金股利 股票股利 财产股利 负债股利
	股利支付过程中的重要日期	股利宣告日 股权登记日 除息日 股利支付日

续表

主要知识点	内　容	
股利理论与股利分配政策	股利理论	股利无关论 股利相关论
	股利政策的类型	剩余股利政策 固定股利政策 固定股利支付率政策 低正常股利加额外股利政策
	制定股利政策应考虑的因素	法律因素 股东因素 公司因素 其他因素
	股利分配方案	股利支付形式 股利支付率 股利政策的类型 股利支付程序
股票股利、股票分割与股票回购	股票股利 股票分割 股票回购	

项目六　财务预算与财务控制

学习目标

知识目标

1. 了解财务预算编制的基本方法和财务控制基础知识。
2. 掌握业务预算和现金预算的过程。
3. 掌握责任中心考核指标的计算方法。
4. 掌握责任预算和责任报告的编制方法。

技能目标

1. 能够运用财务预算的基本方法编制财务预算，会编制预计利润表和预计资产负债表。
2. 能计算各个责任中心的考核指标，会编制责任预算和责任报告。
3. 能运用各个责任中心实施财务控制。

态度目标

1. 具备一定的沟通协调能力，能与企业内外相关部门处理好关系。
2. 树立良好的职业道德意识，具备较强的团队合作精神。

工作情境与工作任务

某公司的年度财务预算由董事会下属的财务预算委员会及所属的预算小组编制，经预算委员会审核后报公司董事会审定，再由财务部的预算管理岗位具体负责实施。那么，你知道在预算编制过程中可以采用哪些方法吗？各部门业务预算与汇总的现金预算是什么关系？

某公司财务部接到财务预算委员会的通知，编制的年度现金预算已经通过审定，要求根据现金预算的有关资料编制预计财务报表。你知道预计财务报表包括哪些内容吗？

如果公司的财务预算编制完成，那么下一步就是预算的具体实施。想要预算得到有效实施，就必须对影响预算的各项因素进行控制。你知道公司应该怎样有效地进行财务控制吗？在财务过程中又该如何对绩效进行考核及奖惩呢？

任务1 财务预算的方法

财务预算是指一系列专门反映企业在未来预算期内预计财务状况和经营成果，以及现金收支等价值指标的各种预算的总称。它包括现金预算、预计利润表、预计资产负债表、预计现金流量表等内容。财务预算是企业财务决策目标的具体化、系统化、定量化，它与企业的特种决策预算、日常业务预算组成了一个全面预算体系。它的编制需要以企业财务预测结果为依据，其质量受到企业财务预测质量的制约。

企业财务预算是以利润为最终目标的，并把确定的目标利润作为编制财务预算的前提条件。财务预算编制的一般步骤如下：

（1）根据已确定的目标利润，经过市场调查，进行销售预测并编制销售预算。

（2）根据销售预算确定的预计销售量，结合企业产成品的期初结存量和预计企业期末产成品结存量编制生产预算。

（3）根据生产预算确定的预计产品生产量，分别编制直接材料消耗预算、采购预算、直接人工预算、制造费用预算，再汇总编制产品成本预算。

（4）根据销售预算编制销售及管理费用预算。

（5）根据销售预算、生产预算，对企业所需的固定资产投资进行估算并编制资本支出预算。

（6）根据以上各项预算执行时所产生的现金量和需要的现金量，确定企业现金流量并编制现金预算。

（7）综合企业以上各项预算，进行试算平衡并编制预计财务报表。

从企业编制预算的期间来看，年度预算是基本预算。在年度预算之下，日常业务预算应按季分月编制；特种决策预算应先按照每一投资项目分别编制，并在各项目寿命期内分年安排，再把属于各计划年度的资本支出进一步细分为按季或按月编制；现金预算要根据企业的具体需要按月、按周或按天编制，预计财务报表要按季编制。

财务预算编制步骤示意图

企业在编制财务预算时，采用的传统编制方法有固定预算、增量预算和定期预算，采用较先进的方法有弹性预算、零基预算和滚动预算。

一、固定预算与弹性预算

按照业务量基础的数量特征不同，编制预算的方法可分为固定预算与弹性预算两类。

（一）固定预算

固定预算也称静态预算，是指企业以预算期内可以正常实现的业务量水平为唯一基础来编制预算的方法，一般适用于业务量水平比较稳定的企业和非营利组织。它不考虑预算期内企业业务量可能发生的变动，只按照预算期内预定的业务量水平确定相应的数据，把企业经营的实际结果与按照预算期内预定的某一业务量水平所确定的预算数进行比较，并据以进行分析、业绩评价和考核。

【做中学6-1】在编制财务预算时，预计的业务量以生产量为准，预计企业在本年度生产50万件产品，成本预算总额为2 000万元。而实际生产量是55万件，实际成本为2 150万元。实际成本总额超过成本预算总额的数额较大，但是在实际成本超过预算的差额中，包括了不应该在成本分析中出现的主观因素，即生产量增加了5万件，使成本总额增加产生的差异额。对于产品成本控制来说，控制单位产品的材料、人工、其他消耗的耗用量和单价是有意义的，而企业生产量增加使成本增加是无法由生产人员控制的。在这种情况下，根据既定的成本预算总额来考核生产人员完成成本的业绩是没有任何意义的。

由此可见，固定预算的优点是：（1）编制预算的工作量小。（2）预算编制后具有相对的稳定性，如果没有特殊情况，则不需要对预算进行修订。

固定预算的缺点是：（1）过于机械、呆板，不能根据企业业务量的变化来调整预算。（2）可比性差，当实际的业务量与编制预算所依据的业务量有较大差异时，就会导致成本、费用、利润的实际水平和预算水平因业务量不同而失去可比性，不利于开展评价、控制、考核工作。

（二）弹性预算

弹性预算也称变动预算，是企业在不能准确预测业务量的情况下，以业务量、成本、利润之间的依存关系为依据，编制能够适应不同业务量水平需要的预算。它是为了克服固定预算的缺点而提出来的。

编制弹性预算依据的业务量可以是产量、销量、材料消耗量、直接人工工资、直接人工工时、机械工时等。弹性预算可与多种业务量水平相对应，比固定预算的适用范围宽，但弹性预算所对应的业务量范围一般限定在正常业务量的70%～110%之间。企业未来业务量的变动会影响成本、费用和利润等各个方面。弹性预算从理论上讲适用于全面预算中与业务量有关的各种预算，但由于收入、利润可按概率的方法进行风险分析预算，直接人工、直接材料可按标准成本进行标准预算，而制造费用、管理费用、销售费用等间接费用应用弹性预算的频率较高，所以从实用角度讲，弹性预算主要用于编制弹性成本、费用预算和弹性利润预算等。

1.弹性成本、费用预算

编制弹性成本、费用预算，首先要选择业务量的计量单位，再确定适用的业务量范围，最后按照各项成本与业务量的关系计算各项预算成本。制造费用弹性预算的编制可以以生产业务量为计量单位，如生产量、机械工时等；销售费用、管理费用弹性预算的编制可以以销售业务量为计量单位，如销售量、销售收入等。弹性成本、费用预算的编制通常采用以下三种方法：

（1）公式法。

公式法是指运用成本与业务量之间的习性模型来推算弹性成本预算的方法。采用公式法，要按成本习性将成本划分为固定成本、变动成本、混合成本，再把混合成本近似地分解成固定成本和变动成本。在分析业务量、成本、利润之间关系的基础上，可以把任何成本、费用近似地表示为：

$$Y=a+bX$$

其中：Y为成本总额；a为固定成本；b为单位业务量的变动成本；X为业务量。

【思考】当b=0时，Y为何种成本？当a=0时，X为何种成本？当a和b均不为0时，Y又为何种成本？

【做中学6-2】欣荣公司根据一车间制造费用耗费情况，分析了制造费用中的每一项费用，并把每一项费用划分为固定制造费用、变动制造费用、混合制造费用，然后将混合制造费用进一步分解为固定制造费用、变动制造费用。在一车间正常生产业务量即机械工时为240 000台时的情况下，预计一车间制造费用中各项费用的年固定制造费用和单位变动制造费用，具体情况见表6-1。

表6-1　　预计一车间2015年固定制造费用和单位变动制造费用表

生产业务量范围	机械工时为168 000台时～264 000台时	
费用项目	固定制造费用（元）	变动制造费用（元/台时）
电力费	—	0.4
运输费	—	0.2
消耗材料费	12 000	0.8
修理费	18 000	0.6
水费	1 000	0.1
折旧费	25 000	1.8
设备租金	6 000	—
保险费	18 000	—
管理人员工资	9 000	—
合计	89 000	3.9

要求：采用公式法推算出在机械工时为216 000台时的情况下，一车间2015年总的制造费用预算额和各项制造费用的预算额。

在生产业务量为216 000台时的情况下，可根据公式计算出各项制造费用年预算额和制造费用年预算额：

电力费年预算额=0.4×216 000=86 400（元）

修理费年预算额=18 000+0.6×216 000=147 600（元）

设备租金年预算额=6 000元

同理，可以计算出运输费、消耗材料费、水费、折旧费、保险费、管理人员工资的年预算额分别为43 200元、184 800元、22 600元、413 800元、18 000元、9 000元。

制造费用年预算额=89 000+3.9×216 000=931 400（元）

使用公式法时，常常遇到混合成本要分解为固定成本和变动成本的情况，其分解方法有很多种，可采用个别分析法、趋势预测法、高低点法等。

【做中学6-3】欣荣公司统计了过去5年一车间制造费用中修理费用的实际耗费与机械工时的情况，统计结果见表6-2。

表6-2　　一车间2010—2014年修理费用及机械工时消耗统计表

项目＼时间	2010年	2011年	2012年	2013年	2014年
机械工时X（台时）	185 000	200 000	220 000	240 000	270 000
修理费用Y（元）	129 000	138 000	149 000	162 000	180 000

要求：采用高低点法把修理费用分解为固定修理费用和单位机械台时的变动修理费用。

根据表6-2的资料，在过去的5年中，一车间的机械工时最高为270 000台时，对应的修理费用为180 000元；机械工时最低为185 000台时，对应的修理费用为129 000元；根据公式Y=a+bX，则可以得到：

180 000=a+b×270 000 ……①

129 000=a+b×185 000 ……②

用①式减去②式得：51 000= b×85 000

b=0.6

把b代入①式（或②式）中，得：

180 000=a+0.6×270 000

a=18 000

将一车间的修理费用分解后，得到其固定修理费用为18 000元，一台时的变动修理费用为0.6元。可以根据预测年度的情况，对分解后的固定修理费用和单位业务量的变动修理费用作出适当调整，作为预测年度一车间修理费用的固定修理费用a和单位业务量的变动修理费用b。

公式法具有在一定范围内不受业务量波动影响的优点，但是需要逐项分解成本，预算编制工作繁杂。特定业务量下的成本预算数额需要根据公式推算出来，会有误差且不能立刻算出预算数。

（2）列表法。

列表法是对一定范围内的业务量，按照固定的间隔确定出业务量的具体数值，并计算出已确定业务量所对应的成本预算额，通过列表的方式展示出来。

【做中学6-4】欣荣公司的生产业务量以机械工时为标准，以台时作为计量单位。一车间正常生产业务量为机械工时240 000台时。一车间机械工时的有效变动范围和制造费用各费用项目a、b的值见表6-1。

要求：采用列表法，按正常生产业务量的10%为间隔，编制2015年欣荣公司一车间制造费用预算。

2015年欣荣公司一车间制造费用预算编制结果见表6-3。

表6-3 2015年欣荣公司一车间制造费用预算编制结果

单位：元

机械工时（台时）	168 000	192 000	216 000	240 000	264 000
业务量间隔	70%	80%	90%	100%	110%
1.变动制造费用					
电力费	67 200	76 800	86 400	96 000	105 600
运输费	33 600	38 400	43 200	48 000	52 800
变动成本合计	100 800	115 200	129 600	144 000	158 400
2.混合制造费用					
消耗材料费	146 400	165 600	184 800	204 000	223 200
修理费	118 800	133 200	147 600	162 000	176 400
水费	17 800	20 200	22 600	25 000	27 400
折旧费	327 400	370 600	413 800	457 000	500 200
混合成本合计	610 400	689 600	768 800	848 000	927 200
3.固定制造费用					
设备租金	6 000	6 000	6 000	6 000	6 000
保险费	18 000	18 000	18 000	18 000	18 000
管理人员工资	9 000	9 000	9 000	9 000	9 000
固定成本合计	33 000	33 000	33 000	33 000	33 000
4.制造费用预算额	744 200	837 800	931 400	1 025 000	1 118 600

表6-3是以正常业务量的10%为间隔计算的，实际工作中可再小些或再大些。间隔小，能更详细地反映出不同业务量水平下的预算成本，用预算控制成本会更精确，但会增加编制的工作量；间隔大，虽然能够减轻编制的工作量，但会失去弹性预算的优点。

列表法在一定程度上克服了公式法无法直接查到不同业务量水平所对应的成本预算数额的缺点。

(3) 图示法。

图示法就是把各种业务量的预算成本用在坐标系上描绘出的图象来表示，以反映弹性预算成本的水平。该种方法不仅能反映变动成本、固定成本项目，而且能在一定程度上反映混合成本，它能使不同业务量水平上的预算成本在坐标图上一目了然，能反映出更多个业务量水平所对应的预算成本，但精度相对差一些。

2.弹性利润预算的编制

弹性利润预算是根据成本、业务量和利润之间的依存关系，以预期的各种销售收入为出发点，扣减相应的成本，从而反映不同销售业务量条件下相应的预算利润水平。常用的编制方法有以下两种：

（1）因素法。

因素法是根据影响利润的因素与收入成本的关系，列表反映这些因素分别变动时相应的预算利润水平。

【做中学6-5】欣荣公司生产和销售A产品，预计年销售量为60 000~75 000件。2015年，在分析了这一销售业务量范围内的成本后，确定该产品的单位变动成本为直接材料26元/件、直接人工9元/件、变动制造费用7.2元/件、变动销售及管理费用2.1元/件；确定该产品的固定成本为年固定制造费用1 760 000元、年固定销售及管理费用1 000 000元；该产品的预计单位售价为90元/件。

要求：采用因素法，按销售量每5 000件为一个间隔，编制欣荣公司2015年A产品的弹性利润预算。

当欣荣公司A产品的销售量为60 000件时，企业利润预算有关指标的计算过程如下：

销售收入=销售量×预计单位售价=60 000×90=5 400 000（元）

边际贡献=预计销售收入-变动成本合计

=5 400 000-（26+9+7.2+2.1）×60 000=2 742 000（元）

营业利润=边际贡献-固定成本合计=2 742 000-2 760 000=-18 000（元）

同理，可以计算出A产品销售量为65 000件、70 000件、75 000件时企业利润预算的有关指标并编制该公司的利润预算表（见表6-4）。

表6-4 欣荣公司2015年A产品的弹性利润预算表 单位：元

项目 \ 销售量（件）	60 000	65 000	70 000	75 000
1.销售收入	5 400 000	5 850 000	6 300 000	6 750 000
减：变动成本				
直接材料	1 560 000	1 690 000	1 820 000	1 950 000
直接人工	540 000	585 000	630 000	675 000
变动制造费用	432 000	468 000	504 000	540 000
变动销售及管理费用	126 000	136 500	147 000	157 500
变动成本合计	2 658 000	2 879 500	3 101 000	3 322 500
2.边际贡献	2 742 000	2 970 500	3 199 000	3 427 500
减：固定成本				
固定制造费用	1 660 000	1 660 000	1 660 000	1 660 000
固定销售及管理费用	1 100 000	1 100 000	1 100 000	1 100 000
固定成本合计	2 760 000	2 760 000	2 760 000	2 760 000
3.营业利润	-18 000	210 500	439 000	667 500

当欣荣公司以不同的售价出售A产品时，还应作出其他售价条件下的利润弹性预算。

该方法适用于经营单一品种的企业，也适用于经营多品种的企业，但要求按照产品品种分别计算企业的固定成本。在预计各种销售量、售价变动幅度较大时，该方法的预算工作量会较大。

（2）百分比法。

百分比法也称销售百分比法，是指按照不同项目占销售额的百分比，列表反映在销售业务量的有效变动范围内，销售收入的不同百分比所对应的预算利润水平的一种方法。它有一个前提：固定成本不变，变动成本随销售收入百分比的变动而同比例变动。

【做中学6-6】欣荣公司预计当2017年的销售业务量达到100%时，其销售收入为1 600万元，变动成本占销售收入的62%，固定成本为470万元。

要求：运用百分比法，按销售收入每10%为一个间隔，编制欣荣公司2017年弹性利润预算。

当企业销售业务量达到70%时，利润预算有关指标的计算过程如下：

预计销售收入=1 600×70%=1 120 （万元）

变动成本=1 120×62%=694.4（万元）

营业利润=1 120-694.4-470 =-44.4（万元）

同理，可以计算出当企业销售业务量达到80%、90%、100%、110%时企业利润预算的有关指标并编制该公司的利润预算表（见表6-5）。

表6-5　欣荣公司2017年的弹性利润预算表　单位：万元

销售收入百分比①	70%	80%	…	100%	110%
销售收入②=1600×①	1 120.0	1 280.0	…	1 600.0	1 760.0
变动成本③=62%×②	694.4	793.6	…	992.0	1 091.2
固定成本④	470.0	470.0	…	470.0	470.0
⑤=②-③-④	-44.4	16.4	…	138.0	198.8

该方法适用于经营多品种的企业，操作简单，但只能编制在上下限之内的各种销售收入所对应的利润预算，因为销售收入超过上下限时可能使固定成本发生变动。

3.弹性预算的优缺点

（1）弹性预算的优点主要有以下两方面：一是适用范围宽。弹性预算能够反映可预见的多种业务量水平所对应的预算，扩大了预算的适用范围，便于对预算指标的调整。弹性预算实际是随业务量水平的变动而调整的一组预算。二是可比性强。企业的生产经营活动处在不断变化中，在预算期内，当实际业务量与计划业务量不同时，可以把实际指标与实际业务量所对应的预算额进行对比，能够使预算执行情况的评价和考核建立在更加客观、可比的基础上，便于发挥预算的控制作用。

（2）弹性预算的缺点是：编制预算的工作量大，只能在有限的业务量范围内编制预算。

【思考】固定预算与弹性预算的根本区别在于业务量基础的数量特征不同。一般来说，预算应随着业务量水平发生变化，即采用弹性预算方式，那么，固定预算对于企业有何意义？

二、增量预算与零基预算

按编制的基础不同，编制预算的方法可分为增量预算与零基预算两类。

（一）增量预算

增量预算是以基期成本费用水平为基础，结合预算期业务量水平和降低成本的措施，调整原有费用项目来编制预算的方法。

1.增量预算的前提条件

（1）现有的业务活动是企业必需的，只有保留现有的业务活动，才能使企业得到正常发展。

（2）原来存在的各项开支都是合理的。因为现有的业务活动是企业必需的，各项开支都是为了完成现有的业务活动，所以各项开支都应是合理的。

（3）增加费用预算是值得的。

2.增量预算的适用范围和优缺点

增量预算主要适用于生产经营业务没有大的调整的企业。

增量预算的优点是：编制预算时，既考虑了历史上成本费用的发生情况，又在历史的基础上对预算期的成本费用进行调整。

增量预算的缺点是：（1）能使不必要的开支合理化。由于按这种方法编制预算会经常不加分析地保留或接受原有的成本项目，使原来不合理的开支继续存在，所以按这样的预算进行成本费用控制会出现保守落后的情况。（2）不利于降低成本费用。由于这种方法主张不需要在原有预算内容上做较大改进，所以容易鼓励预算编制人员凭主观想法按成本项目平均削减预算或只增不减，滋长了预算中的“平均主义”和“简单化”，不利于调动各部门降低费用的积极性。（3）不利于企业未来的发展。按照这种方法编制的成本费用预算，对于那些未来实际需要的开支项目来说，因为对未来情况的变化考虑较少而造成预算额不足。

（二）零基预算

零基预算也称为以零为基础编制计划和预算的方法，是指在编制成本预算时，不考虑以前所发生的费用项目和费用数额，一切从零开始，按照实际需要与可能，逐项审议预算期内各项费用内容及开支标准的合理性，在综合平衡基础上编制费用预算的方法。零基预算相当于对一个新事物作预算，从零出发，不受原来的框框限制，对一切费用一视同仁。它是为了克服增量预算的缺点而设计的，这种方法最早是由美国德州仪器公司的彼得·派尔提出来的，现在被西方国家广泛应用于管理间接费用。

微课：零基预算编制

1.零基预算的编制程序

（1）确定预算单位。预算单位也称为基本预算单位，可以按专项工作任务、主要项目等来确定。在实际工作中，一般由高层管理者确定以哪一级机构部门或项目为预算单位。

（2）提出各预算单位的预算方案。动员各预算单位的人员根据企业预算期内的总体目标以及各预算单位的具体目标、业务活动水平，在充分讨论的基础上提出本单位预算期内应当发生的各项费用，并确定各项费用的预算数额，所确定的预算数并不考虑这些费用项目以前是否发生过以及发生额是多少，同时说明各项费用开支的理由。

（3）进行成本效益分析。比较每一项费用和它带来的效益，评价每项费用支出的必要性：把预算期内必须发生的费用项目划为不可避免的费用项目；把预算期内通过采取措施可以不发生的费用项目划为可避免的费用项目；把在预算期内必须足额支付的费用项目划为不可延缓的费用项目；把可以在预算期内延缓支付或部分支付的费用项目划为可延缓的费用项目。

（4）确定各预算项目的资金分配方案。把预算期内可动用的资金在各预算单位间分配，对于不可避免且不可延缓的费用项目必须优先安排资金；对于不可避免且可延缓的费用项目，根据预算期内可动用的资金情况，按照轻重缓急和收益大小分配资金。

（5）编制最终预算。对各个预算单位进行协调后，具体规定有关预算指标，逐项下达费用预算。

【做中学6-7】欣荣公司2015年销售及管理部门有可动用的资金170万元，采用零基预算编制2015年的销售及管理费用预算。

首先，由企业销售及管理部门的所有员工根据预算期企业的总目标和本部门的目标进行反复讨论，提出预算期可能发生的一些费用项目以及相关金额，见表6-6。

表6-6 销售及管理部门费用表 单位：万元

项目	金额	项目	金额
广告费	40	培训费	18
业务招待费	42	房屋租金	42
差旅费	20	办公费	22

其次，对表6-6所列的各项费用进行成本效益分析，发现：差旅费、培训费、房屋租金、办公费都是不可避免且不可延缓的费用项目，应当得到全额保证；广告费和业务招待费是不可避免且可延缓的费用项目。投入1元广告费，可获得10元收益；投入1元业务招待费，可获得15元收益。

再次，销售及管理部门分配资金要先满足差旅费、培训费、房屋租金、办公费这四项不可避免且不可延缓费用的支出项目，这四项费用的合计数为102万元（20+18+42+22），剩余68万元（170-102），小于广告费、业务招待费需要的数额。从广告费和业务招待费的必要程度上看，二者都是必要的，也就说必须在二者间分配剩余的资金，这时选择效益作为标准进行分配：

$$广告费可分得的资金=68\times\frac{10}{10+15}=27.2（万元）$$

$$业务招待费可分得的资金=68\times\frac{15}{10+15}=40.8（万元）$$

最后，编制零基预算表，编制结果见表6-7。

表 6-7　　2015年欣荣公司销售及管理费用零基预算表　　单位：万元

项　目	差旅费	培训费	房屋租金	办公费	招待费	广告费
预算额	20	18	42	22	40.8	27.2

2.零基预算的优缺点

零基预算的优点：(1) 不受原来费用项目的限制。这种方法要重新论证每一项费用存在的合理性，将有限的资金用在刀刃上，促使企业对资源进行合理的分配。(2) 能调动各方面降低费用的积极性。这种方法促使各级管理人员充分发挥他们的积极性、主动性、创造性，也能使各预算单位精打细算，合理使用资金，提高资金的利用效果，不断压缩经营开支。(3)有助于企业未来的发展。这种预算有利于企业面向未来考虑问题。按照这种预算进行成本费用控制，能提高企业的经济效益，也有利于企业发展。

零基预算的缺点：(1) 这种方法从零开始编制预算，需要完成大量的基础工作，如对历史资料和市场状况进行分析、对投入产出和现有资金使用情况进行分析等，这会带来浩繁的工作量，有时得不偿失，难以突出重点。(2) 编制时间比较长。(3) 费用项目的成本效益分析往往缺乏客观依据。

【提示】增量预算和零基预算相比，零基预算更科学合理。《中华人民共和国预算法》对零基预算进行了明确的规定。

三、定期预算与滚动预算

按预算期的时间特征不同，编制预算的方法可分为定期预算与滚动预算两类。

(一) 定期预算

定期预算是指在编制预算时，以固定的会计期间（一般为一年）作为预算期的一种预算编制方法。它适用于各年的经营业务几乎相同且年内的经营活动没有变化的企业。

定期预算的优点在于能够使预算期间与会计年度相对应，便于考核和评价预算的执行情况。

定期预算的缺点：(1) 指导性差。定期预算往往在会计年度的最后一个季度着手编制下一年度预算，很难对整个预算年度的生产经营活动作出准确的预算，特别是只能对于预算期的最后两三个月进行笼统的估算，给预算执行带来困难，预算的指导作用削弱。(2) 适应性差。定期预算不能随情况的变化及时调整，而事先预见到的预算期内的某些活动，在执行预算的过程中经常会有所变动，这使原有预算显得不适应。(3) 连续性差。预算执行受预算期的限制，使管理者的决策视野局限于本期规划的经营活动，很少考虑下期。如果提前完成预算，所有的事情往往会推到下年再考虑，形成人为的预算间断。因此，定期预算不适应连续不断的经营过程，不利于企业的长远发展。

(二) 滚动预算

滚动预算又称连续预算或永续预算，是随着预算的执行，在原预算的基础上不断增补固定期限的预算，逐期向后滚动、连续不断，使预算期永远保持12个月的预算编制方法。它是为了克服定期预算的缺点而被提出来的。

1.滚动预算的依据及具体做法

滚动预算的依据：(1) 企业的生产经营活动是连续不断的，预算应该反映这一连续不断的经营活动，编制预算应当与生产经营活动相适应，连续不断地编制。(2) 随着时间的推移，企业的经营活动会出现一些难以预料的变化，预算必须能及时反映这一变化。(3) 人们对未来客观事物的认识是由浅入深、循序渐进的，预算应当按照人们的认识规律由粗到细地编制，以免预算与实际产生有较大出入。

滚动预算的具体做法：每执行一个季度（或一个月）的预算后，立即根据前一季度（或一个月）的预算执行情况，对以后各季度（或各月）的预算进行修订，并增加一个季度（或一个月）的预算。这样就形成了逐期向后滚动、连续不断地编制企业预算的过程。

2.滚动预算的方式和特征

滚动预算按其预算编制和滚动时间单位不同，可以分为逐月滚动、逐季滚动、混合滚动三种方式。

(1) 逐月滚动方式。

逐月滚动是编制和调整预算每月进行一次，以月份为单位编制和滚动预算的方式。如在2015年1月至12月的预算执行过程中，需要在2015年1月末根据当月预算的执行情况，修订2015年2月至12月的预算，同时增补2016年1月的预算；在2015年2月末根据当月预算的执行情况，修订2015年3月至2016年1月的预算，同时增补2016年2月的预算，以此类推。

逐月滚动的预算比较精确，但工作量比较大。

(2) 逐季滚动方式。

逐季滚动方式示意图

逐季滚动是编制和调整预算每季进行一次，以季度为单位编制滚动预算的方式。如在2015年1季度至4季度的预算执行过程中，需要在2015年1季度末根据当季预算的执行情况，修订2015年2季度至4季度的预算，同时增补2016年1季度的预算；2015年2季度末根据当季预算的执行情况，修订2015年3季度至2016年1季度的预算，同时增补2016年2季度的预算，以此类推。

逐季滚动的预算比逐月滚动的预算工作量小，但预算精度较差。

(3) 混合滚动方式。

混合滚动是编制预算时，同时以月份和季度为单位编制和滚动预算的方式。为了做到长计划短安排、近详远略，在预算编制过程中，可以对近期预算提出较高的精度要求，使预算的内容非常详细，对远期预算提出较低的精度要求，使预算的内容相对简单，这样就可以减少预算工作量。这是滚动预算的一种变通方式。如对2015年1月至3月逐月编制详细预算，4月至12月分别按季度编制粗略预算。在预算执行过程中，需要在2015年3月末根据2015年1季度预算的执行情况，编制2015年4月至6月的详细预算，修订2015年3季度至4季度的预算，同时增补2016年1季度的预算；2015年6月末根据2015年2季度预算的执行情况，编制2015年7月至9月的详细预算，修订2015年4季度至2016年1季度的预算，同时增补2016年2季度的预算，以此类推。

混合滚动综合了逐月滚动和逐季滚动的优点。

3.滚动预算的优缺点

滚动预算的优点：(1) 透明度高。滚动预算不是一次性在预算年度开始之前的两三个月进行预算编制，而是根据企业经营活动的变化不断调整，这样能使管理者从动态的角度准确地把握远期的战略规划和近期目标，也有利于银行、财政税务机构和企业主管部门了解企业的经营状况。（2）及时性强。滚动预算能够根据前期预算的执行情况，结合各因素的变动情况，及时调整和修订近期预算，使预算更加切合实际，能充分发挥预算的指导和控制作用。（3）连续性、完整性、稳定性强。滚动预算在时间上不受日历年度的限制，能连续不断地对未来的生产经营活动进行连续预算，不会造成人为间断，还能使企业管理者了解未来12个月企业总体规划和近期预算目标，能确保企业工作的完整性和稳定性。

【思考】滚动预算按其预算编制和滚动时间单位不同，可以分为逐月滚动、逐季滚动、混合滚动三种方式。企业可以同时使用这几种方法吗？

任务2 现金预算

现金预算也称现金收支预算，是以日常业务预算和特种决策预算为基础编制的反映企业预算期间现金收支状况的预算。这里的现金是指货币资金。现金收支状况包括现金收入、现金支出、现金收支差额、期初期末现金收支余额、现金筹措使用的情况等。现金预算主要反映现金收入、现金支出、现金余缺和现金融通四部分内容，这四部分内容的关系是：

现金余缺=期初现金余额+现金收入−现金支出

期末现金余额=现金余缺+现金融通

现金收入包括预算期内的现金期初余额加上该期间预计可能发生的所有现金收入，其主要来源是销售收入和应收账款取得的现金，它们可以从销售预算中取得数据。现金支出包括预算期内可能发生的所有现金支出，主要是直接人工、直接材料、制造费用等各项经营性现金支出，还有缴纳税金的现金支出、股利分配的现金支出、购买设备等资本性的现金支出，它们可以从直接人工、直接材料、制造费用、销售及管理费用及特种决策预算中获得数据。现金余缺是将现金收入总额减去现金支出总额。结果为正表明现金有剩余，结果为负表明现金出现短缺。现金融通是在企业现金有剩余时，用现金归还以前的借款或进行短期投资；在企业现金出现短缺时，企业发行债券、股票或向银行借款。企业不仅要筹集到抵补短缺的现金，还要保证一定的现金储备，过多的现金也会造成浪费，应保持期末现金余额在合理的限度内。

一、日常业务预算的编制

日常业务预算是反映企业日常经营活动业务的各种预算。日常业务预算包括销售预算、生产预算、直接材料消耗及采购预算、直接人工预算、制造费用预算、产品生产成本预算、销售及管理费用预算、财务费用预算等。为了与会计年度配合，这里对各种日常业务预算、特种决策预算、财务预算的编制都以一年为基本预算期间，并编制各季预算。

（一）销售预算

微课：销售预算编制

销售预算是指根据企业的目标利润，在销售预测的基础上，对销售活动进行编制的预算。它是业务预算，是日常业务预算的出发点，也是编制全面预算的出发点。销售预算的主要内容是预计销售量、单位售价、销售收入，还要预计现金收入，以便为编制现金收支预算提供必要信息。预计销售量和单位售价是根据对市场的预测和对企业生产能力的预测得到的，销售预算涉及的计算公式为：

预计销售收入=预计销售量×预计单位售价

预计现金收入=上期应收销货款的回收额+本期销售中应收到的货款

【做中学6-8】欣荣公司生产销售A、B两种产品，预计2015年两种产品的销量、单位售价见表6-8上半部分，预计销售环节税金为销售收入的12%，预算期初应收账款为150万元。在销售收入中，本季度收到现金70%，下季度收到现金30%，不考虑应收账款的坏账，当季用现金完税。

要求：编制2015年欣荣公司的销售预算。

编制的销售预算见表6-8。

表6-8　欣荣公司2015年销售预算　单位：万元

项目	一季度	二季度	三季度	四季度	本年合计
销售量					
A产品（件）	15 000	18 000	20 000	17 000	70 000
B产品（件）	4 000	5 000	5 000	5 400	19 400
销售单价					
A产品	0.009	0.009	0.009	0.009	0.009
B产品	0.05	0.05	0.05	0.05	0.05
销售收入合计	335	412	430	423	1 600
销售环节税金现金支出	40.20	49.44	51.60	50.76	192.00
现金销售收入	234.50	288.40	301.00	296.10	1 120.00
回收前期应收货款	150.00	100.50	123.60	129.00	503.10
现金收入合计	384.50	388.90	424.60	425.10	1 623.10

表6-8中有关数据的计算如下：

一季度的预计销售收入合计=15 000×0.009+4 000×0.05=335（万元）

一季度的预计销售环节税金现金支出=335×12%=40.2（万元）

一季度的预计现金销售收入=335×70%=234.5（万元）

一季度的预计回收前期应收货款=150（万元）

二季度的预计回收前期应收货款=335×30%=100.5（万元）

一季度的预计现金收入合计=234.5+150=384.5（万元）

同理，可计算出其他各季销售收入和与销售业务有关的现金收支数据。

【思考】编制销售预算是日常业务预算的出发点，也是编制全面预算的出发点，因此销售预算可以说是第一预算。销售预算的编制重点不仅是销售收入，还要关注销售现金收入，这种说法对吗？

（二）生产预算

生产预算是指在销售预算的基础上预测生产，对生产活动做出的预算。它为编制成本和费用预算提供依据。生产预算的主要内容是预计销售量、预计期初存货量、预计期末存货量、预计生产量。预计销售量可以从销售预算中查到；预计期初存货量等于上季末存货量；预计期末存货量可按下一季度销售量的一定百分比确定。生产预算涉及的计算公式为：

预计生产量=预计销售量+预计期末存货量−预计期初存货量

【做中学6-9】欣荣公司各季预计销售量见表6-9，A、B产品各季末的预计存货量按下季度预计销售量的10%估算。2015年年初A、B产品的实际存货量分别为1 600件、450件，预计2015年年末A、B产品的存货量分别为1 400件、410件。

要求：编制2015年欣荣公司的生产预算。

从表6-8查到A产品一季度的预计销售量为15 000件，A产品一季度的预计期初存货量已知为1 600件（二季度的预计期初存货量就是一季度的预计期末存货量）。

编制的生产预算见表6-9。

表6-9 欣荣公司2015年生产预算 单位：件

项目	一季度	二季度	三季度	四季度	本年合计
A产品					
本期销售量	15 000	18 000	20 000	17 000	70 000
期末存货量	1 800	2 000	1 700	1 400	1 400
期初存货量	1 600	1 800	2 000	1 700	1 600
本期生产量	15 200	182 00	19 700	16 700	69 800
B 产品					
本期销售量	4 000	5 000	5 000	5 400	19 400
期末存货量	500	500	540	410	410
期初存货量	450	500	500	540	450
本期生产量	4 050	5 000	5 040	5 270	19 360

上表中有关数据的计算如下：

A产品一季度的预计期末存货量=18 000×10%=1 800（件）

A产品一季度的预计生产量=15 000+1 800−1 600=15 200（件）

同理，可计算出B产品一季度的预计生产量，也可计算出其他各季的预计生产量。

（三）直接材料消耗及采购预算

直接材料消耗及采购预算又称材料预算，是在生产预算的基础上预测生产耗用材料的情况，对直接材料消耗情况及采购活动作出的预算。直接材料消耗及采购预算的主要内容包括预计生产量、生产耗用直接材料量、预计直接材料采购量、预计直接材料采购成本等，还要预计材料采购的现金支出，以便为编制现金收支预算提供必要信息。预计生产量可以在生产预算中找到数据；单位产品材料耗用量可以从定额中找到数据；年初材料结存量可以从上年年末的会计报表中找到数据；预计年末材料结存量是根据当前的情况估计的；预计各季末材料结存量是根据下一季度生产量的一定百分比确定的。直接材料消耗及采购预算涉及的计算公式为：

预计生产耗用材料量=预计生产量×单位产品材料耗用量

预计材料采购量=预计生产耗用材料量+期末结存量-期初结存量

【做中学6-10】欣荣公司使用甲、乙两种材料生产产品，期末材料存量预计为下季度生产耗用材料量的20%，2015年年初甲、乙两种材料的存量分别为4 000千克、6 000千克，年末甲、乙两种材料的存量分别为12 800千克、8 400千克，年初应付账款为47万元。购买直接材料的货款本季度支付60%，下季度支付40%。每件A产品耗用甲、乙两种材料的定额量分别为3千克、1千克，每件B产品耗用甲、乙两种材料的定额量分别为2千克、12千克，甲、乙两种材料的市场单价分别为2元/千克、10元/千克。（计算保留至个位）

要求：编制2015年欣荣公司的直接材料消耗及采购预算。

从表6-9查到A产品一季度的预计生产量为15 200件，则：

A产品一季度预计耗用甲材料量=15 200×3=45 600（千克）

A产品一季度预计耗用乙材料量=15 200×1=15 200（千克）

同理，可以计算出B产品一季度预计耗用甲、乙材料量分别为8 100千克、48 600千克，则：

一季度甲材料预计耗用总量=45 600+8 100=53 700（千克）

一季度甲材料预计期末结存量=64 600×20%=12 920（千克）

可从上一年年末的会计报表查到一季度甲材料期初结存量为4 000千克（二季度甲材料期初结存量就是一季度甲材料期末结存量），则：

一季度预计甲材料采购量=53 700+12 920-4 000=62 620（千克）

一季度预计甲材料采购成本=62 620×2=125 240（元）

同理，可以计算出一季度预计乙材料采购成本为734 400元，则：

一季度预计采购成本总额=125 240+734 400=859 640（元）

一季度预计现金购买材料成本=859 640×60%=515 784（元）

一季度预计偿付前期材料款=470 000（元）

（二季度预计偿付前期材料款=859 640×40%=343 856（元））

一季度预计支出现金小计=515 784+470 000=985 784（元）

同理，可计算出其他各季的甲、乙材料预计消耗量、采购量、采购成本总额、支出现金额等。编制的直接材料消耗及采购预算见表6-10。

表 6-10　　欣荣公司2015年直接材料消耗及采购预算　　单位：元

项目	一季度	二季度	三季度	四季度	本年合计
A产品					
预计生产量（件）	15 200	18 200	19 700	16 700	69 800
每件用甲材料（千克）	3	3	3	3	—
每件用乙材料（千克）	1	1	1	1	—
耗用甲材料量（千克）	45 600	54 600	59 100	50 100	209 400
耗用乙材料量（千克）	15 200	18 200	19 700	16 700	69 800
B产品					
预计生产量（件）	4 050	5 000	5 040	5 270	19 360
每件用甲材料（千克）	2	2	2	2	—
每件用乙材料（千克）	12	12	12	12	—
耗用甲材料量（千克）	8 100	10 000	10 080	10 540	38 720
耗用乙材料量（千克）	48 600	60 000	60 480	63 240	232 320
甲、乙材料的数量					
甲耗用总量（千克）	53 700	64 600	69 180	60 640	248 120
乙耗用总量（千克）	63 800	78 200	80 180	79 940	302 120
甲期末结存量（千克）	12 920	13 836	12 128	12 800	—
乙期末结存量（千克）	15 640	16 036	15 988	8 400	—
甲期初结存量（千克）	4 000	12 920	13 836	12 128	—
乙期初结存量（千克）	6 000	15 640	16 036	15 988	—
甲材料采购量（千克）	62 620	65 516	67 472	61 312	256 920
乙材料采购量（千克）	73 440	78 596	80 132	72 352	304 520
各材料的单价和成本					
甲材料采购单价	2	2	2	2	—
乙材料采购单价	10	10	10	10	—
甲材料采购成本	125 240	131 032	134 944	122 624	503 840
乙材料采购成本	734 400	785 960	801 320	723 520	3 045 200
预计采购成本总额	859 640	916 992	936 264	846 144	3 549 040
预计现金支出					
当期现金购买材料成本	515 784	550 195	561 759	507 686	2 129 424
偿付前期材料款	470 000	343 856	366 797	374 506	1 551 159
当期支出现金小计	985 784	894 051	924 556	882 192	3 680 583

【思考】直接材料预算包括直接材料需要用量、采购数量和采购成本等，那么直接材料预算的最终目的是想要得到什么数据呢？

（四）直接人工预算

直接人工预算是指在生产预算的基础上预测人工工时消耗水平，对人工成本作出的预算。直接人工预算的主要内容是预计生产量、单位产品消耗的直接人工工时、每工时人工成本、人工总成本。预计生产量可以在生产预算中找到数据；单位产品消耗的直接人工工时和每工时人工成本可以从标准成本中找到数据。直接人工预算涉及的计算公式为：

预计人工总工时=预计生产量×单位产品工时

预计人工总成本=预计人工总工时×每工时人工成本

【做中学6-11】欣荣公司生产的A、B产品每件需用工时分别为2工时、10工时，2015年每工时的人工成本统一为0.45元，人工成本包括工资和按工资总额14%计提的职工福利费，人工成本均需在当期用现金支付。

要求：编制2015年欣荣公司的直接人工预算。

从表6-9中查到A产品一季度的预计生产量为15 200件，则：

一季度A产品预计耗用的生产工时=15 200×2=30 400（工时）

同理，可计算出一季度B产品耗用的生产工时为40 500工时，则：

一季度预计耗用的人工总工时=30 400+40 500=70 900（工时）

一季度预计人工总成本=70 900 ×0.45=31 905（元）

同理，可计算出其他各季预计耗用的人工总工时、预计人工总成本等。编制的直接人工预算见表6-11。

表6-11　欣荣公司2015年直接人工预算

项目	一季度	二季度	三季度	四季度	合计
预计A产品产量（件）	15 200	18 200	19 700	16 700	69 800
预计B产品产量（件）	4 050	5 000	5 040	5 270	19 360
单位A产品工时	2	2	2	2	—
单位B产品工时	10	10	10	10	—
A产品耗用工时	30 400	36 400	39 400	33 400	139 600
B产品耗用工时	40 500	50 000	50 400	52 700	193 600
人工总工时	70 900	86 400	89 800	86 100	333 200
每工时人工成本（元）	0.45	0.45	0.45	0.45	—
人工总成本（元）	31 905	38 880	40 410	38 745	149 940

（五）制造费用预算

制造费用预算是指对直接材料消耗预算和直接人工预算以外的其他一切生产费用做出的预算。要把制造费用划分为变动制造费用和固定制造费用。变动制造费用以生产为基础，利用完善的标准成本资料来编制，也可逐项预计；固定制造费用一般需要逐项预计，因为它往往与生产量无关。为了提供编制现金预算的资料，需要对制造费用中发生的待摊费用、预提费用、固定资产折旧进行调整，把制造费用调整为用现金支付的制造费用。制造费用预算涉及的计算公式为：

$$变动（或固定）制造费用的分配率=\frac{变动(或固定)制造费用}{相关分配标准预算}$$

【做中学6-12】欣荣公司预计在2015年内除了固定资产折旧以外的制造费用都需要用现金支付，变动制造费用按照预计直接人工工时总数进行分配，制造费用已划分为固定制造费用和变动制造费用，具体情况见表6-12。

表6-12　　预计2015年固定制造费用和单位业务量变动制造费用

费用项目	固定制造费用（元）	变动制造费用（元/工时）
电力费		0.4
运输费		0.3
消耗材料费	18 000	0.9
修理费	22 000	0.5
水费	1 500	0.1
折旧费	45 000	1.6
设备租金	10 000	
保险费	32 000	
管理人员工资	18 000	

要求：编制2015年欣荣公司的制造费用预算。

从表6-11中查到欣荣公司一季度生产产品的预计人工总工时为70 900工时，则：

一季度预计变动制造费用中电力费=70 900×0.4=28 360（元）

一季度预计变动制造费用中修理费=70 900×0.5=35 450（元）

同理，可计算出一季度预计变动制造费用中运输费、消耗材料费、水费、折旧费分别为21 270元、63 810元、7 090元、113 440元，则：

预计变动制造费用小计=28 360+21 270+63 810+35 450+7 090+113 440
=269 420（元）

一季度预计固定制造费用中修理费=22 000÷4=5 500（元）

一季度预计固定制造费用中保险费=32 000÷4=8 000（元）

同理，可计算出一季度预计固定制造费用中消耗材料费、水费、折旧费、设备租金、管理人员工资分别为4 500元、375元、11 250元、2 500元、4 500元，则：

预计固定制造费用小计=4 500+5 500+375+11 250+2 500+8 000+4 500
=36 625（元）

一季度预计制造费用总额=269 420+36 625=306 045（元）

一季度预计现金支付的制造费用=306 045-11 250=294 795（元）

由于固定资产折旧是非付现成本项目，计算时应予以剔除。

同理，可计算出其他各季预计变动制造费用、预计固定制造费用、预计现金支付的制造费用等。编制的制造费用预算见表6-13。

表6-13　欣荣公司2015年制造费用预算　单位：元

项目	一季度	二季度	三季度	四季度	本年合计
预计直接人工（工时）	70 900	86 400	89 800	86 100	333 200
变动制造费用					
电力费	28 360	34 560	35 920	34 440	133 280
运输费	21 270	25 920	26 940	25 830	99 960
消耗材料费	63 810	77 760	80 820	77 490	299 880
修理费	35 450	43 200	44 900	43 050	166 600
水费	7 090	8 640	8 980	8 610	33 320
折旧费	113 440	138 240	143 680	137 760	533 120
变动制造费用小计	269 420	328 320	341 240	327 180	1 266 160
固定制造费用					
消耗材料费	4 500	4 500	4 500	4 500	18 000
修理费	5 500	5 500	5 500	5 500	22 000
水费	375	375	375	375	1 500
折旧费	11 250	11 250	11 250	11 250	45 000
设备租金	2 500	2 500	2 500	2 500	10 000
保险费	8 000	8 000	8 000	8 000	32 000
管理人员工资	4 500	4 500	4 500	4 500	18 000
固定制造费用小计	36 625	36 625	36 625	36 625	146 500
制造费用总额	306 045	364 945	377 865	363 805	1 412 660
减：折旧费	11 250	11 250	11 250	11 250	45 000
现金支付的制造费用	294 795	353 695	366 615	352 555	1 367 660

对于固定制造费用，可以按季度逐项预测，这样会提高预算的精度。

全年变动制造费用的分配率=1 266 160÷333 200=3.8（元/工时）

全年固定制造费用的分配率=146 500÷333 200=0.44（元/工时）

【思考】制造费用预算是一项重要又复杂的预算，其准确性非常重要。请问制造费用预算是否关系到现金预算、预计财务报表的编制？

（六）产品生产成本预算

产品生产成本预算是指在生产预算、直接材料消耗及采购预算、制造费用预算、直接人工预算的基础上，对各种产品生产成本水平作出的预算。产品生产成本预算的主要内容包括产品单位成本、产品生产成本、产品销售成本、期末存货成本等。产品生产成本可以从直接材料消耗及采购预算、制造费用预算、直接人工预算中找到数据，产品生产量、期末存货量可以从生产预算中找到数据，产品销售量可以从销售预算中找到数据。

【做中学6-13】欣荣公司2015年的销售预算、生产预算、直接材料消耗及采购预算、制造费用预算、直接人工预算已编制。

要求：编制2015年欣荣公司A、B产品生产成本预算。

从表6-10中可以查到单位A产品耗用甲、乙材料量分别为3千克、1千克，甲、乙材料的单位售价分别为2元/千克、10元/千克，则：

单位A产品耗用甲材料的成本=3×2=6（元）

单位A产品耗用乙材料的成本=1×10=10（元）

从表6-11中可以查到单位A产品耗用直接人工为2工时，每工时人工费为0.45元，从【做中学6-12】可以查到每工时耗费变动制造费用（即全年变动制造费用的分配率）和每工时耗费固定制造费用（即全年固定制造费用的分配率）分别为3.8元/工时、0.44元/工时，则：

单位A产品耗用直接人工的成本=2×0.45=0.9（元）

单位A产品耗用变动制造费用的成本=2×3.8=7.6（元）

单位A产品耗用固定制造费用的成本=2×0.44=0.88（元）

从表6-9中可以查到A产品的本年生产量和年末结存量分别为69 800件、1 400件，从表6-8中可以查到A产品的本年销售量为70 000件，则：

生产A产品全年耗用甲材料的费用=69 800×6=418 800（元）

全年已销售的A产品成本中耗用甲材料的费用=70 000×6=420 000（元）

年末结存的A产品成本中耗用甲材料的费用=1 400×6=8 400（元）

同理，可以计算出生产A产品全年耗用乙材料费用、直接人工费用、变动制造费用、固定制造费用分别为698 000元、628 200元、530 480元、61 424元，可以计算出全年已销售的A产品成本中耗用乙材料费用、直接人工费用、变动制造费用、固定制造费用分别为700 000元、630 000元、53 2000元、61 600元，可以计算出年末结存的A产品成本中耗用乙材料费用、直接人工费用、变动制造费用、固定制造费用分别为14 000元、12 600元、10 640元、1 232元。编制的2015年欣荣公司A产品生产成本预算见表6-14。

表6-14　欣荣公司2015年A产品生产成本预算　单位：元

成本项目	单耗	单价	单位成本	生产成本 69 800件	销售成本 70 000件	期末存货 1 400件
直接甲材料	3	2	6	418 800	420 000	8 400
直接乙材料	1	10	10	698 000	700 000	14 000
直接人工	2	0.45	0.9	62 820	63 000	1 260
变动制造费用	2	3.8	7.6	530 480	532 000	10 640
固定制造费用	2	0.44	0.88	61 424	61 600	1 232
合计	—	—	25.38	1 771 524	1 776 600	35 532

同理，可以计算出B产品生产成本的各项指标，并编制出2015年欣荣公司B产品生产成本预算，见表6-15。

表 6-15　　欣荣公司 2015 年 B 产品生产成本预算　　单位：元

成本项目	单耗	单价	单位成本	生产成本 19 360件	销售成本 19 400件	期末存货 410件
直接甲材料	2	2	4	77 440	77 600	1 640
直接乙材料	12	10	120	2 323 200	2 328 000	49 200
直接人工	10	0.45	4.5	87 120	87 300	1 845
变动制造费用	10	3.8	38	735 680	737 200	15 580
固定制造费用	10	0.44	4.4	85 184	85 360	1 804
合计	—	—	170.9	3 308 624	3 315 460	70 069

（七）销售及管理费用预算

销售及管理费用预算是指在销售预算和生产预算的基础上，对推销商品和进行一般行政管理工作而发生的各项费用作出的预算。要把销售及管理费用划分为变动性销售及管理费用和固定性销售及管理费用，按照销售预算、生产预算和实际需要逐项预计。

【做中学 6-14】欣荣公司的广告费为销售收入的1.7%，假设销售及管理费用全部用现金支付。

要求：根据2015年的销售预算和生产预算，编制2015年欣荣公司销售及管理费用预算。

从表 6-8 中可以查到 A、B 两种产品一季度的销售额合计为335万元，则：

一季度欣荣公司预计广告费=335×1.7%=5.695（万元）

同理，可以计算出二季度、三季度、四季度欣荣公司预计广告费分别为7.004万元、7.310万元、7.191万元。

根据2015年的销售预算、生产预算和实际需要，对固定性销售及管理费用按季度逐项预计，得到固定性销售及管理费用各季度的预算额。编制的2015年欣荣公司销售及管理费用预算见表6-16。

表 6-16　　2015 年欣荣公司销售及管理费用预算　　单位：万元

项目	一季度	二季度	三季度	四季度	合 计
预计销售收入	335	412	430	423	1 600
变动性销售及管理费用					
广 告 费	5.695	7.004	7.310	7.191	27.200
变动性费用小计	5.695	7.004	7.310	7.191	27.200
固定性销售及管理费用					
办 公 费	6.000	5.000	6.500	4.500	22.000
差 旅 费	7.000	5.000	4.000	4.000	20.000
房屋租金	10.500	10.500	10.500	10.500	42.000
业务招待费	14.000	12.000	9.000	5.800	40.800
培 训 费	2.000	6.000	8.000	2.000	18.000
固定性费用小计	39.500	38.500	38.000	26.800	142.800
合 计	45.195	45.504	45.310	33.991	170.000

（八）财务费用预算

财务费用预算是指对企业将要发生的利息收支、汇兑损益、筹资或结算过程中支付的手续费作出的预算。财务费用预算的主要内容是利息收支、汇兑损益、筹资或结算过程中支付的手续费，这些费用都要按照销售预算、生产预算和实际需要逐项预计。

【做中学6-15】欣荣公司2005年1月18日为获得经营资金发行一项债券，到期日为2018年1月18日，债券面值总额为200 000元，票面年利率为8%，在有效期内每年1月18日支付上一年利息。企业预计年内手续费和汇兑损益发生额非常小，忽略不计。

要求：编制欣荣公司2015年的财务费用预算。

欣荣公司2015年的财务费用=200 000×8%=16 000（元）

二、特种决策预算的编制

特种决策预算是对选中方案的进一步规划，它比决策更精确、更细致，包括短期决策预算和长期决策预算两类。短期决策预算常常被纳入业务预算体系，如企业生产某种产品的零部件取得方式调整决策一旦确定，就要调整直接材料消耗及采购预算、直接人工预算、产品生产成本预算。长期决策预算又称为资本支出预算，常常涉及长期建设项目的资金投放与筹措等，除个别项目外，一般不纳入业务预算，但要计入与此项目有关的现金预算和预计资产负债表。

【做中学6-16】欣荣公司为生产新产品决定2015年新建一条生产线，本年内调试安装完毕，该生产线投产所需的丙材料在2016年年初购买。

要求：编制2015年新建生产线的投资及筹资预算。

从新建生产线投资决策中查找数据，并根据决策之前收集到的资料和进行投资建设的实际需要，逐项预计新建生产线投资及筹资的各项指标。编制的欣荣公司2015年新建生产线投资及筹资预算见表6-17。

表6-17 欣荣公司2015年新建生产线投资及筹资预算 单位：元

项目	一季度	二季度	三季度	四季度	本年合计
固定资产投资					
勘察设计费	2 000				2 000
土建工程	8 000	26 000			34 000
设备购置		124 000			124 000
安装工程			8 000	9 000	17 000
其　他				3 000	3 000
固定资产投资小计	10 000	150 000	8 000	12 000	180 000
流动资产投资					
购买丙材料				0	
流动资产投资小计				0	
投资合计	10 000	150 000	8 000	12 000	180 000
筹措投资资金					
发行企业债券					
筹措投资资金合计					

欣荣公司预计资金充足，不必利用发行企业债券等形式筹措新建生产线的资金。

如果该新建生产线准备2016年投产，需要在2015年购买丙材料作为原料，购买丙材料所支出的资金既要计入该新建生产线2015年的投资额，又要计入2015年直接材料消耗及采购预算中的预计采购成本总额，但在作现金预算时，要从该新建生产线支付的现金中扣除，只在采购材料支付的现金中列示。除了购买丙材料所支出的资金可以纳入直接材料消耗及采购预算中外，其余各项目只能在现金预算和预计资产负债表中反映。

三、现金预算的编制

【做中学6-17】欣荣公司2014年年末的资产负债表上货币资金余额为30万元，预计在2015年第二季度支付2014年的股利64万元，企业每季度末保留的货币资金余额不低于25万元，资金不足向银行借款，借款和还款的数额以1万元的倍数计算，借款年利率为8%，假设借款在期初，还款在期末。

要求：根据【做中学6-8】至【做中学6-16】中的资料，编制欣荣公司2015年现金预算。

从表6-8中查出一季度销售A、B产品取得现金收入额为384.5万元，则：

一季度预计可供使用的现金=30+384.5=414.5（万元）

从表6-10中查出一季度采购材料支出的现金为98.578万元，从表6-11中查出一季度用现金支付的人工费为3.191万元，从表6-13中查出一季度用现金支付的制造费用为29.48万元，从表6-8中查出一季度销售A、B产品在销售环节需要用现金支付的税金为40.2万元，从表6-16中查出一季度需要用现金支付的销售及管理费用为45.195万元，从表6-19中查出一季度预计支付的所得税为44.83万元，从表6-17中查出一季度需要用现金支付的资本性支出为1万元，则：

一季度预计现金余缺=414.5-98.578-3.191-29.48-40.2-45.195-44.83-1
=152.026（万元）

从【做中学6-15】中查出一季度需要用现金支付的长期企业债券利息为1.6万元，因每季度末保留的货币资金余额不低于25万元，一季度选择季末保留25.426万元，则：

一季度季末预计现金余额=25.426万元

一季度预计购买有价证券的资金=152.026-1.6-25.426=125（万元）

同理，可以计算出2015年二季度、三季度、四季度的现金预算的各项指标，并编制出欣荣公司2015年现金预算，具体见表6-18。

表6-18　欣荣公司2015年现金预算　单位：万元

项目	一季度	二季度	三季度	四季度	本年合计
期初现金余额	30.000	25.426	25.702	25.586	30.000
加：现金收入	384.500	388.900	424.600	425.100	1 623.100
可供使用的现金	414.500	414.326	450.302	450.686	1 653.100
减：现金支出					
直接材料	98.578	88.805	92.456	88.219	368.058

续表

项目	一季度	二季度	三季度	四季度	本年合计
直接人工	3.191	3.888	4.041	3.875	14.995
制造费用	29.480	35.370	36.662	35.256	136.768
销售环节税金	40.200	49.440	51.600	50.760	192.000
销售及管理费用	45.195	45.504	45.310	33.991	170.000
预交所得税	44.83	57.617	60.847	62.141	225.435
资本性现金支出	1.000	15.000	0.800	1.200	18.000
预计支付股利		64.000			64.000
现金余缺	152.026	54.702	158.586	175.244	540.558
现金融通					
付企业债券利息	1.600				1.600
购买有价证券	125.000	29.000	133.000	150.000	437.000
期末现金余额	25.426	25.712	25.586	25.244	25.244

任务3 预计财务报表

预计财务报表也称企业总预算，是控制企业预算期内资金、成本、利润总量的手段。它主要为企业管理服务，从总体上反映预算期内企业经营的全局措施，与实际的财务报表不同，主要包括预计利润表和预计资产负债表等。

一、预计利润表的编制

预计利润表也称利润预算，是以货币为计量单位，全面、综合地反映企业预算期内经营成果的利润计划。它是企业控制生产经营活动和财务收支的主要依据，其内容格式与实际利润表完全相同，但目的不同。它的目的是预测预算期的盈利水平，如果利润预算数与企业的目标利润相差较大，就需要调整预算，设法达到目标利润，或在企业领导批准后修改目标利润。预计利润表是在汇总销售预算、产品生产成本预算、销售及管理费用预算、营业外收支预算、现金预算后编制的，可以分季编制，也可以按年编制。

【做中学6-18】承【做中学6-7】至【做中学6-17】，假设欣荣公司预算期所得税税率为25%。

要求：编制欣荣公司2015年的预计利润表。

从表6-8中查到一季度的预计销售收入为335万元。从表6-18中查到一季度在销售环节预计缴纳税金为40.2万元，销售环节缴纳税金主要包括增值税、城市维护建设税、教育费附加，城市维护建设税按照增值税的7%计算，教育费附加按照增值税的3%计算，欣荣公司的销售税金及附加主要是城市维护建设税与教育费附加之和，则：

一季度预计销售税金及附加=40.2-40.2÷(1+7%+3%)=3.655（万元）

从表6-8中查到一季度A、B产品的预计销售量分别为15 000件、4 000件，从表6-14中查到一季度A产品的预计单位成本为25.38元，从表6-15中查到一季度B产品的预计单位成本为170.9元，则：

一季度预计销售成本=(15 000×25.38+4 000×170.9) ÷10 000=106.43(万元)

一季度预计毛利=335-3.655-106.43=224.915（万元）

从表6-16中查到一季度预计销售及管理费用为45.195万元，从【做中学6-15】中查到欣荣公司2015年预计财务费用为16 000元，则：

一季度预计财务费用=16 000÷4÷10 000=0.4（万元）

一季度预计利润总额=224.915-45.195-0.4=179.32（万元）

一季度预计所得税=179.32×25%=44.83（万元）

一季度预计净利润=179.32-44.83=134.49（万元）

同理，可以计算出二季度、三季度、四季度的毛利、利润总额、净利润等与预计利润表有关的指标，并编制出欣荣公司2015年预计利润表（见表6-19）。

表6-19　　欣荣公司2015年预计利润表　　单位：万元

项目	一季度	二季度	三季度	四季度	本年合计
销售收入	335.000	412.000	430.000	423.000	1 600.000
减：销售税金及附加	3.655	4.495	4.691	4.615	17.456
销售成本	106.43	131.134	136.21	135.432	509.206
毛　利	224.915	276.371	289.099	282.953	1 073.338
减：销售及管理费用	45.195	45.504	45.310	33.991	170.000
财务费用	0.400	0.400	0.400	0.400	1.600
利润总额	179.32	230.467	243.389	248.562	901.738
减：所得税	44.83	57.617	60.847	62.141	225.435
净 利 润	134.49	172.85	182.542	186.421	676.303

二、预计资产负债表

预计资产负债表是指以货币为计量单位反映预算期期末财务状况的总括性预算。预计资产负债表是在基期期末资产负债表的基础上，对预算期的生产预算、销售预算、成本预算调整后编制的。编制预计资产负债表的目的是判断预算反映的财务状况的稳定性和流动性。通过预计资产负债表的分析，发现反映企业预算期资产营运能力、偿债能力、盈利能力的财务比率不佳，可以及时修改预算，调整经营策略，以改善财务状况。

【做中学6-19】欣荣公司2014年资产负债表的期末数就是2015年的年初数，2014年年末固定资产余额为841万元、累计折旧余额为320万元、普通股余额为571万元、留存收益为84.67万元，其余数据在【做中学6-7】至【做中学6-18】中已使用过，即表6-20年初数一栏的数据，2015年预计分配股利为293.97万元。

要求：根据【做中学6-7】至【做中学6-18】的资料，编制欣荣公司2015年的预计资产负债表。

从表6-18中查到2015年年末现金余额为25.244万元。

从表6-8中查到2015年第四季度的销售收入为423万元，直接收到的现金占销售收入的70%，则：

2015年年末应收账款余额=423×(1-70%)=126.9（万元）

从表6-10中查到2015年年末甲、乙两种材料的结存量分别为12 800千克、8 400千克，甲、乙两种材料的市场单价分别为2元/千克、10元/千克，则：

2015年原材料的期末余额=12 800×2+8 400×10=109 600（元）

从表6-14中查到2015年年末A产品的结存成本为35 532元，从表6-15中查到2015年年末B产品的结存成本为70 069元，则：

2015年年末A、B产品结存成本=35 532+70 069=105 601（元）

从表6-17中查到2015年增加的固定资产为180 000元，则：

2015年固定资产的期末余额=841+18 0000÷10 000=859（万元）

从表6-13中查到2015年计提的折旧额为578 120元，则：

2015年累计折旧的期末余额=320+578 120÷10 000=377.812（万元）

从表6-18中查到2015年增加的有价证券投资为437万元，则2015年证券投资的期末余额为437万元。

从表6-10中查到2015年第四季度预计采购成本总额为846 144元，当期现金购买材料成本为507 686元，则：

2015年应付账款的期末余额= 846 144-507 686=338 458（元）

从表6-19中查到2015年应交所得税为225.435万元，从表6-18中查到2015年预交所得税为225.435万元，则：

2015年应交所得税的期末余额=225.435-225.435=0（万元）

从【做中学6-15】和表6-18中查到企业年初已有应付债券20万元，本年并没有增加，则2015年应付债券期末余额为20万元。

从表6-19中查到2015年预计净利润为676.303万元，则：

2015年留存收益的期末余额=84.67+676.303-293.97=467.004（万元）（含尾数差额调整）

表6-20 欣荣公司2015年预计资产负债表 单位：万元

资产	期初数	期末数	负债和所有者权益	期初数	期末数
库存现金	30.000	25.244	应付账款	47.000	33.846
应收账款	150.000	126.900	应付所得税	0.000	0.000
原　材　料	6.800	10.960	长期借款	0.000	0.000
产　成　品	14.870	10.560	应付债券	20.000	20.000
固定资产	841.000	859.000	普通股股本	571.000	571.000
累计折旧	320.000	377.812	留存收益	84.670	467.004
证券投资	0.000	437.000			
合计	722.67	1 091.85	合计	722.67	1 091.85

【思考】财务预算编制的准确与否对企业而言非常关键。同时，现金预算、预计利润表和预计资产负债表这三表之间存在一定的勾稽关系。你能发现什么样的勾稽关系？

任务4 财务控制基础

一、财务控制的含义

控制是对一个组织的活动进行约束和调节，使其按照预定的目标发展。财务控制是指按照一定的程序和方式确保企业内部机构及其人员全面落实财务预算，实现对企业资金的取得、投放、使用和分配过程的控制。

财务控制是以财务预算为目标的，而财务预算所包括的现金预算、预计利润表、预计资产负债表都是以价值形式反映的，所以财务控制也是借助于价值手段进行的，是一种价值控制。财务控制以价值为手段把各种性质不同的业务综合在一起控制，而且将不同岗位、不同部门、不同层次的业务活动进行综合，表现为对资产、成本、利润等综合指标的控制，所以财务控制也是一种综合控制。企业日常财务活动表现为组织现金流量的活动，财务活动要有效地筹集和使用资金是以现金预算为依据来组织现金流量的，财务控制是以现金流量为控制目的的。

二、财务控制的种类

（一）按控制的主体分类

财务控制按照控制主体可以分为出资者财务控制、经营者财务控制、财务部门财务控制。

1.出资者财务控制

出资者财务控制是指资本所有者为了实现资本保全、资本增值，对企业财务收支活动进行的控制，如对成本开支范围和标准的规定等。

2.经营者财务控制

经营者财务控制是指企业管理者对企业的财务收支活动进行的控制。其目的是更好地控制企业的日常生产和经营，实现财务目标。这些控制是通过经营者制定财务决策目标并促使目标执行来实现的，如企业的筹资、投资、资产运用等。

3.财务部门财务控制

财务部门财务控制是指对企业日常财务活动进行的控制，保证企业现金的供给，如对各种货币资金用途的审查等。

（二）按控制的对象分类

财务控制按照控制对象可以分为收支控制和现金控制（或货币资金控制）。

1.收支控制

收支控制是指对企业和各责任中心的财务收入、财务支出活动所进行的控制。通过收支控制来达到企业的收入目标，尽量减少成本开支以实现企业利润最大化。

2. 现金控制

现金控制是指对企业和各责任中心的现金流入、现金流出活动进行的控制。其目的是实现现金流入和流出的基本平衡，防止因现金短缺和现金沉淀而给企业带来损失。

（三）按控制的时间分类

财务控制按照控制的时间可以分为事前财务控制、事中财务控制、事后财务控制。

1. 事前财务控制

事前财务控制也称原因控制，是指单位为防止财务资源发生偏差，在财务收支活动尚未发生之前进行的控制，如在财务收支活动发生之前的申报审批制度等。

2. 事中财务控制

事中财务控制也称过程控制，是指在财务收支活动发生过程中进行的控制。其目的在于及时发现问题，避免重大损失，如对各项收入的去向和支出的用途进行监督等。

3. 事后财务控制

事后财务控制也称结果控制，是指对财务收支活动的结果进行的考核及相应的奖罚。如按财务预算的要求对各责任中心的财务收支结果进行评价，并以此为标准实施奖惩。

（四）按控制的依据分类

财务控制按照控制的依据可以分为预算控制和制度控制。

1. 预算控制

预算控制是指以财务预算为依据对预算执行主体的财务收支活动进行监督和调整。预算规定了执行主体的行为、责任和奋斗目标。

2. 制度控制

制度控制是指以企业内部规章制度为依据约束企业和各责任中心的财务收支活动。制度往往规定能做什么、不能做什么。与预算控制相比较，制度控制更具有防护性，而预算控制更具有激励性。

（五）按控制的手段分类

财务控制按照控制的手段可以分为绝对控制和相对控制。

1. 绝对控制

绝对控制是指对企业和责任中心的财务指标采用绝对额进行的控制。对于约束性指标，用绝对额控制最高限度；对于激励性指标，用绝对额控制最低限度。

2. 相对控制

相对控制是指对企业和责任中心的财务指标采用相对比率进行的控制。相对控制具有反映投入与产出对比、开源与节流并重的特征。相对控制的弹性比绝对控制的弹性大。

任务5 财务控制实施

企业为了实现有效的内部控制与协调，通常要按照统一领导、分级管理的原则，在其内部划分合理的责任单位，这种责任单位就称为责任中心。各责任单位应明确承担的经济责任和享有的权利以及可获得的利益，各尽其职、各负其责。

责任中心具有以下特征：

（1）责任中心是一个权责利相统一的实体。每一个责任中心都要对某些财务指标的完成情况负责，责任中心也具有与其责任相适应的权利。

（2）责任中心具有承担经济责任的条件。责任中心必须具有履行经济责任的行为能力，一旦不能履行经济责任，要有能力对由此产生的后果负责。

（3）责任中心所承担的责任和行使的权利都应是可控的。责任中心对其职责范围内的收入、成本、利润和投资都要负责，所以，要求这些内容必须是该责任中心能够控制的，考核责任中心的业绩时只能对该中心所能控制的项目进行考核。

（4）责任中心具有单独核算、业绩评价的能力。只有单独核算，责任中心的工作业绩才能得到正确评价，所以，既能分清责任，又能进行独立核算的企业内部单位，才是真正意义上的责任中心。

根据企业内部责任单位的权限范围及业务活动特点，责任中心可以划分为：成本中心、利润中心和投资中心。

一、建立责任中心

（一）建立成本中心

1.成本中心的含义

成本中心是指对成本或费用承担责任的责任中心。它不形成用货币计量的收入，也不对其收入、利润、投资负责，着重考核其所发生的成本和费用。成本中心一般包括企业的产品生产部门、劳务提供部门、管理部门等。成本中心可以在广泛的范围内应用，任何发生成本的责任领域都可以确定为成本中心，如分厂、车间、班组、个人等。成本中心由于层次、规模不同，控制和考核的内容也不尽相同，往往是逐级控制，即各个较小的成本中心构成一个较大的成本中心。成本中心的职责是在完成规定任务的同时把成本控制在规定的范围内。

2.成本中心的类型

成本中心有两种类型：标准成本中心和费用中心。

标准成本中心是指有稳定、明确的产品，可测算出单位产品成本的责任中心。标准成本中心的典型代表是制造业的工厂、车间、班组等。这类责任中心的每种产品都有明确的直接材料费用、直接人工费用和制造费用标准，可以实施标准成本制度和弹性预算制度控制成本。它是以实际产出量为基础，按照标准成本进行成本控制的成本中心。

费用中心是指投入与产出间没有密切关系的责任中心。它包括各种管理费用和一些间接成本项目，如广告费、保险费、修理费，这类费用一般与产出量没有直接关系，往往采用预算总额审批的控制方法。

3.成本中心的特征

（1）成本中心只考核成本费用。成本中心往往没有经营权和销售权，不会形成用货币计量的收入。例如，某一个生产车间生产出的产品是产成品的一个部件，无法单独出售，所以不能计量其货币收入。有的成本中心可能有少量的收入，但这种收入是零星发生的，没有考核的必要。企业中的大多数生产单位只能提供成本费用信息，所以只能以货币的形式衡量投入而不能衡量产出，这是成本中心的基本特征。

（2）成本中心只对可控成本负责。凡是责任中心能够控制的耗费就称为可控成本；凡是责任中心不能控制的耗费就称为不可控成本。可控成本要同时具备以下条件：可以预计将要发生的成本；对发生的成本能够计量；成本能够调节和控制。成本的可控性和不可控性是相对的，从企业的主体层次上看，几乎所有的成本都是可控的成本；而对于企业内部各部门、各车间来说，既有可控成本，也有不可控成本。较低层次责任中心的可控成本一定是其所属较高层次的责任中心的可控成本，而较高层次的责任中心的可控成本不一定是较低层次的责任中心的可控成本。有些成本对某一层次的责任中心来说是可控的，但对另一责任中心来说，这些成本就可能是不可控的。例如，材料成本对采购部门是可控的，而对生产部门则是不可控的。

（3）成本中心控制和考核的对象是责任成本。责任成本是在具体的责任单位内以其承担的责任为范围进行成本归集，对成本中心的业绩的考核也是将实际责任成本和预算责任成本进行比较，正确评价其工作业绩。应当注意，责任成本不同于产品成本，这是成本的计算目的和用途不同造成的。责任成本是责任中心生产耗费的结果，它是以责任中心为对象进行归集的。产品成本是生产成品耗费的结果，它是以产品为对象进行归集的。

（4）成本中心的考核指标。这是指这将成本中心发生的实际责任成本和预算责任成本进行比较，评价成本中心业绩的好坏。其考核指标主要包括成本（费用）降低额和降低率，计算公式为：

$$\text{成本（费用）降低额}=\text{预算责任成本（费用）}-\text{实际责任成本（费用）}$$

$$\text{成本（费用）降低率}=\frac{\text{成本(费用)降低额}}{\text{预算责任成本(费用)}}\times 100\%$$

在对成本中心进行考核时，若实际产量与预算产量不一致，要按弹性预算的编制方法调整预算责任成本（费用）指标，然后再计算。调整时的计算公式为：

$$\text{预算责任成本（费用）}=\text{实际产量}\times\text{单位预算责任成本}$$

【做中学6-20】欣荣公司一车间生产A产品，预算产量为69 800件，单位成本的预算额为33.48元，实际产量为70 000件，实际单位成本为31元，一车间作为一个成本中心，要求：计算一车间成本降低额和降低率。

成本降低额=70 000×33.48-70 000×31=173 600（元）

成本降低率=173 600÷(70 000×33.48)×100%=7.4%

【思考】在企业内部建立成本中心、实施财务控制、对建立的成本中心运用成本（费用）变动额和成本（费用）变动率指标进行考核，其考核的目的是什么？

（二）建立利润中心

1.利润中心的含义

利润中心是指对利润负责的责任中心。利润等于收入减去费用的余额，所以利润中心实际上既对收入负责，也对成本费用负责，它主要是指企业内部有产品经销权或提供劳务、服务的部门。在同一个企业中，利润中心处于较高层次，它比成本中心的权利和责任大。它具有稳定的、独立的收入来源。它不仅要考虑收入的增长，还要考虑成本的降低。利润中心要使收入的增长超过成本的增长，这是它的追求目标。

2.利润中心的类型

利润中心有两种类型：自然利润中心和人为利润中心。

（1）自然利润中心。

自然利润中心是指能对外销售产品并取得实际收入的利润中心。它具有产品的销售权、价格决策权、材料采购权。它往往是企业内部的一个部门，但功能与独立企业类似，能独立地控制成本并取得收入。

（2）人为利润中心。

人为利润中心是指按照内部转移价格在企业内部销售产品，从而取得内部销售收入的利润中心。它往往具有独立经营权，与其他责任中心一起确定合理的内部转移价格，以实现利润中心的功能和责任。人为利润中心要具备的条件是：向其他责任中心提供产品或劳务并能合理确定内部转移价格。

3.利润中心的考核指标

对利润中心的考核涉及成本的计算。利润中心的成本计算有以下两种方式：

（1）利润中心只计算可控成本。这种方式对不可控成本和共同成本难以合理分割的都不进行计算。按这种方式计算得到的利润就是边际贡献总额，因为责任中心可控制的主要是变动成本，利润中心的利润指标要经过调整才能得到，这时利润中心就失去了本来的意义变成了边际利润中心。人为的利润中心适合采用这种方式。其考核指标的计算公式为：

利润中心边际贡献总额=该中心销售收入－该中心可控成本

（2）利润中心既计算可控成本，也计算共同成本或不可控成本。只有在共同成本易于分割时，自然利润中心才使用这种方式。如果使用变动成本法，考核指标的计算公式为：

利润中心边际贡献总额=该中心销售收入－该中心变动成本

部门可控边际贡献总额=该部门边际贡献－该部门可控固定成本

部门边际贡献=该部门可控边际贡献总额－该部门不可控固定成本

部门税前利润=各部门边际贡献之和－企业管理费用等期间费用

（三）建立投资中心

1.投资中心的含义

投资中心对成本和利润负责，同时对投资效果负责，投资目的是获得利润，所以投资中心也是利润中心。它与利润中心的主要区别为：①利润中心没有投资决策权，投资中心能相对独立地运用它所掌握的资金进行投资，扩大和缩小生产能力；②投资中心处于责任中心的最高层次，具有的决策权最大，承担的责任也最大；③投资中心一般是独立法人，利润中心不一定是独立法人。大型集团公司的分公司或子公司一般都是投资中心。

2.投资中心的考核指标

投资中心的考核指标主要有投资利润率和剩余收益。

（1）投资利润率也称投资报酬率，是投资中心所获得的利润与投资额的比例。其计算公式为：

投资利润率=利润÷投资额×100%

用投资利润率评价投资中心业绩的优点：①能反映出投资中心的综合盈利能力；②可对不同投资额的投资中心的业绩大小进行比较，横向可比性强；③能够正确引导投资中心的经营管理行为，促使其为长期获取利润而努力；④只有减少不合理资产的占有量，同时提高利润，才能提高投资利润率，这会促使投资中心盘活闲置资产，加强对应收账款和固定资产的管理。

用投资利润率评价投资中心业绩的缺点：①利润在计算时受到人为的影响，使计算出来的投资利润率指标无法反映投资中心的实际盈利能力；②投资利润率指标会促使各个投资中心只关心本中心的利益，而放弃对整个企业有利的投资项目，缺乏全局观念。

（2）剩余收益是指用投资中心获得的利润减去其最低投资收益后的余额。其计算公式为：

剩余收益=利润−投资额×预期最低投资收益率

用剩余收益作为投资中心业绩评价指标的基本要求是：当投资利润率大于预期的最低收益率时，该投资就是可行的。该指标可以避免投资中心单纯追求利润而放弃对企业有利的投资项目，使资金使用效率得以提高。在确定预期最低收益率时，往往将企业平均利润率作为标准。

二、责任预算、责任报告和业绩考核

（一）责任预算

责任预算是指以责任中心为对象，以可控的成本、收入、利润、投资为内容编制的预算。它是责任中心努力的目标，也是考核责任中心业绩的标准。它能将责任目标量化，可以作为对总预算的补充。

责任预算由各种责任指标组成，本章前面所涉及的各个责任中心的考核指标就是其主要责任指标。它反映了各种不同类型责任中心之间责任和义务的区别，是必须保证实现的指标。除此之外，还有其他责任指标，它们是根据企业其他奋斗目标分解得到的，或是为了保证主要责任指标的完成而必须完成的指标。

责任预算编制的程序有两种：一种是在总预算的基础上，从责任中心的角度对总预算进行分解，形成各责任中心的具体预算。这种方式能使各责任中心目标与企业总目标一致，便于统一指挥和协调，但可能会抑制各责任中心的工作积极性和创造性。另一种是采取自下而上的方式，即在各个责任中心根据自身情况编制预算的基础上，经过层层汇总，最终由企业专门管理机构进行汇总和调整，并进行企业总预算的编制。这种方式有利于发挥各责任中心的积极性，并且考虑了各责任中心的实际能力，但是各责任中心往往只从自身考虑问题，使各责任之间难以协调，加大了工作难度，影响了预算的质量和编制的及时性。

责任预算编制程序与企业组织机构设置和经营管理方式的不同有着密切的联系。在集权的组织结构形式下，企业权力集中，责任预算应当采用自上而下逐级分解的方式进行；在分权组织机构形式下，经营管理权分散，为发挥各责任中心的积极性和创造性，责任预算的编制应当采用自下而上、层层汇总和协调的编制程序。

【思考】所有企业都应编制全面预算，实行财务内部控制的企业还应编制责任预算。请问：全面预算与责任预算之间存在什么样的关系？

（二）责任报告

微课：责任报告与责任预算

责任报告是指根据责任会计记录编制的反映责任预算执行的实际情况的会计报告。责任报告的形式有报表、数据分析、文字说明等。将责任预算的实际执行情况及产生的差异用报表列示出来是责任报告的基本形式。在揭示差异时，必须对重大差异进行定量和定性分析。通过定量分析了解差异产生的程度，通过定性分析确定差异产生的原因，并提出改进意见。根据企业管理层次的不同，责任报告的侧重点有所不同。层次越低，责任报告越详细；层次越高，责任报告越概括、简略。责任报告在反映责任中心预算执行情况时，应突出重点，着重反映差异突出的部分，使报告的使用者把注意力集中到严重脱离预算的项目或因素上。责任中心是逐级设置的，责任报告也应当自上而下逐级编制。

【思考】责任报告由谁撰写，由谁考核，又由谁实施激励？

（三）业绩考核

业绩考核是责任会计的重要过程，它是以责任报告为依据，分析和评价各责任中心责任管理的实际执行情况，查原因、找差距，考核各责任中心的工作成果，根据考核结果进行奖惩，促使各个责任中心及时纠正偏差、完成责任预算的过程。

责任中心的业绩考核有狭义和广义两种。狭义的业绩考核是对各责任中心的价值指标，如收入、成本、利润、资金占用等的完成情况进行考核；广义的业绩考核除上述内容外，还有对各责任中心的非价值指标的完成情况进行考核。责任中心的业绩考核可以是年终考核与日常考核相结合。年终考核是指年度终了或预算期结束时对责任预算执行结果的考核，为进行奖惩和编制下一年度或下一预算期的预算提供依据。日常考核是在年度内或在预算期内对责任执行过程进行考核，通过信息反馈，控制和调节责任预算执行的偏差，保证责任预算的落实。

1.成本中心业绩考核

成本中心是企业最基础的责任中心，只对其可控成本进行业绩考核。成本责任中心业绩考核是将实际可控成本与责任成本进行比较，确定差异的性质、数额、原因，根据差异分析的结果对成本中心进行奖惩，使成本中心不断降低成本。

2.利润中心业绩考核

利润中心的业绩考核要以销售收入、边际贡献、息税前利润为重点进行分析和评价，将一定期间的实际利润与预算利润进行比较，分析差异以及其产生的原因，对经营上存在的问题和取得的成绩进行全面的、公正的评价。不属于本责任中心的收入和费用，即使在本责任中心实际支付，在考核时也应当剔除。

3.投资中心业绩考核

投资中心是企业最高一级的责任中心，其业绩考核包括投资中心的收入、成本、利润、资金占用指标的完成情况，应重点考核投资利润率和剩余收益两项指标，将投资中心的实际数和预算数进行比较，分析差异，查找原因，进行奖惩。投资中心层高、管理范围广、内容复杂，只有在考核时仔细深入、依据充分、责任落实具体，才会起到应有的作用。

【思考】对责任中心的业绩考核依据是责任预算和各责任中心的责任报告。请问对成本中心、利润中心和投资中心业绩考核的重点指标分别是什么？

三、责任结算与核算

（一）内部转移价格

1.内部转移价格的含义

内部转移价格是指企业内部各个责任中心之间转移中间产品或提供劳务而发生的内部结算和进行内部责任结转所使用的结算价格。采用内部转移价格进行内部结算，能使两个责任中心之间的关系类似于市场交易的买卖关系。在价格确定的情况下，责任中心的卖方必须改善经营管理，不断降低成本费用，以收抵支；责任中心的买方在有一定的买入成本的前提下，要不断降低自身加工成本费用，提高成品或劳务的质量，争取获得更多的利润。

内部转移价格与市场价格不同，内部转移价格使内部责任单位处于模拟市场竞争关系之中，不是真正意义的市场竞争双方。买卖双方同处于一个企业之中，在其他条件不变的情况下，内部转移价格变化会使买卖双方的收入和利润呈反方向变化，即提高内部转移价格，增加了卖方的收入和利润，同时减少了买方内部利润，卖方增加的利润等于买方减少的利润，所以，从企业总体上看，内部转移价格不论怎样变动，企业利润总额不变，变动只产生在各责任中心的利润分配上。

2. 内部转移价格的制定原则

内部转移价格的正确制定有助于明确各责任中心的经济责任，使责任中心业绩考核建立在客观、公正的基础上，也使各责任中心的经济责任、工作绩效数量化，为制定正确的经营决策提供依据。因此，在制定内部转移价格时要遵循以下原则：①全局性原则。在制定内部转移价格时，要使企业的整体利益高于责任中心利益。由于内部转移价格的制定关系到各个责任中心利润的大小，每一个责任中心为了自身的利益必然会争取最好的条件，所以在利益冲突的情况下，企业要从整体利益出发，制定内部转移价格，使企业利润最大化。②自主性原则。在保证企业整体利益的前提下，承认各责任中心的独立性，允许各个责任中心通过讨价还价和反复协商来确定内部转移价格，给予责任中心最大的自主权。③公平性原则。内部转移价格的制定应公正合理，要考虑责任中心的经营能力和经营业绩的配套情况，防止某些部门因价格上的缺陷而获得一些额外的利益或形成额外的损失。

3. 内部转移价格的类型

（1）市场价格。

市场价格简称市价，是责任中心在确定内部转移价格时，以产品或劳务的市场交易价格作为计价标准。能采用市场价格作为内部转移价格的责任中心往往都具有独立法人地位，能自主决定产品的生产数量、产品的出售数量、产品的购买数量及相应的价格。西方国家通常认为市场价格是制定内部转移价格的最好依据，因为公平、公开的市场竞争决定了市场价格，市场价格也会使各责任中心之间进行公正的竞争。

以市场价格作为转移价格、各责任中心进行内部转让时，应注意以下两个问题：第一，在中间产品有外部市场、可从外部单位购买或向外部单位销售时，以市场价格作为内部转移价格并不表明应该以市场价格作为结算价格，因为纯粹的市场价格一般包括销售费用、广告费用等期间费用，而这些期间费用可以在企业内部产品转移中避免。所以，如果直接用市场价格作为结算价格，那么这部分费用就会直接变成制造方的利润，而使用方将很难实现成本节约。为了使利益在各个责任中心的分配更趋于公平，应对市场价格作一些必要的调整，将可以避免的期间费用从市场价格中剔除，然后确定内部转移价格。第二，以市场价格作为标准来制定内部转移价格时，往往要假设中间产品有完全竞争的市场或提供中间产品的部门没有闲置的生产能力。

（2）协商价格。

协商价格也称议价，是企业内部责任中心的买卖双方以正常市场价格为基础，通过反复协商所确定的双方都能够接受的价格。采用协商价格，要求各个责任中心转移的产品在非竞争性市场上进行买卖是可能的，并且在这种市场内买卖双方有权自行决定是否买卖该种中间产品。如果买卖双方不能自行决定，或当买卖双方发生矛盾而又不能自行解决，或买卖双方协商定价不能实现企业最优决策时，要由企业高一级的管理层进行必要的干预。这种干预要以有限的、得体的谈判形式进行，不能使干预变成上级领导决定一切。

协商价格要以市价为上限，以单位变动成本为下限，具体价格应由各相关责任中心在这一范围内协商确定。当产品或劳务没有适当的市价时，可以采用协商作价方式来确定。通过各相关责任中心讨价还价，形成企业内部模拟“公允市价”，并以此作为计价的基础。

协商价格存在一定的缺陷：一是协商定价花费的人力、物力和时间较多；二是当各个责任中心协商定价出现相持不下的情况时，需要企业高层领导裁定，这样会弱化分权管理的作用。

（3）双重价格。

双重价格是责任中心买卖双方采用不同的内部转移价格作为本中心的计价标准。例如，对产品或半成品的供应方，可以按照市场价格计价，而对使用方则可按照供应方的产品或半成品的单位变动成本计价，其差额由会计人员最终调整。采用双重价格的原因是，使用内部转移价格主要是为了对企业的各责任中心的业绩进行评价、考核，所以相关责任中心所采用的价格并不需要完全一致，可以分别选用对责任中心最有利的价格作为计价依据。双重价格有两种形式：一是双重市场价格，即当某种产品或劳务在市场上出现几种不同的价格时，卖方采用最高市价，买方则采用最低市价。二是双重转移价格，即卖方按市场价格或议价作为计价基础，而买方则按供应方的单位变动成本作为计价基础。

双重价格的好处是既可以较好地满足买卖双方的不同需要，也能激励买卖双方在经营上充分发挥他们的主动性和积极性。

采用双重价格，要求内部转移的产品或劳务有外部市场、供应方有剩余的生产能力而且其单位变动成本要低于市价。

（4）成本转移价格。

成本转移价格是以产品或劳务的成本作为基础制定的内部转移价格。按照不同的成本概念，可以把成本转移价格划分为多种不同形式，其中广泛使用的成本转移价格有以下三种：一是标准成本，就是以产品（半成品）或劳务的标准成本为内部转移价格。它主要适用于成本中心产品（半成品）的转移。二是标准成本加成，就是按照产品（半成品）或劳务的标准成本加上一定的合理利润作为计价基础。三是标准变动成本，就是以产品（半成品）或劳务的标准变动成本为内部转移价格。这样便于考核各责任中心的业绩，也有利于作出经营决策。

（二）内部结算方式

企业内部各责任中心之间发生的经济业务往来，要按照一定的方式进行内部结算，通常采用的结算方式有：

1. 内部支票结算方式

内部支票结算方式是指由付款方签发内部支票，通知内部银行从付款方账户中支付款项的结算方式。这种结算方式分为签发、收受和银行转账三个环节。签发是指由付款方根据有关原始凭证或业务活动证明签发内部支票并交付收款方；收受是指收款方接受经过审核无误的付款方开来的支票；银行转账是指收款方将支票送存内部银行并办理收款转账。内部支票通常是一式三联：第一联为收款凭证，第二联为付款凭证，第三联为内部银行记账凭证。内部支票结算方式主要适用于收款方和付款方直接见面进行经济往来的业务结算。

2. 转账通知单方式

转账通知单方式是指由收款方根据原始凭证或业务活动证明签发转账通知单，通知内部银行将转账通知单转交给付款方，让付款方付款的结算方式。转账通知单通常是一式三联：第一联为收款方的收款凭证，第二联为付款方的付款凭证，第三联为内部银行的记账凭证。这种结算方式适用于买卖双方发生经常性往来业务，并且双方信誉较好的情况。它手续简便、结算及时，但如果付款方有异议，则可能出现拒付的情况。

3.内部货币结算方式

内部货币结算方式是指用内部银行发行的限于企业内部流通的货币（包括资金本票、内部货币、流通券等）进行内部往来结算的一种方式。这种结算方式是典型的“一手钱，一手货”的结算方式。它比银行支票结算方式更直观，能够强化各责任中心的价值观念、核算观念、经济责任观念。但是它具有携带不方便、清点麻烦、保管困难等缺点。因此，在一般情况下，小额零星往来业务用内部货币结算，大宗业务用内部银行支票结算。

（三）责任成本的内部结转

责任成本的内部结转又称责任转账，是在生产经营过程中，对不同原因造成的各种损失，由理应承担损失的责任中心对实际发生或发现损失的责任中心进行损失赔偿的账务处理过程。

企业内部各责任中心在生产经营过程中，常常会发生责任成本发生的责任中心与理应承担责任成本的中心不是同一个责任中心的情况，为分清责任，需要将这种责任成本进行结转。例如，生产车间耗用的原材料损失是因为供应部门购入不合格材料，由此引起的材料成本的增加额或废品损失的增加额要由生产车间转给供应部门，由供应部门承担。

责任转账的目的是划清各个责任中心的成本责任，使不应该承担损失的责任中心在经济上得到合理的补偿，明确责任界限，为业绩考核、评价及奖惩奠定基础。

责任转账方式有直接货币结算方式和内部银行转账方式。直接货币结算方式是把内部货币直接支付给损失方；内部银行转账方式是在内部银行所设立的账户之间进行划转。

项目小结

本项目主要知识点归纳总结见表6-21。

表6-21 本项目主要知识点归纳总结

主要知识点	内　容	
财务预算的方法	按业务量基础的数量特征	固定预算 弹性预算
	按编制基础	增量预算 零基预算
	按预算期时间特征	定期预算 滚动预算
现金预算的编制	编制业务预算 编制现金预算	
预计财务报表编制	编制预计利润表 编制预计资产负债表	
财务控制基础	财务控制认知 财务控制种类	
财务控制实施	建立责任中心 编制责任预算、责任报告，完成业绩考核 责任结算与核算	

项目七　财务分析

学习目标

知识目标

1. 了解财务分析的目的、基础和基本方法。
2. 熟悉偿债能力、营运能力、获利能力、成长能力的分析法。
3. 掌握企业财务状况的趋势分析和综合分析的方法。

技能目标

1. 通过财务分析，了解企业的财务状况、盈利能力。
2. 通过财务分析，能对企业的偿债能力、资本结构、经营效率、发展能力等作出判断。
3. 通过财务分析，为企业作出正确的经营决策和改善经营管理提出建议。

态度目标

1. 能站在不同经济利益者的角度明确分析差异。
2. 能帮助国家经济管理部门、税务财政等部门加强税收征管工作并进行宏观调控。

工作情境与工作任务

财务报表是每个企业必须向财务报表使用者提供的重要会计资料。财务分析是以企业财务报告为主要依据，运用定性分析和定量分析方法，系统分析、评价企业的财务状况、经营成果及未来的发展前景，以期揭示企业经营活动的未来发展趋势，从而使企业提高管理水平、优化决策服务。根据一份完整的财务报告，作为投资者，你能否通过财务报表分析，判断自己的投资是否赚钱，赚多少钱，自己投资的企业的发展现状及前景如何，以及能否持续地获得分红？作为债权人，你能否通过财务报表分析，了解企业的信用状况，从而判断企业的偿债能力？作为企业的经营管理者，你能否通过财务报表分析，全面了解公司的盈利能力、偿债能力、资金效率、现金流量等，从而评估企业的财务状况和经营成果？作为其他的相关利益者，你能否通过财务报表分析，了解企业的财务状况、经营成果、现金流量，从而为后期的投资决策作出判断？

任务1 财务分析方法

财务分析方法就是根据分析对象、企业实际情况和分析者的不同采用不同的分析方法。其主要有比较分析法、比率分析法和因素分析法。

一、比较分析法

比较分析法是财务分析最常用，也是最基本的一种方法，是通过主要项目或指标数值变化的对比，计算差异额，分析和判断企业财务状况及经营成果的一种方法。

通过比较分析，可以发现差距，找出产生差异的原因，进一步判定企业的财务状况和经营成果；通过比较分析，可以确定企业生产经营活动的收益性和资金投向的安全性。

（一）比较分析法的分类

1.根据财务报表分析的要求与目的的不同进行比较

（1）实际指标与本公司以前多期历史指标比较。最典型的形式是本期实际与上期实际或历史最好水平的比较。这种比较可以把握公司前后不同历史时期有关指标的变动情况，了解公司财务活动的发展趋势和管理水平的提高情况。

（2）实际指标与计划或预算指标比较。它主要揭示实际与计划或预算之间的差异，掌握该项指标计划或预算的完成情况。

（3）本公司指标与国内外行业先进公司指标或同行业平均水平比较。这种比较能够找出本公司与国内外先进公司、行业平均水平的差距，明确本公司财务管理水平或财务效益在行业中的地位，推动本公司努力赶超先进水平。

2.根据指标数据形式的不同进行比较

（1）绝对数分析法。绝对数分析是将不同时期、相同项目的绝对金额进行比较，以观察其绝对额的变化趋势。

【做中学7-1】森豪服装公司成立于2010年，其主要业务是产销各式女装。每年春秋两季是公司的营业旺季，其销售额约占公司全年销售额的60%。为配合业务需要，公司采用季节性生产方式生产。2011年3月，公司废除了原有的季节性生产方式，改为全年生产。

表7-1为森豪服装公司2013—2015年的利润情况。

表7-1 森豪服装公司2013—2015年的利润情况 单位：千元

	2013年度	2014年度	2015年度
销售收入	39 000	40 520	40 800
销售成本	31 760	32 600	32 960
销售费用	3 000	3 200	3 420
管理费用	1 920	2 160	2 187
财务费用	320	400	420
税前利润	2 000	2 160	1 813
所得税费用	500	540	453
净利润	1 500	1 620	1 360

森豪服装公司2013年的净利润是1 500 000元，2014年实现的净利润是1 620 000元，则2014年与2013年的利润差异是120 000元。

（2）相对数分析法。利用两个或两个以上的相对数指标进行对比，以解释这些相对数指标之间的数量差异。

【做中学7-2】承【做中学7-1】，森豪服装公司2013年的销售利润率是3.85%，2014年的销售利润率为4%，则2014年与2013年的销售利润率差异是0.15%。

（二）趋势分析法

在财务分析中，趋势分析法是最常用的比较分析法。趋势分析法是指通过对比两期或连续几期财务报告中的相同指标，确定其增减变动的方向、数额和幅度，来说明企业财务状况或经营成果的变动趋势的一种方法。这种方法可以分析引起变化的主要原因、变动的性质，并预测企业未来的发展前景。趋势分析法主要有以下三种方式：

1. 重要财务指标比较

重要财务指标比较是将不同时期财务报告中的相同指标或比率进行比较，直接观察其增减变动情况及变动幅度，考察其发展趋势，预测其发展前景。对不同时期财务指标进行比较，可以采用以下两种方法：

（1）定基动态比率。它是将某一时期的数值作为固定的基期指标数值，用其他各期数值与其进行对比分析。其计算公式为：

$$定基动态比率=分析期数值\div固定基期数值$$

【做中学7-3】承【做中学7-1】，以2013年为固定基期，分析2014年、2015年利润增长比率，则森豪服装公司：

2014年的定基动态比率=1 620÷1 500×100%=108%

2015年的定基动态比率=1 360÷1 500×100%=90.7%

（2）环比动态比率。它是以每一分析期的前期数值为基期数值计算出来的动态比率。其计算公式为：

环比动态比率=分析期数值÷前期数值

【做中学7-4】承【做中学7-1】，2014年、2015年利润环比动态比率计算如下：

2014年的环比动态比率=1 620÷1 500×100%=108%

2015年的环比动态比率=1 360÷1 620×100%=84%

2.财务报表比较

财务报表比较是指将连续数期的财务报表金额并列起来，比较其相同指标的增减变动金额和幅度，据以判断企业财务状况和经营成果发展变化的一种方法。运用该方法进行比较分析时，最好是既计算有关指标增减变动的绝对值，又计算其增减变动的相对值，这样可以有效地避免分析结果的片面性。

【做中学7-5】承【做中学7-1】，森豪服装公司2013年的净利润为1 500 000元，2014年的净利润为1 620 000元，2015年的净利润为1 360 000元。

绝对值分析：2014年与2013年相比，净利润增长了1 620-1 500=120（千元）；2015年与2014年相比，净利润增长了1 360-1 620=-260（千元），说明2015年的效益没有2014年的好，出现滑坡趋势。

相对值分析：2014年与2013年相比，净利润增长率为：120÷1 500×100%=8%；2015年与2014年相比，净利润增长率为：(-260) ÷1 620×100%=-16%。说明2015年的效益增长明显不及2014年。

3.财务报表项目构成比较

财务报表项目构成比较是在财务报表比较的基础上发展而来的，它是以财务报表中的某个总体指标为100%，计算出其各组成项目占该总体指标的百分比，从而比较各个项目百分比的增减变动，以此来判断有关财务活动的变化趋势。这种方式较前两种能更准确地分析企业财务活动的发展趋势。它既可用于同一企业不同时期财务状况的纵向比较，又可用于不同企业之间的横向比较。同时，这种方法还能消除不同时期（不同企业）之间业务规模差异的影响，有利于分析企业的耗费和盈利水平，但计算较为复杂。

（三）采用比较分析法时的注意事项

在采用比较分析法时，必须注意以下问题：

（1）用于进行对比的各个时期的指标，在计算口径上必须一致。

（2）必须剔除偶发性项目的影响，使作为分析的数据能反映正常的经营状况。

（3）应用例外原则，对某项有显著变动的指标作重点分析，研究其产生的原因，以便采取对策，趋利避害。

二、比率分析法

比率分析法是指利用两个指标之间的某种关联，通过计算经济指标的比率来考查、计量和评价经济活动变动程度的一种分析方法。比率分析主要分为构成比率分析、相关比率分析和效率比率分析三类。

（一）构成比率分析

构成比率是某项财务指标的各组成部分数值占总体数值的百分比，反映了部分与总体的关系。其计算公式为：

构成比率=某个组成部分的数值÷总体数值

财务分析中常用的构成比率有：市场占有率；某类商品销售额占企业总销售额的比率；流动资产、固定资产、无形资产占总资产的比率形成的企业资产构成比率；长期负债与流动负债占全部负债的比率；财务费用、销售费用和管理费用占费用总额的比率；营业利润、投资收益和营业外收支净额占利润总额的百分比构成的利润构成比率等。

（二）相关比率分析

相关比率是以某个项目和与其有关但又不同的项目加以对比所得的比率，反映了有关经济活动的相互关系。利用相关比率指标，可以考察企业相互关联的业务安排是否合理，以保障经营活动顺畅进行。常用的相关比率包括流动比率、速动比率、流动资产周转率、资产利润率等。

（三）效率比率分析

效率比率是某项财务中所费与所得的比率，反映投入与产出的关系。利用效率比率可以考察经营成果，评价经济效益。例如，将利润项目与销售成本、销售收入、资本等项目加以对比，可计算出成本利润率、销售利润率及资本利润率等指标，可以从不同角度观察、比较企业获利能力的高低以及增减变化情况。

比率分析法的优点是计算简便、计算结果容易判断，而且可以使某些指标在不同规模的企业之间进行比较，甚至也能在一定程度上超越行业间的差别进行比较。采用这一方法应注意对比项目的相关性、对比口径的一致性和衡量标准的科学性。

三、因素分析法

因素分析法是指依据分析指标与其影响因素的关系，从数量上确定各因素对分析指标影响方向和影响程度的一种方法。采用因素分析法既可以全面分析各因素对某一经济指标的影响，又可以单独分析某个因素对经济指标的影响，在财务分析中应用颇为广泛。因素分析法适用于多种因素构成的综合性指标的分析，如成本、利润、资金周转率等方面的指标。当若干因素对分析指标产生影响时，假定其他因素都无变化，按顺序确定每一个因素单独变化所产生的影响。

因素分析法是财务分析方法中非常重要的一种分析方法。运用因素分析法，可以准确计算各个因素对分析指标的影响方向和影响程度，有利于企业进行事前计划、事中控制和事后监督，促使企业进行目标管理，提高企业经营管理水平。因素分析法的使用需要注意几个问题，即因素分解的相关性、分析前提的假定性、因素替代的顺序性、顺序替代的连环性。

任务2 财务分析的内容

财务分析的主体不同、考虑的利益不同，在对企业进行财务分析时，他们有着各自的要求，这使得他们的财务分析内容既有共性，又有不同的侧重点。尽管侧重点不同，但就企业总体来看，财务分析的内容可归纳为偿债能力分析、营运能力分析、盈利能力分析和发展能力分析四个方面。

一、偿债能力分析

偿债能力是指企业偿还本身所欠债务的能力。对企业偿债能力进行分析，可以评价企业的财务状况，控制企业的财务风险，预测企业的筹资前景并且把握企业的财务活动。衡量偿债能力的方法有两种：一种是比较可供偿债资产与债务的存量，资产存量超过债务存量较多，则认为偿债能力较强；另一种是比较经营活动现金流量和偿债所需现金，如果产生的现金远多于需要的现金，则认为偿债能力较强。债务一般按到期时间分为短期债务和长期债务，因此偿债能力分析也分为短期偿债能力分析和长期偿债能力分析。

（一）短期偿债能力分析

短期偿债能力是指企业在短期内筹措资金的能力，以及在不变卖或处置固定资产的前提下偿还到期债务的能力。其主要分析企业能否及时偿还债务。企业在短期（一年或一个营业周期）需要偿还的负债主要包括流动负债、一年内到期的长期负债。因此，短期偿债能力衡量的是对流动负债的清偿能力。企业的短期偿债能力取决于短期内企业取得现金的能力，即在短期内能够转化为现金的流动资产的多少。所以，短期偿债能力比率也称为变现能力比率或流动比率，主要考察的是流动资产对流动负债的清偿能力。其衡量指标主要有营运资金、流动比率、速动比率和现金比率。

1.营运资金

营运资金是指流动资产超过流动负债的部分。其计算公式为：

营运资金=流动资产−流动负债

当流动资产大于流动负债时，营运资金为正，说明企业财务状况稳定，不能偿债的风险较小，但也有可能说明企业的闲置资金过多，资金没有得到充分的利用；反之，当流动资产小于流动负债时，营运资金为负，企业部分非流动资产以流动负债作为资金来源，企业不能偿债的风险较大。由于营运资金是绝对数，所以不便于用它来进行不同企业之间的比较。例如，当两个不同公司的营运资金相同时，我们如何判定其偿债能力的强弱？一般是按照营运资金占流动资产比例的大小，占比较大者偿债能力相对强一些。

在2014年以前，森豪公司一直可以顺利地在每年12月31日还款期限截止前将存货与应收账款转换成现金来还清全部的银行贷款。但在2014年和2015年，森豪公司无法如期还款（见表7-2）。

在2015年秋季销售结束后，森豪公司尚有相当多的存货。结果截至12月31日，公司仅能偿还总共432万元银行贷款中的一小部分（40万元），同时公司在支付应付账款方面也存在困难。公司认为，由于无法设计出迎合潮流的新款秋装，使得销售旺季远不如前。表7-2为公司2013—2015年的资产负债情况，表7-3为行业平均财务指标。

表 7-2　　森豪公司比较资产负债表　　单位：千元

项目	2013年12月31日	2014年12月31日	2015年12月31日
货币资金	880	560	480
应收账款	3 600	4 000	5 200
存货	4 200	7 200	12 000
流动资产合计	8 680	11 760	17 680
固定资产	3 180	3 992	5 884
资产总计	11 860	15 752	23 564
短期借款	0	1 560	3 920
应付账款	2 400	3 600	7 400
应付职工薪酬	600	780	1 000
应交税费	120	112	264
流动负债合计	3 120	6 052	12 584
长期借款	680	640	600
负债合计	3 800	6 692	13 184
股本	3 000	3 000	3 000
资本公积	2 400	2 400	2 400
留存收益	2 660	3 660	4 980
所有者权益合计	8 060	9 060	10 380
权益合计	11 860	15 752	23 564

表 7-3　　行业平均财务指标

流动比率	1.8
速动比率	1
存货周转率	7
应收账款平均收账期	30天
固定资产周转率	13.8次
总资产周转率	2.6
资产负债率	60%
销售净利率	3.2%
总资产报酬率	8.3%
股东权益报酬率	20%
利息保障倍数	8.2

【做中学 7-6】森豪公司2013年的营运资金为5 560千元，2014年为5 708千元，2015年为5 096千元，营运资金虽为正，但呈下降趋势。究其原因，发现森豪公司销售状况不利、销售收入增长缓慢是导致公司营运资金不足的直接原因。此外，公司的生产方式由季节性生产转化为全年性生产，资金需求量增大，资产扩充过快也是营运资金周转不灵的主要原因。

2.流动比率

流动比率是指企业流动资产与流动负债之比。其计算公式为：

$$流动比率=\frac{流动资产}{流动负债}$$

流动比率表明每1元流动负债有多少流动资产可以作为偿还的保障。流动比率越大，通常短期偿债能力越强。一般认为，生产企业合理的最低流动比率是2，这是因为流动资产中变现能力最差的存货金额约占流动资产总额的一半，剩下的流动性较大的流动资产至少要等于流动负债，企业短期偿债能力才会有保证。但在用流动比率作为评价指标时，要注意以下几个问题：

（1）流动比率高不意味着短期偿债能力一定很强，因为流动比率假设全部流动资产可变现清偿流动负债。实际上，各项流动资产的变现能力并不相同，而且变现金额可能与账面金额存在较大差异。因此，流动比率是对短期偿债能力的粗略估计，还需要进一步分析流动资产的构成项目。

（2）计算出来的流动比率，只有和同行业平均流动比率 、本企业历史流动比率进行比较后，才能知道这个比率是高还是低。这种比较通常并不能说明流动比率为什么这么高或低，要想找出过高或过低的原因，还必须分析流动资产和流动负债所包括的内容及经营上的因素。一般情况下，营业周期、流动资产中的应收账款和存货的周转速度是影响流动比率的主要因素。营业周期短、应收账款和存货的周转速度快的企业，其流动比率低一些也是可以接受的。

流动比率的缺点是该比率较容易被人为操纵，并且没有揭示流动资产的构成内容，只能大致反映流动资产整体的变现能力。另外，流动资产中包含存货这类变现能力较差的资产，如能将其剔除，则所反映的短期偿债能力将更加可信，这个指标就是速动比率。

3.速动比率

速动比率是指企业速动资产与流动负债之比。其计算公式为：

$$速动比率=\frac{速动资产}{流动负债}$$

构成流动资产的各项目，其流动性差别很大。其中，货币资金、交易性金融资产和应收款项可以在较短时间内变现，称为速动资产；其他流动资产，包括存货、预付款项、一年内到期的非流动资产等，属于非速动资产。速动资产主要剔除了存货，因为流动资产中存货的变现速度最慢，部分存货可能已经抵押，存货成本和定价可能存在差异。由于剔除了存货等变现能力较差的资产，速动比率比流动比率更准确、可靠地评价企业资产的流动性及偿还短期债务的能力。速动比率表明每1元流动负债有多少速动资产作为偿债保障。一般情况下，速动比率越大，短期偿债能力越强。由于通常认为存货约占流动资产的一半，因此剔除存货影响的速动比率至少是1。速动比率过低，企业将面临偿债风险；但速动比率过高，则会因占用现金及应收账款过多而增加企业的机会成本。影响此比率可信性的重要因素是应收账款的变现能力。因为应收账款的账面金额不一定都能转化为现金，而且对于季节性生产的企业来说，其应收账款金额存在季节性波动，根据某一时点计算出的速动比率不能客观反映其短期偿债能力。此外，使用该指标应考虑行业的差异性，如大量使用现金结算的企业，其速动比率大大低于1是正常现象。

在对企业短期偿债能力进行分析时，还要注意一些非报表数据对短期偿债能力的影响，它们有的来自财务报表附注，有的来自企业日常经营管理活动所反映的信息。特别要关注一些能够增强短期偿债能力的因素，如未用完的银行贷款指标、准备很快变现的非流动资产和公司良好的信誉等。同时，还要关注一些可能会减弱短期偿债能力的因素，如与担保有关的或有负债和合同中承诺的付款事项等。

【做中学7-7】森豪公司2013—2015年的流动比率分别为2.78、1.94、1.40，行业平均值为1.8；速动比率分别为1.44、0.75、0.45，行业平均值为1。可以看出，公司的流动比率和速动比率都呈现出逐年下降的趋势，并从高于行业平均水平降到低于行业平均水平。这说明企业的资产流动性在2013年还较好，之后就逐渐恶化，到2015年企业的短期偿债能力已经很差了。这其中很大一部分原因在于，近年来公司固定资产扩充过快，最近又动用了200万元购买设备，造成公司现金短缺，短期偿债能力变差。

4.现金比率

现金比率是指企业现金类资产与流动负债的比率。其反映了流动资产中有多少现金能够用于偿债。现金资产包括货币资金、交易性金融资产等。其计算公式为：

$$现金比率=\frac{货币资金+交易性金融资产}{流动负债}$$

现金比率是对流动比率和速动比率的进一步分析，相比流动比率和速动比率，其更加严格，因为现金流量是企业偿还债务的最终手段。如果企业缺乏现金，则可能发生支付困难，面临财务危机。现金比率高，说明企业有较好的支付能力，对短期债权人的保障程度高；但如果这个比率过高，可能是由于企业拥有大量不能盈利的现金和银行存款，企业的资产未能得到有效利用。一般而言，现金比率在0.2以上较好。

（二）长期偿债能力分析

长期偿债能力分析主要分析企业资产对债务本金的支持程度和对债务利息的偿付能力。长期偿债能力是指企业在较长的期间内偿还债务的能力。在长期内，企业不仅要偿还流动负债，还要偿还非流动负债。因此，长期偿债能力衡量的是对企业所有负债的清偿能力。企业对所有负债的清偿能力取决于其总资产水平，因此长期偿债能力比率考察的是企业资产、负债和所有者权益之间的关系。其财务指标主要有：资产负债率、产权比率、权益乘数和利息保障倍数。

1.资产负债率

资产负债率是指企业负债总额与资产总额之比。它表明企业资产总额中债权人提供资金所占的比重，以及企业资产对债权人权益的保障程度。其计算公式为：

$$资产负债率=\frac{负债总额}{资产总额}$$

资产负债率反映在总资产中有多大比例是通过负债取得的，可以衡量企业清算时资产对债权人权益的保障程度。当资产负债率高于50%时，表明企业资产的主要来源是负债，财务风险较大；当资产负债率低于50%时，表明企业资产的主要来源是所有者权益，财务比较稳健。这一比率越低，表明企业资产对负债的保障能力越强，企业的长期偿债能力越强。事实上，利益主体不同，看待该指标的立场也不同。从债权人的立场看，债务比率越低，企业偿债越有保证，贷款不会有太大风险。从股东的立场看，其关心的是举债的效益，当全部资本利润率高于借款利率时，负债比率越大越好，因为股东所得到的利润会加大。从经营者的立场看，其进行负债决策时，更关注如何实现风险和收益的平衡。资产负债率较低，表明财务风险较低，但同时也意味着可能没有充分发挥财务杠杆的作用，盈利能力也较低；而较高的资产负债率表明较大的财务风险和较高的盈利能力。只有当负债增加的收益能够弥补其增加的风险时，经营者才能考虑借入负债。在风险和收益实现平衡的条件下，是选择较高的负债水平还是较低的负债水平，则取决于经营者的风险偏好等多种因素。在分析资产负债比率时，一般要考虑以下几个方面的问题：(1) 结合营业周期。对于营业周期短的企业来说，由于其资产周转速度快，所以可以适当提高资产负债率；(2) 结合资产构成。流动资产占比较大的企业可以适当提高资产负债率；(3) 结合企业经营状况。兴旺期间的企业可适当提高资产负债率；(4) 结合客观经济环境，如利率和通货膨胀率水平。如果利率提高，则会提高企业负债的实际利率水平，加大企业的偿债压力，所以应降低资产负债率。(5) 结合资产质量和行业差异等。

【做中学 7-8】森豪公司2013—2015年的资产负债率分别为32%、42.5%、55.9%，行业平均值为60%。企业的资产负债率有上升的趋势但仍旧低于行业平均水平，反映了企业具有较强的长期偿债能力，但也有可能是因为企业没有充分利用负债经营带来的财务杠杆作用。

2. 产权比率

产权比率又称负债权益比率，是指负债总额与所有者权益总额之比。它反映的是债权人所提供的资金与所有者提供的资金之间的比例及企业投资者承担风险的大小，是企业财务结构稳健与否的重要标志。其计算公式为：

$$产权比率=\frac{负债总额}{所有者权益总额}$$

该指标反映了由债务人提供的资本与由所有者提供的资本的相对关系，即企业财务结构是否稳定，还反映了债权人资本受股东权益保障的程度，或者是企业清算时对债权人利益的保障程度。一般来说，这一比率越低，表明企业长期偿债能力越强，债权人权益受保障程度越高。在分析时同样需要考虑企业的具体情况，比如，当企业的资产收益率大于负债成本率时，负债经营有利于提高资金收益率，获得额外的利润，这时产权比率可适当高些。产权比率高，代表高风险高报酬的财务结构；产权比率低，代表低风险低报酬的财务结构。

3. 权益乘数

权益乘数是指总资产与股东权益的比值。其计算公式为：

$$权益乘数=\frac{总资产}{股东权益}$$

权益乘数表明股东每投入1元钱可实际拥有、控制的资产金额。在企业存在负债的情况下，权益乘数大于1。企业负债比例越高，权益乘数越大。产权比率和权益乘数是资产负债率的另外两种表现形式，是常用的反映财务杠杆的指标。

【提示】股东权益比率和权益乘数互为倒数关系。

【思考】股东权益比率和资产负债率有什么关系？

4. 利息保障倍数

利息保障倍数是指企业息税前利润与全部利息费用之比，又称已获利息倍数，用以衡量企业偿付借款利息的能力。其计算公式为：

$$利息保障倍数=\frac{息税前利润}{全部利息费用}$$

利息保障倍数反映支付利息的利润来源（息税前利润）与利息支出之间的关系，该比率越高，长期偿债能力越强。从长期看，利息保障倍数至少要大于1（国际公认标准为3），也就是说，息税前利润至少要大于利息费用，企业才具有负债的可能性。如果利息保障倍数过低，企业将面临亏损、偿债的安全性与稳定性下降的风险。

【做中学7-9】森豪公司2013—2015年的利息保障倍数分别为10.37、11.13、4.78，行业平均值为8.2。可以看出，森豪公司的利息保障倍数在2015年出现了下滑并低于行业平均水平，这反映出企业偿还利息能力下降，偿还长期负债的能力也出现了问题。

二、营运能力分析

营运能力主要指资产运用、循环的效率高低。一般而言，资金周转速度越快，说明企业的资金管理水平越高，资金利用效率越高，企业可以以较少的投入获得较多的收益。因此，营运能力指标反映了投入与产出之间的关系。企业营运能力分析主要包括流动资产营运能力分析、固定资产营运能力分析和总资产营运能力分析三个方面。

（一）流动资产营运能力分析

反映流动资产营运能力的指标主要有应收账款周转率、存货周转率和流动资产周转率。

1. 应收账款周转率

应收账款在流动资产中有着举足轻重的地位，及时收回应收账款，不仅增强了企业的短期偿债能力，也反映了企业管理应收账款的效率。反映应收账款周转情况的指标有应收账款周转次数和应收账款周转天数。

应收账款周转次数是指一定时间内商品或产品销售收入净额与应收账款平均余额的比值，表明一定时间内应收账款平均收回的次数。其计算公式为：

$$应收账款周转次数=\frac{销售收入净额}{应收账款平均余额}$$

应收账款周转天数是指应收账款周转一次所需要的时间。其计算公式为：

$$应收账款周转天数=计算期天数\div应收账款周转次数$$

通常，应收账款周转率越高，周转天数越短，说明应收账款管理效率越高。

当然，在计算和使用应收账款周转率指标时应注意：（1）销售收入是指扣除销售折扣和销售折让后的销售净额。从理论上讲，应收账款是由赊销引起的，其对应的收入应为赊销收入，而非全部销售收入，但是赊销数据难以取得，且可以假设现金销售是收账时间为零的应收账款，因此只要保持计算口径的历史一致性，使用销售净额就不会影响分析。销售收入数据使用利润表中“营业收入”一项的数据。（2）应收账款包括会计报表中“应收账款”和“应收票据”等全部赊销款在内，因为应收票据是销售形成的应收款项的另一种形式。（3）应收账款应为未扣除坏账准备的金额。应收账款在财务报表上按净额列示，计提坏账准备会使财务报表上列示的应收账款金额减少而销售收入不变。其结果是，计提坏账准备越多，应收账款周转率越高，周转天数越少，对应收账款实际管理欠佳的企业来说，反而会得出应收账款周转情况更好的错误结论。（4）应收账款余额的可靠性问题。应收账款是特定时点的存量，容易受季节性、偶然性和人为因素的影响，在用应收账款周转率进行业绩评价时，最好使用多个时点的平均数以减少这些因素的影响。

应收账款周转率反映了企业应收账款周转速度的快慢及管理效率的高低。一定时期内，应收账款周转次数多、周转天数少表明：企业收账迅速，信用销售管理严格；应收账款流动性强，从而增强了企业的短期偿债能力；可以减少收账费用和坏账损失，相对增加了企业流动资产的投资收益；或者可以用来评价客户的信用程度，调整企业的信用政策。

2. 存货周转率

在流动资产中，存货所占比重较大，存货的流动性将直接影响企业的流动比率。存货周转率包括存货周转次数和存货周转天数。

存货周转次数是指一定时期内企业销售成本与存货平均资金占用额的比率，是衡量和评价企业购入存货、投入生产、销售收回等各环节管理效率的综合性指标。其计算公式为：

$$存货周转次数=\frac{销售成本}{存货平均余额}$$

存货周转天数是指存货周转一次所需要的时间。其计算公式为：

$$存货周转天数=计算期天数\div存货周转次数$$

一般来讲，存货周转速度越快，存货占用水平越低，流动性越强，存货转化为现金或应收账款的速度就越快，这样会增强企业的短期偿债能力及盈利能力。分析存货周转速度，有利于找出存货管理中存在的问题，尽可能降低资金占用水平。但在具体分析时，应该注意以下几点：（1）存货周转率的高低与企业的经营特点有密切联系，应注意行业的可比性。（2）该比率反映的是存货整体的周转情况，不能说明企业经营各环节的存货周转情况和管理水平。（3）应结合应收账款周转情况和信用政策进行分析。

3. 流动资产周转率

流动资产周转率是指反映企业流动资产周转速度的指标。其计算公式为：

$$流动资产周转率=\frac{销售收入净额}{流动资产平均余额}$$

流动资产周转天数是指流动资产周转一次所需要的时间。其计算公式为：

$$流动资产周转天数=计算期天数\div流动资产周转次数$$

在一定时期内，以相同的流动资产完成的周转次数越多，流动资产的利用效果就越好。流动资产周转天数越少，表明流动资产在生产、销售等各个阶段所占用的时间越短，可相对节约流动资产，增强企业的盈利能力。因此，用天数表示流动资产周转率能更直接地反映生产经营状况，便于比较不同时期的流动资产周转率。

（二）固定资产营运能力分析

固定资产周转率是反映固定资产营运能力的一个指标。固定资产周转率是指企业销售收入与固定资产平均净值的比率。它是反映企业固定资产周转情况，从而衡量固定资产利用效率的一项指标。其计算公式为：

$$固定资产周转率=\frac{销售收入净额}{固定资产平均净值}$$

固定资产周转率高，表明企业固定资产投资得当、结构合理、利用充分；反之，如果固定资产周转率不高，则表明固定资产使用效率不高、提供的生产成果不多、企业的营运能力不强。

运用固定资产周转率时，需要考虑固定资产净值因计提折旧而逐年减少、因更新重置而突然增加所受到的影响。在不同企业间进行比较分析时，还要考虑采用不同的折旧方法对净值的影响等。

（三）总资产营运能力分析

总资产周转率是反映总资产营运能力的一个指标，它是企业销售收入净额与平均资产总额的比率。其计算公式为：

$$总资产周转率=\frac{销售收入净额}{平均资产总额}$$

总资产周转率可用来分析企业全部资产的使用效率。该比率越低，则表明企业利用全部资产进行经营的效率越低，企业的获利能力越弱；而该比率越高，则表明企业总资产周转速度越快，销售能力越强，资产利用效率越高。

【做中学7-10】森豪公司2013—2015年相关营运能力的指标以及行业指标见表7-4。

表7-4　　相关营运能力的指标以及行业指标

营运能力指标	2013年	2014年	2015年	行业平均值
存货周转率（次）	7.56	4.53	2.75	7
应收账款平均收账期（天）	33.23	35.5	45.88	30
固定资产周转率（次）	12.26	10.15	6.93	13.8
总资产周转率（次）	3.29	2.57	1.73	2.6

从表7-4中可知，该企业的存货周转率、固定资产周转率和总资产周转率呈下降趋势并且多数时间低于平均水平，应收账款平均收账期高于平均水平并且有延长的趋势。这说明企业资产的周转速度有待改善，资产没有得到充分利用，同时也说明企业采取的信用政策较为宽松。

【思考】你认为森豪公司应该制定怎样的信用政策？

三、盈利能力分析

盈利能力是指企业获取利润的能力。利润是企业内外有关各方都关心的中心问题，是投资者取得投资收益、债权人收取本息的资金来源，是经营者经营业绩和管理效能的集中表现，也是职工集体福利措施不断完善的重要保障。因此，企业的盈利能力分析十分重要。

一般而言，企业的盈利能力只涉及企业正常的生产经营活动，不涉及非正常的经营活动。这是因为一些非正常、特殊的经营活动虽然也会给企业带来收益，但它们不是经常的和持久的，不能将其作为能使企业盈利的组成部分加以评价。

反映企业盈利能力的指标很多，一般企业采用的有销售毛利率、销售净利率、总资产净利率、净资产收益率。股份有限公司一般使用的主要有每股收益、每股股利、市盈率、每股净资产、市净率等指标。

（一）一般企业盈利能力指标

1.销售毛利率

销售毛利率是指销售毛利与销售收入之比。它反映产品每1元销售收入所包含的毛利润是多少，即销售收入扣除销售成本后还有多少剩余可用于冲抵各期费用和形成利润。其计算公式为：

$$销售毛利率=\frac{销售收入-销售成本}{销售收入}$$

一般销售毛利越高，表明产品的盈利能力越强。该指数与行业水平进行比较，可以反映企业产品的市场竞争能力。如果企业的销售毛利率高于行业水平，则意味着其实现一定收入所占用的成本更少，表明它在资源、技术或劳动生产率方面具有竞争优势。

2.销售净利率

销售净利率是指净利润与销售收入之比。它反映每1元销售收入最终赚取了多少利润，用于反映产品最终的盈利能力。该比率越高，则企业通过扩大销售获得收益的能力越强。其计算公式为：

$$销售净利率=\frac{净利润}{销售收入}$$

通过分析销售净利率的升降变动，可以促使企业扩大销售的同时，注意改进经营管理方式，提高盈利水平。当评价企业的销售净利率时，应比较企业历年的指标，从而判断企业销售净利率的变化趋势。销售净利率受行业特点的影响较大，因此还需结合不同行业的具体情况进行分析。

3.总资产净利率

总资产净利率是指净利润与平均总资产的比率。它反映每1元资产创造的净利润，衡量企业资产的盈利能力，指标越高，表明企业资产的利用效率越高。其计算公式为：

$$总资产净利率=\frac{净利润}{平均总资产}$$

影响总资产净利率的因素是销售净利率和总资产周转率。

4.净资产收益率

净资产收益率又叫权益乘数或权益报酬率，是净利润与平均所有者权益的比值。它表示每1元股东资本赚取的净利润，反映资本经营的盈利能力，是企业盈利能力的核心指标，也是杜邦财务指标体系的核心，更是投资者关注的重点。一般来说，净资产收益率越高，股东和债权人的利益保障程度越高。其计算公式为：

$$净资产报酬率=\frac{净利润}{平均净资产}$$
$$=\frac{净利润}{平均总资产}\times\frac{平均总资产}{平均净资产}$$
$$=资产净利率\times权益乘数$$

通过对净资产报酬率进行分析，可以发现改善资产盈利能力和增加企业负债都可以提高净资产收益率。当然，不改善资产的盈利能力，单纯地加大负债、提高权益乘数是非常危险的。因为企业负债经营的前提是有足够的盈利能力保障偿还债务本息，如果只是增加权益乘数，短期内会改善净资产报酬率，但企业会因为没有足够的盈利能力而陷入财务危机。因此只有在企业净资产收益率上升的同时，财务风险没有明显加大的情况下，才能说明企业财务状况良好。

【做中学7-11】森豪服装公司2013—2015年相关盈利能力指标以及行业指标见表7-5。

表7-5　相关盈利能力指标以及行业指标　单位：%

盈利能力指标	2013年	2014年	2015年	行业平均值
销售净利率	3.85	4.00	3.33	3.20
总资产净利率	28.00	23.00	13.00	8.30
净资产收益率	18.61	17.88	13.10	20

企业的销售净利率、总资产净利率和净资产收益率都呈现下降趋势。净资产收益率始终低于平均水平，反映了企业的盈利能力出现了问题。

（二）股份有限公司盈利能力指标

1.每股收益

每股收益即每股盈利，又称每股利润或每股盈余，是指股份公司普通股每股税后净利润。该指标中的利润是净利润扣除优先股股利后的余额，除以发行在外的普通股平均股数。其计算公式为：

$$每股利润=\frac{净利润-优先股股利}{发行在外的普通股平均股数}$$

如果年度内普通股股数未发生变化，则发行在外的普通股平均股数就是年末普通股总数；如果年度内普通股股数发生了变化，则发行在外的普通股平均股数应当使用按月计算的加权平均发行在外的普通股股数。

每股收益是股份公司发行在外的普通股每股所能取得的利润，可以反映股份公司获利能力的大小。每股收益越高，说明股份公司的获利能力越强。

虽然每股收益可以直观反映股份公司的获利能力以及股东的报酬，但它是一个绝对指标，在分析时还应结合流通在外的股数。如果股份公司采用股本扩张政策，大量配股或以股票股利的方式分配股利，则必然稀释每股收益，使每股收益减少。同时，还应注意到每股股价的高低。如果甲、乙两个公司的每股收益都是0.98元，但乙公司的股价为25元，甲公司的股价为16元，则投资于甲、乙两个公司的风险和报酬显然不同。因此，投资者不能片面地分析每股收益，应结合净资产收益率来分析公司的获利能力。

【思考】上述甲、乙两个公司，你在投资时会怎么选择？

2. 每股股利

每股股利是指企业股利总额与流通股数的比值。股利总额是指用于对普通股分配现金股利的总额，流通股数是指企业发行在外的普通股股数。其计算公式为：

$$每股股利=\frac{现金股利总额-优先股股利}{发行在外的普通股股数}$$

每股股利是反映股份公司每一股普通股获得股利多少的一个指标。每股股利的高低，一方面取决于企业获利能力的强弱，另一方面受企业股利发放政策与利润分配需要的影响。如果企业为扩大再生产、增强企业的后劲而多留利润，则每股股利就少；反之，则每股股利就多。倾向于分配现金股利的投资者应该比较、分析公司历年的每股股利，从而了解公司的股利政策。

3. 市盈率

市盈率也称价格盈余比率或价格与收益比率，是指普通股每股市价与每股收益的比率。它反映了普通股股东为获取1元净利润所愿意支付的股票价格。其计算公式为：

$$市盈率=\frac{每股市价}{每股收益}$$

市盈率是反映股票投资价值的重要指标，也是投资者对从某种股票获得1元利润所愿支付的价格。投资者对这个指标十分重视，是其作出投资决策的重要参考因素之一。该项比率越高，企业获利的潜力越大，投资者对该公司的发展前景越看好；反之，则企业的前景并不乐观。但是也应该注意，如果某股票的市盈率过高，则意味着这种股票具有较高的投资风险。

4. 每股净资产

每股净资产也称每股账面价值，是指企业期末净资产与发行在外的股票股数之比。其计算公式为：

$$每股净资产=\frac{期末净资产}{发行在外的股票股数}$$

每股净资产指标反映了在会计期末每一股股票在企业账面价值上到底值多少钱，是理论上股票的最低价值。每股净资产并没有一个确定的标准，但是投资者可以比较公司历年每股净资产的变动趋势，来了解公司的发展趋势和获利能力。

5. 市净率

市净率是指每股市价与每股净资产的比率，是投资者用来衡量、分析个股是否具有投资价值的工具之一。其计算公式为：

$$市净率=\frac{每股市价}{每股净资产}$$

一般来说，市净率较低的股票，投资价值较高；反之，则投资价值较低。但有时较低的市净率反映的可能是投资者对公司前景的不良预期，而较高的市净率则相反。因此，在判断某只股票的投资价值时，还要综合考虑当时的市场环境，以及公司经营情况、资产质量和盈利能力等因素。

四、发展能力分析

企业的发展能力也称企业的成长性，是企业通过自身的生产经营活动，不断增加积累而形成的发展潜能。反映企业发展能力的指标主要有销售（营业）增长率、营业利润增长率、资本积累率、总资产增长率。

（一）销售（营业）增长率

销售增长率是指企业本年销售收入增长额与上年销售收入总额之间的比率。它反映销售的增减变动情况，是评价企业成长状况和发展能力的重要指标。通常销售收入增长率增加，代表公司产品销售量增加，市场占有率扩大，未来成长也乐观。其计算公式为：

$$销售增长率=\frac{本年销售收入增长额}{上年销售收入总额}\times 100\%$$

利用该指标分析企业发展能力时应注意以下几点：

（1）销售增长率是衡量企业经营状况和市场占有能力、预测企业经营业务拓展趋势的重要指标，也是企业扩张增量资本和存量资本的重要前提。不断增加的销售收入是企业的生存基础和发展条件。

（2）该指标越大，表明销售收入增长速度越快，企业市场前景越好。

（3）在实际分析时，应结合企业历年的销售水平、企业市场占有情况、行业未来发展及其他影响企业发展的潜在因素进行潜在性预测，或结合企业前三年的销售收入增长率作出趋势性分析判断。

（4）在分析时可以其他类似企业、企业历史水平及行业平均水平作为比较标准。

（二）营业利润增长率

营业利润增长率是指企业本年营业利润增长额与上年营业利润总额的比率。它反映了企业营业利润的增减变动情况。其计算公式为：

$$营业利润增长率=\frac{本年营业利润增长额}{上年营业利润总额}\times 100\%$$

$$本年营业利润增长额=本年营业利润-上年营业利润$$

（三）资本积累率

资本积累率是指企业本年所有者权益增长额同年初所有者权益的比率。资本积累率表示企业当年资本的积累能力，是评价企业发展潜力的重要指标。其计算公式为：

$$资本积累率=\frac{本年所有者权益增长额}{年初所有者权益}\times 100\%$$

$$本年所有者权益增长额=所有者权益年末数-所有者权益年初数$$

该指标体现了企业资本的保全和增长情况。如果该指标大于零且数值越大，则企业资本积累越多，应对风险和持续发展的能力越强；若该指标为负，则企业资本受到侵蚀，所有者权益受到损害，要予以重视。

（四）总资产增长率

总资产增长率又称总资产扩张率，是指企业本年总资产增长额同年初资产总额的比率。它反映企业本期资产规模的增长情况。其计算公式为：

$$总资产增长率=\frac{本年总资产增长额}{年初资产总额}$$

$$本年总资产增长额=年末资产总额-年初资产总额$$

总资产增长率越高，企业一定时期内资产经营规模扩张的速度越快。在分析时，需要关注资产规模扩张的质和量的关系，以及企业的后续发展能力，避免盲目扩张。

【思考】你能分别计算出森豪服装公司反映企业发展能力的各项指标吗？试着根据结果对该公司的发展能力进行分析和评价。

任务3 财务综合分析

财务分析的一个重要目的就是全方位地分析企业的经营管理状况，进而对企业的经济效益作出正确、合理的判断，为企业资金的筹集、投资、运用、分配等一系列财务活动的决策提供有力的支持。仅测算孤立的财务指标很难全面地评价企业财务状况和经营成果，有时甚至会得出错误的结论。为了从整体角度评价企业的财务状况，可以使用杜邦分析法和沃尔比重分析法。

一、杜邦分析法

杜邦分析法是指利用几种主要的财务比率之间的关系来综合地分析企业的财务状况。具体来说，它是一种用来评价公司盈利能力和股东权益回报水平，从财务角度评价企业绩效的方法。其基本思想是将企业净资产收益率逐级分解为多项财务比率乘积，这样有助于深入分析、比较企业的经营业绩。由于这种分析方法最早是由美国杜邦公司提出的，故名杜邦分析法。

微课：杜邦分析法

杜邦分析法最显著的特点是将若干个用以评价企业经营效率和财务状况的比率按其内在联系有机地结合起来，形成一个完整的指标体系，并最终通过权益收益率来综合反映。

（一）杜邦分析法各指标的关系

杜邦分析法中几种主要财务指标的关系如下：

净资产收益率=总资产净利率×权益乘数

总资产净利率=销售净利率×总资产周转率

净资产收益率=销售净利率×总资产周转率×权益乘数

权益乘数=资产总额÷股东权益总额=1÷（1−资产负债率）=1+产权率

1.净资产收益率

净资产收益率也称权益净利率，是一个综合性最强的财务分析指标，是杜邦分析系统的起点和核心。该指标的高低反映了投资者净资产获利能力的大小。净资产收益率是由销售净利率、总资产周转率和权益乘数决定的。

2.总资产净利率

总资产净利率是影响权益净利率最重要的指标，具有很强的综合性，而总资产净利率又取决于销售净利率和总资产周转率的高低。总资产周转率反映总资产的周转速度，要分析资产周转率，需要对影响资产周转的各因素进行分析，以判断、明确影响公司资产周转的主要因素在哪里。销售净利率反映销售收入的收益水平，扩大销售收入、降低成本费用是提高企业销售利润率的根本途径，而扩大销售同时也是提高资产周转率的必要条件和途径。

3.权益乘数

权益乘数表示企业的负债程度，反映公司利用财务杠杆进行经营活动的程度。资产负债率高，权益乘数就大，公司负债程度高，公司会有较多的杠杆利益，但风险也高；反之，资产负债率低，权益乘数就小，公司负债程度低，公司会有较少的杠杆利益，但所承担的风险也低。

4. 总资产周转率

总资产周转率反映企业资产实现销售收入的综合能力。在分析时，必须结合销售收入分析企业资产结构是否合理，即流动资产和长期资产的结构比例关系。同时，还要分析流动资产周转率、存货周转率、应收账款周转率等有关资产使用效率指标，找出导致总资产周转率变化的确切原因。

杜邦分析图如图 7-1 所示。

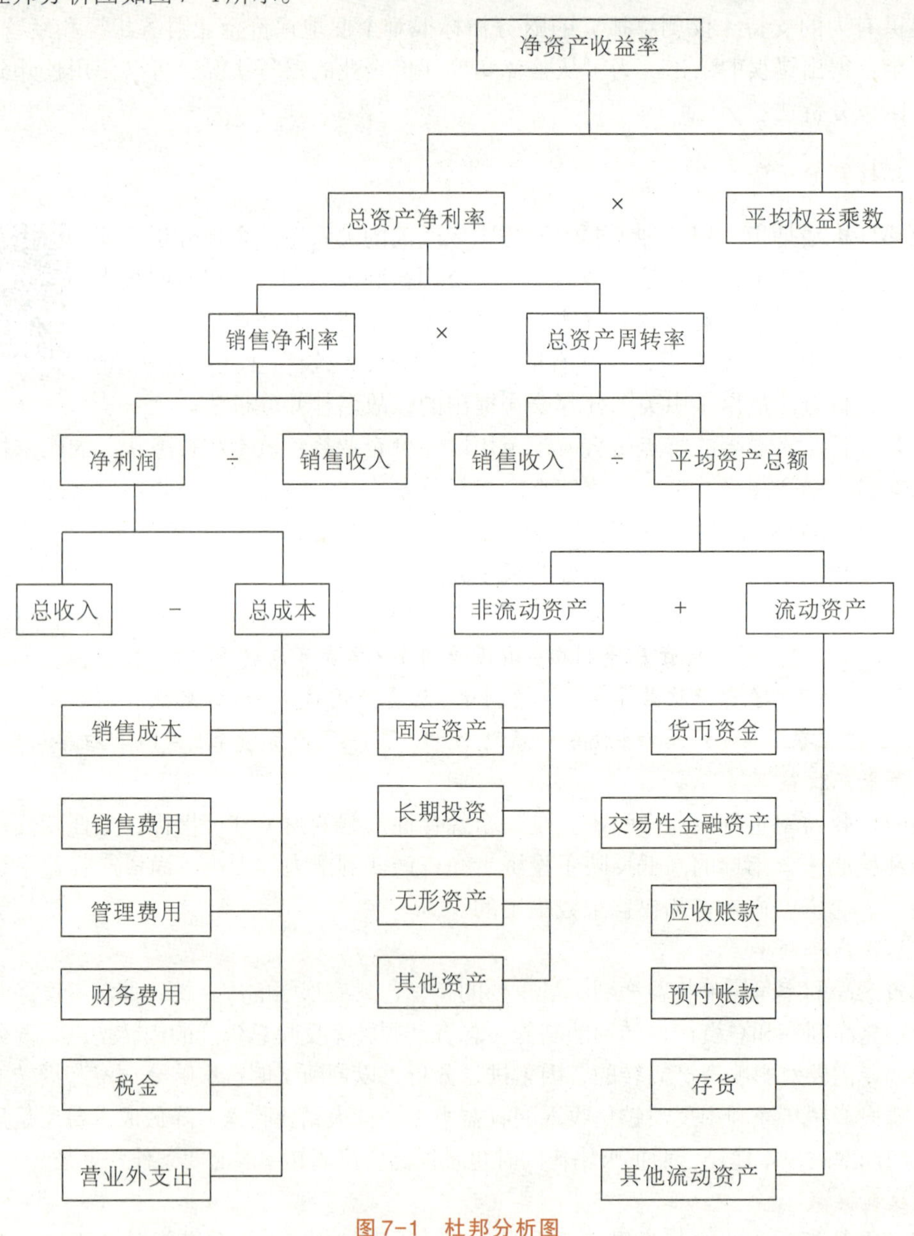

图 7-1　杜邦分析图

（二）杜邦分析法使用步骤

（1）从净资产收益率开始，根据会计资料（主要是资产负债表和利润表）逐步分解、计算各指标。

（2）将计算出的指标填入杜邦分析图。

（3）可以逐步进行前后期对比分析，也可以进一步进行企业间的横向对比分析。

（三）杜邦分析法的局限性

从企业绩效评价的角度来看，杜邦分析法只包括财务方面的信息，不能全面反映企业的实力，有很大的局限性，在实际运用中需要加以注意，必须结合企业的其他信息进行分析。主要表现在：

（1）对短期财务结果过分重视，有可能助长公司管理层的短期行为，忽略企业长期的价值创造。

（2）财务指标反映的是企业过去的经营业绩，可以满足工业时代企业的要求。但在目前的信息时代，顾客、供应商、雇员、技术创新等因素对企业经营业绩的影响越来越大，而杜邦分析法在这些方面是无能为力的。

（3）在目前的市场环境中，企业的无形资产对提高企业长期竞争力至关重要，杜邦分析法无法解决无形资产的估值问题。

【做中学7-12】利用杜邦分析法，对森豪服装公司2013—2015年的经营情况进行财务综合分析。表7-6为森豪服装公司相关的财务指标。

表7-6　森豪服装公司相关的财务指标

项目	2013年	2014年	2015年
总资产周转率（次）	3.29	2.57	1.73
资产负债率（%）	32	42.5	55.9
权益乘数	1.47	1.74	2.27
销售净利率（%）	3.85	4.00	3.33
总资产净利率（%）	12.65	10.28	5.77
股东权益报酬率（%）	18.61	17.88	13.10

（1）股东权益报酬率=总资产净利率×权益乘数

2013年：18.61%=12.65%×1.47

2014年：17.88%=10.28%×1.74

2015年：13.10%=5.77%×2.27

通过分解可以发现，森豪服装公司股东权益报酬率逐年下降的主要原因是资产利用和成本控制能力下降（总资产净利率下降）；公司权益乘数增大，说明企业的负债程度提高，增加了企业的财务风险。

（2）总资产净利率=销售净利率×总资产周转率

2013年：12.65%=3.85%×3.29

2014年：10.28%=4.00%×2.57

2015年：5.77%=3.33%×1.73

通过分解可以发现，森豪服装公司总资产净利率下降的主要原因是总资产周转率下降，说明资产没有得到很好的利用。

(3) 销售净利率=净利润÷销售收入

2013年：3.85%=1 500÷39 000

2014年：4%=1 620÷40 520

2015年：3.33%=1 360 ÷40 800

该公司2013—2015年销售收入增长幅度不大，而净利润却出现下滑，所以应分析下滑的原因。

(4) 全部成本=制造成本+销售费用+财务费用+管理费用

2013年：37 000=31 760+3 000+320+1 920

2014年：38 360=32 600+3 200+400+2 160

2015年：39 028=32 960+3 320+420+2 328

可以看出，该公司的全部成本与销售收入的增长幅度大致相当。

从以上分析可知，股东权益报酬率下降的主要原因是：第一，该公司利润率逐年下降，而公司的固定资产扩充过快（最近花了200万元来购买设备）。第二，公司应收账款的信用标准过宽，使应收账款逐年增加。第三，该公司从未利用供应商提供的优惠措施，致使应付账款大量积压。

森豪服装公司今后可以采取的措施有：第一，以固定资产作为担保进行融资。第二，调整生产量，制订一系列的产品销售计划，保证公司逐年扩大利润。第三，改善公司的各项财务比率，以达到同行业平均水平，如处理过多的存货，加强应收账款的管理，处置某些闲置的固定资产或改进产品生产线从而提高固定资产使用效率。第四，接受供应商的优惠政策，减少应付账款大量积压的现象，防止财务风险的发生。

【思考】森豪服装公司如果接受供应商提供的优惠措施，即“2/10，N/30”的折扣条件，可以给公司带来怎样的帮助？此外，可以通过什么手段来改善公司的财务比率？

二、沃尔比重分析法

沃尔比重分析法是指将选定的财务比率用线性关系结合起来，并分别给定各自的分数比重，然后通过与标准比率进行比较，确定各项指标的得分及总体指标的累计分数，从而对企业的信用水平作出评价的方法。

选定的财务比率有7项，即流动比率、产权比率、固定资产比率、存货周转率、应收账款周转率、固定资产周转率和自有资金周转率，分别给定各指标的比重，然后确定标准比率（以行业平均数为基础），将实际比率与标准比率相比，得出相对比率，将此相对比率与各指标比重相乘，得出总评分。

沃尔比重分析法有两个缺陷：一是选择这7个比率及给定的比重缺乏说服力；二是如果某一个指标严重异常，则会对总评分产生不合逻辑的重大影响。

尽管该方法在理论上还有待证明，在技术上也不够完善，但它还是在实践中被广泛应用，如用于高校分类与排名问题。

项目小结

本项目主要知识点归纳总结见表7-7。

表7-7　本项目主要知识点归纳总结

<table>
<tr><th>主要知识点</th><th colspan="3">内　容</th></tr>
<tr><td rowspan="3">财务报表分析的方法</td><td colspan="3">比较分析法</td></tr>
<tr><td colspan="3">比率分析法</td></tr>
<tr><td colspan="3">因素分析法</td></tr>
<tr><td rowspan="25">财务报表分析的内容</td><td rowspan="4">短期偿债能力比率</td><td colspan="2">营运资金</td></tr>
<tr><td colspan="2">流动比率</td></tr>
<tr><td colspan="2">速动比率</td></tr>
<tr><td colspan="2">现金比率</td></tr>
<tr><td rowspan="4">长期偿债能力比率</td><td colspan="2">资产负债率</td></tr>
<tr><td colspan="2">产权比率</td></tr>
<tr><td colspan="2">权益乘数</td></tr>
<tr><td colspan="2">利息保障倍数</td></tr>
<tr><td rowspan="4">营运能力比率</td><td colspan="2">应收账款周转率</td></tr>
<tr><td colspan="2">流动资产周转率</td></tr>
<tr><td colspan="2">股东资产周转率</td></tr>
<tr><td colspan="2">总资产周转率</td></tr>
<tr><td rowspan="8">盈利能力比率</td><td colspan="2">销售毛利率</td></tr>
<tr><td colspan="2">销售净利率</td></tr>
<tr><td colspan="2">净资产收益率</td></tr>
<tr><td rowspan="5">上市公司</td><td>每股收益</td></tr>
<tr><td>每股股利</td></tr>
<tr><td>市盈率</td></tr>
<tr><td>每股净资产</td></tr>
<tr><td>市净率</td></tr>
<tr><td rowspan="4">发展能力比率</td><td colspan="2">销售增长率</td></tr>
<tr><td colspan="2">营业利润增长率</td></tr>
<tr><td colspan="2">资本积累率</td></tr>
<tr><td colspan="2">总资产增长率</td></tr>
<tr><td>杜邦分析体系</td><td colspan="2">净资产收益率</td></tr>
</table>

参考文献

[1] 财政部会计资格评价中心. 财务管理 [M]. 北京：中国财政经济出版社，2015.

[2] 中国注册会计师协会. 财务成本管理 [M]. 北京：中国财政经济出版社，2015.

[3] 张显国. 财务管理 [M]. 北京：机械工业出版社，2012.

[4] 卢恩平. 财务管理 [M]. 北京：中国电力出版社，2013.

[5] 赵德武. 财务管理 [M]. 北京：高等教育出版社，2013.

[6] 唐红珍. 企业财务管理 [M]. 北京：高等教育出版社，2012.

[7] 孙福明. 企业理财学 [M]. 北京：清华大学出版社，2014.

[8] 马元兴. 企业财务管理 [M]. 北京：高等教育出版社，2013.

[9] 张浩亮. 财务管理 [M]. 长沙：湖南师范大学出版社，2014.

[10] 肖全芳. 财务管理原理 [M]. 武汉：武汉理工大学出版社，2013.

[11] 刘建梅.财务管理 [M] .北京：中国轻工业出版社，2012.

[12] 苏佳萍.财务管理实用教程 [M] .北京：北京交通大学出版社，2010.

[13] 张红.财务管理教程与实训 [M] .北京：北京大学出版社，2007.

[14] 张玉英.财务管理案例与分析 [M] .北京：高等教育出版社，2008.

[15] 陈雪飞.财务管理项目教程 [M] .北京：北京交通大学出版社，2015.

附　录

附表 1　复利终值系数表

期数	1%	2%	3%	4%	5%	6%	7%	8%	9%	10%
1	1.0100	1.0200	1.0300	1.0400	1.0500	1.0600	1.0700	1.0800	1.0900	1.1000
2	1.0201	1.0404	1.0609	1.0816	1.1025	1.1236	1.1449	1.1664	1.1881	1.2100
3	1.0303	1.0612	1.0927	1.1249	1.1576	1.1910	1.2250	1.2597	1.2950	1.3310
4	1.0406	1.0824	1.1255	1.1699	1.2155	1.2625	1.3108	1.3605	1.4116	1.4641
5	1.0510	1.1041	1.1593	1.2167	1.2763	1.3382	1.4026	1.4693	1.5386	1.6105
6	1.0615	1.1262	1.1941	1.2653	1.3401	1.4185	1.5007	1.5869	1.6771	1.7716
7	1.0721	1.1487	1.2299	1.3159	1.4071	1.5036	1.6058	1.7138	1.8280	1.9487
8	1.0829	1.1717	1.2668	1.3686	1.4775	1.5938	1.7182	1.8509	1.9926	2.1436
9	1.0937	1.1951	1.3048	1.4233	1.5513	1.6895	1.8385	1.9990	2.1719	2.3579
10	1.1046	1.2190	1.3439	1.4802	1.6289	1.7908	1.9672	2.1589	2.3674	2.5937
11	1.1157	1.2434	1.3842	1.5395	1.7103	1.8983	2.1049	2.3316	2.5804	2.8531
12	1.1268	1.2682	1.4258	1.6010	1.7959	2.0122	2.2522	2.5182	2.8127	3.1384
13	1.1381	1.2936	1.4685	1.6651	1.8856	2.1329	2.4098	2.7196	3.0658	3.4523
14	1.1495	1.3195	1.5126	1.7317	1.9799	2.2609	2.5785	2.9372	3.3417	3.7975
15	1.1610	1.3459	1.5580	1.8009	2.0789	2.3966	2.7590	3.1722	3.6425	4.1772
16	1.1726	1.3728	1.6047	1.8730	2.1829	2.5404	2.9522	3.4259	3.9703	4.5950
17	1.1843	1.4002	1.6528	1.9479	2.2920	2.6928	3.1588	3.7000	4.3276	5.0545
18	1.1961	1.4282	1.7024	2.0258	2.4066	2.8543	3.3799	3.9960	4.7171	5.5599
19	1.2081	1.4568	1.7535	2.1068	2.5270	3.0256	3.6165	4.3157	5.1417	6.1159
20	1.2202	1.4859	1.8061	2.1911	2.6533	3.2071	3.8697	4.6610	5.6044	6.7275
21	1.2324	1.5157	1.8603	2.2788	2.7860	3.3996	4.1406	5.0338	6.1088	7.4002
22	1.2447	1.5460	1.9161	2.3699	2.9253	3.6035	4.4304	5.4365	6.6586	8.1403
23	1.2572	1.5769	1.9736	2.4647	3.0715	3.8197	4.7405	5.8715	7.2579	8.9543
24	1.2697	1.6084	2.0328	2.5633	3.2251	4.0489	5.0724	6.3412	7.9111	9.8497
25	1.2824	1.6406	2.0938	2.6658	3.3864	4.2919	5.4274	6.8485	8.6231	10.835
26	1.2953	1.6734	2.1566	2.7725	3.5557	4.5494	5.8074	7.3964	9.3992	11.918
27	1.3082	1.7069	2.2213	2.8834	3.7335	4.8223	6.2139	7.9881	10.245	13.110
28	1.3213	1.7410	2.2879	2.9987	3.9201	5.1117	6.6488	8.6271	11.167	14.421
29	1.3345	1.7758	2.3566	3.1187	4.1161	5.4184	7.1143	9.3173	12.172	15.863
30	1.3478	1.8114	2.4273	3.2434	4.3219	5.7435	7.6123	10.063	13.268	17.449
40	1.4889	2.2080	3.2620	4.8010	7.0400	10.286	14.975	21.725	31.409	45.259
50	1.6446	2.6916	4.3839	7.1067	11.467	18.420	29.457	46.902	74.358	117.39
60	1.8167	3.2810	5.8916	10.520	18.679	32.988	57.946	101.26	176.03	304.48

续表

期数	12%	14%	15%	16%	18%	20%	24%	28%	32%	36%
1	1.1200	1.1400	1.1500	1.1600	1.1800	1.2000	1.2400	1.2800	1.3200	1.3600
2	1.2544	1.2996	1.3225	1.3456	1.3924	1.4400	1.5376	1.6384	1.7424	1.8496
3	1.4049	1.4815	1.5209	1.5609	1.6430	1.7280	1.9066	2.0972	2.3000	2.5155
4	1.5735	1.6890	1.7490	1.8106	1.9388	2.0736	2.3642	2.6844	3.0360	3.4210
5	1.7623	1.9254	2.0114	2.1003	2.2878	2.4883	2.9316	3.4360	4.0075	4.6526
6	1.9738	2.1950	2.3131	2.4364	2.6996	2.9860	3.6352	4.3980	5.2899	6.3275
7	2.2107	2.5023	2.6600	2.8262	3.1855	3.5832	4.5077	5.6295	6.9826	8.6054
8	2.4760	2.8526	3.0590	3.2784	3.7589	4.2998	5.5895	7.2058	9.2170	11.703
9	2.7731	3.2519	3.5179	3.8030	4.4355	5.1598	6.9310	9.2234	12.167	15.917
10	3.1058	3.7072	4.0456	4.4114	5.2338	6.1917	8.5944	11.806	16.060	21.647
11	3.4785	4.2262	4.6524	5.1173	6.1759	7.4301	10.657	15.112	21.199	29.439
12	3.8960	4.8179	5.3503	5.9360	7.2876	8.9161	13.215	19.343	27.983	40.038
13	4.3635	5.4924	6.1528	6.8858	8.5994	10.699	16.386	24.759	36.937	54.451
14	4.8871	6.2613	7.0757	7.9875	10.147	12.839	20.319	31.691	48.757	74.053
15	5.4736	7.1379	8.1371	9.2655	11.974	15.407	25.196	40.565	64.359	100.71
16	6.1304	8.1372	9.3576	10.748	14.129	18.488	31.243	51.923	84.954	136.97
17	6.8660	9.2765	10.761	12.468	16.672	22.186	38.741	66.461	112.14	186.28
18	7.6900	10.575	12.376	14.463	19.673	26.623	48.039	85.071	148.02	253.34
19	8.6128	12.056	14.232	16.777	23.214	31.948	59.568	108.89	195.39	344.54
20	9.6463	13.744	16.367	19.461	27.393	38.338	73.864	139.38	257.92	468.57
21	10.804	15.668	18.822	22.575	32.324	46.005	91.592	178.41	340.45	637.26
22	12.100	17.861	21.645	26.186	38.142	55.206	113.57	228.36	449.39	8 66.67
23	13.552	20.362	24.892	30.376	45.008	66.247	140.83	292.30	593.20	1 178.7
24	15.179	23.212	28.625	35.236	53.109	79.497	174.63	374.14	783.02	1 603.0
25	17.000	26.462	32.919	40.874	62.669	95.396	216.54	478.90	1 033.6	2 180.1
26	19.040	30.167	37.857	47.414	73.949	114.48	268.51	613.00	1 364.3	2 964.9
27	21.325	34.390	43.535	55.000	87.260	137.37	332.96	784.64	1 800.9	4 032.3
28	23.884	39.205	50.066	63.800	102.97	164.84	412.86	1 004.3	2 377.2	5 483.9
29	26.750	44.693	57.576	74.009	121.50	197.81	511.95	1 285.6	3 137.9	7 458.1
30	29.960	50.950	66.212	85.850	143.37	237.38	634.82	1 645.5	4 142.1	10 143
40	93.051	188.88	267.86	378.72	750.38	1 469.8	5 455.9	19 427	66 521	⋆
50	289.00	700.23	1 083.7	1 670.7	3 927.4	9 100.4	46 890	⋆	⋆	⋆
60	897.60	2 595.9	4 384.0	7 370.2	20 555	56 348	⋆	⋆	⋆	⋆

附表2　复利现值系数表

期数	1%	2%	3%	4%	5%	6%	7%	8%	9%	10%
1	0.9901	0.9804	0.9709	0.9615	0.9524	0.9434	0.9346	0.9259	0.9174	0.9091
2	0.9803	0.9612	0.9426	0.9246	0.9070	0.8900	0.8734	0.8573	0.8417	0.8264
3	0.9706	0.9423	0.9151	0.8890	0.8638	0.8396	0.8163	0.7938	0.7722	0.7513
4	0.9610	0.9238	0.8885	0.8548	0.8227	0.7921	0.7629	0.7350	0.7084	0.6830
5	0.9515	0.9057	0.8626	0.8219	0.7835	0.7473	0.7130	0.6806	0.6499	0.6209
6	0.9420	0.8880	0.8375	0.7903	0.7462	0.7050	0.6663	0.6302	0.5963	0.5645
7	0.9327	0.8706	0.8131	0.7599	0.7107	0.6651	0.6227	0.5835	0.5470	0.5132
8	0.9235	0.8535	0.7894	0.7307	0.6768	0.6274	0.5820	0.5403	0.5019	0.4665
9	0.9143	0.8368	0.7664	0.7026	0.6446	0.5919	0.5439	0.5002	0.4604	0.4241
10	0.9053	0.8203	0.7441	0.6756	0.6139	0.5584	0.5083	0.4632	0.4224	0.3855
11	0.8963	0.8043	0.7224	0.6496	0.5847	0.5268	0.4751	0.4289	0.3875	0.3505
12	0.8874	0.7885	0.7014	0.6246	0.5568	0.4970	0.4440	0.3971	0.3555	0.3186
13	0.8787	0.7730	0.6810	0.6006	0.5303	0.4688	0.4150	0.3677	0.3262	0.2897
14	0.8700	0.7579	0.6611	0.5775	0.5051	0.4423	0.3878	0.3405	0.2992	0.2633
15	0.8613	0.7430	0.6419	0.5553	0.4810	0.4173	0.3624	0.3152	0.2745	0.2394
16	0.8528	0.7284	0.6232	0.5339	0.4581	0.3936	0.3387	0.2919	0.2519	0.2176
17	0.8444	0.7142	0.6050	0.5134	0.4363	0.3714	0.3166	0.2703	0.2311	0.1978
18	0.8360	0.7002	0.5874	0.4936	0.4155	0.3503	0.2959	0.2502	0.2120	0.1799
19	0.8277	0.6864	0.5703	0.4746	0.3957	0.3305	0.2765	0.2317	0.1945	0.1635
20	0.8195	0.6730	0.5537	0.4564	0.3769	0.3118	0.2584	0.2145	0.1784	0.1486
21	0.8114	0.6598	0.5375	0.4388	0.3589	0.2942	0.2415	0.1987	0.1637	0.1351
22	0.8034	0.6468	0.5219	0.4220	0.3418	0.2775	0.2257	0.1839	0.1502	0.1228
23	0.7954	0.6342	0.5067	0.4057	0.3256	0.2618	0.2109	0.1703	0.1378	0.1117
24	0.7876	0.6217	0.4919	0.3901	0.3101	0.2470	0.1971	0.1577	0.1264	0.1015
25	0.7798	0.6095	0.4776	0.3751	0.2953	0.2330	0.1842	0.1460	0.1160	0.0923
26	0.7720	0.5976	0.4637	0.3607	0.2812	0.2198	0.1722	0.1352	0.1064	0.0839
27	0.7644	0.5859	0.4502	0.3468	0.2678	0.2074	0.1609	0.1252	0.0976	0.0763
28	0.7568	0.5744	0.4371	0.3335	0.2551	0.1956	0.1504	0.1159	0.0895	0.0693
29	0.7493	0.5631	0.4243	0.3207	0.2429	0.1846	0.1406	0.1073	0.0822	0.0630
30	0.7419	0.5521	0.4120	0.3083	0.2314	0.1741	0.1314	0.0994	0.0754	0.0573
35	0.7059	0.5000	0.3554	0.2534	0.1813	0.1301	0.0937	0.0676	0.0490	0.0356
40	0.6717	0.4529	0.3066	0.2083	0.1420	0.0972	0.0668	0.0460	0.0318	0.0221
45	0.6391	0.4102	0.2644	0.1712	0.1113	0.0727	0.0476	0.0313	0.0207	0.0137
50	0.6080	0.3715	0.2281	0.1407	0.0872	0.0543	0.0339	0.0213	0.0134	0.0085
55	0.5785	0.3365	0.1968	0.1157	0.0683	0.0406	0.0242	0.0145	0.0087	0.0053

续表

期数	12%	14%	15%	16%	18%	20%	24%	28%	32%	36%
1	0.8929	0.8772	0.8696	0.8621	0.8475	0.8333	0.8065	0.7813	0.7576	0.7353
2	0.7972	0.7695	0.7561	0.7432	0.7182	0.6944	0.6504	0.6104	0.5739	0.5407
3	0.7118	0.6750	0.6575	0.6407	0.6086	0.5787	0.5245	0.4768	0.4348	0.3975
4	0.6355	0.5921	0.5718	0.5523	0.5158	0.4823	0.4230	0.3725	0.3294	0.2923
5	0.5674	0.5194	0.4972	0.4761	0.4371	0.4019	0.3411	0.2910	0.2495	0.2149
6	0.5066	0.4556	0.4323	0.4104	0.3704	0.3349	0.2751	0.2274	0.1890	0.1580
7	0.4523	0.3996	0.3759	0.3538	0.3139	0.2791	0.2218	0.1776	0.1432	0.1162
8	0.4039	0.3506	0.3269	0.3050	0.2660	0.2326	0.1789	0.1388	0.1085	0.0854
9	0.3606	0.3075	0.2843	0.2630	0.2255	0.1938	0.1443	0.1084	0.0822	0.0628
10	0.3220	0.2697	0.2472	0.2267	0.1911	0.1615	0.1164	0.0847	0.0623	0.0462
11	0.2875	0.2366	0.2149	0.1954	0.1619	0.1346	0.0938	0.0662	0.0472	0.0340
12	0.2567	0.2076	0.1869	0.1685	0.1372	0.1122	0.0757	0.0517	0.0357	0.0250
13	0.2292	0.1821	0.1625	0.1452	0.1163	0.0935	0.0610	0.0404	0.0271	0.0184
14	0.2046	0.1597	0.1413	0.1252	0.0985	0.0779	0.0492	0.0316	0.0205	0.0135
15	0.1827	0.1401	0.1229	0.1079	0.0835	0.0649	0.0397	0.0247	0.0155	0.0099
16	0.1631	0.1229	0.1069	0.0930	0.0708	0.0541	0.0320	0.0193	0.0118	0.0073
17	0.1456	0.1078	0.0929	0.0802	0.0600	0.0451	0.0258	0.0150	0.0089	0.0054
18	0.1300	0.0946	0.0808	0.0691	0.0508	0.0376	0.0208	0.0118	0.0068	0.0039
19	0.1161	0.0829	0.0703	0.0596	0.0431	0.0313	0.0168	0.0092	0.0051	0.0029
20	0.1037	0.0728	0.0611	0.0514	0.0365	0.0261	0.0135	0.0072	0.0039	0.0021
21	0.0926	0.0638	0.0531	0.0443	0.0309	0.0217	0.0109	0.0056	0.0029	0.0016
22	0.0826	0.0560	0.0462	0.0382	0.0262	0.0181	0.0088	0.0044	0.0022	0.0012
23	0.0738	0.0491	0.0402	0.0329	0.0222	0.0151	0.0071	0.0034	0.0017	0.0008
24	0.0659	0.0431	0.0349	0.0284	0.0188	0.0126	0.0057	0.0027	0.0013	0.0006
25	0.0588	0.0378	0.0304	0.0245	0.0160	0.0105	0.0046	0.0021	0.0010	0.0005
26	0.0525	0.0331	0.0264	0.0211	0.0135	0.0087	0.0037	0.0016	0.0007	0.0003
27	0.0469	0.0291	0.0230	0.0182	0.0115	0.0073	0.0030	0.0013	0.0006	0.0002
28	0.0419	0.0255	0.0200	0.0157	0.0097	0.0061	0.0024	0.0010	0.0004	0.0002
29	0.0374	0.0224	0.0174	0.0135	0.0082	0.0051	0.0020	0.0008	0.0003	0.0001
30	0.0334	0.0196	0.0151	0.0116	0.0070	0.0042	0.0016	0.0006	0.0002	0.0001
35	0.0189	0.0102	0.0075	0.0055	0.0030	0.0017	0.0005	0.0002	0.0001	*
40	0.0107	0.0053	0.0037	0.0026	0.0013	0.0007	0.0002	0.0001	*	*
45	0.0061	0.0027	0.0019	0.0013	0.0006	0.0003	0.0001	*	*	*
50	0.0035	0.0014	0.0009	0.0006	0.0003	0.0001	*	*	*	*
55	0.0020	0.0007	0.0005	0.0003	0.0001	*	*	*	*	*

附表3 年金终值系数表

期数	1%	2%	3%	4%	5%	6%	7%	8%	9%	10%
1	1.0000	1.0000	1.0000	1.0000	1.0000	1.0000	1.0000	1.0000	1.0000	1.0000
2	2.0100	2.0200	2.0300	2.0400	2.0500	2.0600	2.0700	2.0800	2.0900	2.1000
3	3.0301	3.0604	3.0909	3.1216	3.1525	3.1836	3.2149	3.2464	3.2781	3.3100
4	4.0604	4.1216	4.1836	4.2465	4.3101	4.3746	4.4399	4.5061	4.5731	4.6410
5	5.1010	5.2040	5.3091	5.4163	5.5256	5.6371	5.7507	5.8666	5.9847	6.1051
6	6.1520	6.3081	6.4684	6.6330	6.8019	6.9753	7.1533	7.3359	7.5233	7.7156
7	7.2135	7.4343	7.6625	7.8983	8.1420	8.3938	8.6540	8.9228	9.2004	9.4872
8	8.2857	8.5830	8.8923	9.2142	9.5491	9.8975	10.260	10.637	11.029	11.436
9	9.3685	9.7546	10.159	10.583	11.027	11.491	11.978	12.488	13.021	13.580
10	10.462	10.950	11.464	12.006	12.578	13.181	13.816	14.487	15.193	15.937
11	11.567	12.169	12.808	13.486	14.207	14.972	15.784	16.646	17.560	18.531
12	12.683	13.412	14.192	15.026	15.917	16.870	17.889	18.977	20.141	21.384
13	13.809	14.680	15.618	16.627	17.713	18.882	20.141	21.495	22.953	24.523
14	14.947	15.974	17.086	18.292	19.599	21.015	22.551	24.215	26.019	27.975
15	16.097	17.293	18.599	20.024	21.579	23.276	25.129	27.152	29.361	31.773
16	17.258	18.639	20.157	21.825	23.658	25.673	27.888	30.324	33.003	35.950
17	18.430	20.012	21.762	23.698	25.840	28.213	30.840	33.750	36.974	40.545
18	19.615	21.412	23.414	25.645	28.132	30.906	33.999	37.450	41.301	45.599
19	20.811	22.841	25.117	27.671	30.539	33.760	37.379	41.446	46.019	51.159
20	22.019	24.297	26.870	29.778	33.066	36.786	40.996	45.762	51.160	57.275
21	23.239	25.783	28.677	31.969	35.719	39.993	44.865	50.423	56.765	64.003
22	24.472	27.299	30.537	34.248	38.505	43.392	49.006	55.457	62.873	71.403
23	25.716	28.845	32.453	36.618	41.431	46.996	53.436	60.893	69.532	79.543
24	26.974	30.422	34.427	39.083	44.502	50.816	58.177	66.765	76.790	88.497
25	28.243	32.030	36.459	41.646	47.727	54.865	63.249	73.106	84.701	98.347
26	29.526	33.671	38.553	44.312	51.114	59.156	68.677	79.954	93.324	109.18
27	30.821	35.344	40.710	47.084	54.669	63.706	74.484	87.351	102.72	121.10
28	32.129	37.051	42.931	49.968	58.403	68.528	80.698	95.339	112.97	134.21
29	33.450	38.792	45.219	52.966	62.323	73.640	87.347	103.97	124.14	148.63
30	34.785	40.568	47.575	56.085	66.439	79.058	94.461	113.28	136.31	164.49
40	48.886	60.402	75.401	95.026	120.80	154.76	199.64	259.06	337.88	442.59
50	64.463	84.579	112.80	152.67	209.35	290.34	406.53	573.77	815.08	1 163.9
60	81.670	114.05	163.05	237.99	353.58	533.13	813.52	1 253.2	1 944.8	3 034.8

续表

期数	12%	14%	15%	16%	18%	20%	24%	28%	32%	36%
1	1.0000	1.0000	1.0000	1.0000	1.0000	1.0000	1.0000	1.0000	1.0000	1.0000
2	2.1200	2.1400	2.1500	2.1600	2.1800	2.2000	2.2400	2.2800	2.3200	2.3600
3	3.3744	3.4396	3.4725	3.5056	3.5724	3.6400	3.7776	3.9184	4.0624	4.2096
4	4.7793	4.9211	4.9934	5.0665	5.2154	5.3680	5.6842	6.0156	6.3624	6.7251
5	6.3528	6.6101	6.7424	6.8771	7.1542	7.4416	8.0484	8.6999	9.3983	10.146
6	8.1152	8.5355	8.7537	8.9775	9.4420	9.9299	10.980	12.136	13.406	14.799
7	10.089	10.731	11.067	11.414	12.142	12.916	14.615	16.534	18.696	21.126
8	12.300	13.233	13.727	14.240	15.327	16.499	19.123	22.163	25.678	29.732
9	14.776	16.085	16.786	17.519	19.086	20.799	24.713	29.369	34.895	41.435
10	17.549	19.337	20.304	21.322	23.521	25.959	31.643	38.593	47.062	57.352
11	20.655	23.045	24.349	25.733	28.755	32.150	40.238	50.399	63.122	78.998
12	24.133	27.271	29.002	30.850	34.931	39.581	50.895	65.510	84.320	108.44
13	28.029	32.089	34.352	36.786	42.219	48.497	64.110	84.853	112.30	148.48
14	32.393	37.581	40.505	43.672	50.818	59.196	80.496	109.61	149.24	202.93
15	37.280	43.842	47.580	51.660	60.965	72.035	100.82	141.30	198.00	276.98
16	42.753	50.980	55.718	60.925	72.939	87.442	126.01	181.87	262.36	377.69
17	48.884	59.118	65.075	71.673	87.068	105.93	157.25	233.79	347.31	514.66
18	55.750	68.394	75.836	84.141	103.74	128.12	195.99	300.25	459.45	700.94
19	63.440	78.969	88.212	98.603	123.41	154.74	244.03	385.32	607.47	954.28
20	72.052	91.025	102.44	115.38	146.63	186.69	303.60	494.21	802.86	1 298.8
21	81.699	104.77	118.81	134.84	174.02	225.03	377.46	633.59	1 060.8	1 767.4
22	92.503	120.44	137.63	157.42	206.34	271.03	469.06	812.00	1 401.2	2 404.7
23	104.60	138.30	159.28	183.60	244.49	326.24	582.63	1 040.4	1 850.6	3 271.3
24	118.16	158.66	184.17	213.98	289.49	392.48	723.46	1 332.7	2 443.8	4 450.0
25	133.33	181.87	212.79	249.21	342.60	471.98	898.09	1 706.8	3 226.8	6 053.0
26	150.33	208.33	245.71	290.09	405.27	567.38	1 114.6	2 185.7	4 260.4	8 233.1
27	169.37	238.50	283.57	337.50	479.22	681.85	1 383.1	2 798.7	5 624.8	11 198
28	190.70	272.89	327.10	392.50	566.48	819.22	1 716.1	3 583.3	7 425.7	15 230
29	214.58	312.09	377.17	456.30	669.45	984.07	2 129.0	4 587.7	9 802.9	20 714
30	241.33	356.79	434.75	530.31	790.95	1 181.9	2 640.9	5 873.2	12 941	28 172
40	767.09	1 342.0	1 779.1	2 360.8	4 163.2	7 343.9	22 729	69 377	207 874	609 890
50	2 400.0	4 994.5	7 217.7	10 436	21 813	45 497	195 373	819 103	⋆	⋆
60	7 471.6	18 535	29 220	46 058	114 190	281 733	⋆	⋆	⋆	⋆

附表4 年金现值系数表

期数	1%	2%	3%	4%	5%	6%	7%	8%	9%	10%
1	0.9901	0.9804	0.9709	0.9615	0.9524	0.9434	0.9346	0.9259	0.9174	0.9091
2	1.9704	1.9416	1.9135	1.8861	1.8594	1.8334	1.8080	1.7833	1.7591	1.7355
3	2.9410	2.8839	2.8286	2.7751	2.7232	2.6730	2.6243	2.5771	2.5313	2.4869
4	3.9020	3.8077	3.7171	3.6299	3.5460	3.4651	3.3872	3.3121	3.2397	3.1699
5	4.8534	4.7135	4.5797	4.4518	4.3295	4.2124	4.1002	3.9927	3.8897	3.7908
6	5.7955	5.6014	5.4172	5.2421	5.0757	4.9173	4.7665	4.6229	4.4859	4.3553
7	6.7282	6.4720	6.2303	6.0021	5.7864	5.5824	5.3893	5.2064	5.0330	4.8684
8	7.6517	7.3255	7.0197	6.7327	6.4632	6.2098	5.9713	5.7466	5.5348	5.3349
9	8.5660	8.1622	7.7861	7.4353	7.1078	6.8017	6.5152	6.2469	5.9952	5.7590
10	9.4713	8.9826	8.5302	8.1109	7.7217	7.3601	7.0236	6.7101	6.4177	6.1446
11	10.3676	9.7868	9.2526	8.7605	8.3064	7.8869	7.4987	7.1390	6.8052	6.4951
12	11.2551	10.5753	9.9540	9.3851	8.8633	8.3838	7.9427	7.5361	7.1607	6.8137
13	12.1337	11.3484	10.6350	9.9856	9.3936	8.8527	8.3577	7.9038	7.4869	7.1034
14	13.0037	12.1062	11.2961	10.5631	9.8986	9.2950	8.7455	8.2442	7.7862	7.3667
15	13.8651	12.8493	11.9379	11.1184	10.3797	9.7122	9.1079	8.5595	8.0607	7.6061
16	14.7179	13.5777	12.5611	11.6523	10.8378	10.1059	9.4466	8.8514	8.3126	7.8237
17	15.5623	14.2919	13.1661	12.1657	11.2741	10.4773	9.7632	9.1216	8.5436	8.0216
18	16.3983	14.9920	13.7535	12.6593	11.6896	10.8276	10.0591	9.3719	8.7556	8.2014
19	17.2260	15.6785	14.3238	13.1339	12.0853	11.1581	10.3356	9.6036	8.9501	8.3649
20	18.0456	16.3514	14.8775	13.5903	12.4622	11.4699	10.5940	9.8181	9.1285	8.5136
21	18.8570	17.0112	15.4150	14.0292	12.8212	11.7641	10.8355	10.0168	9.2922	8.6487
22	19.6604	17.6580	15.9369	14.4511	13.1630	12.0416	11.0612	10.2007	9.4424	8.7715
23	20.4558	18.2922	16.4436	14.8568	13.4886	12.3034	11.2722	10.3711	9.5802	8.8832
24	21.2434	18.9139	16.9355	15.2470	13.7986	12.5504	11.4693	10.5288	9.7066	8.9847
25	22.0232	19.5235	17.4131	15.6221	14.0939	12.7834	11.6536	10.6748	9.8226	9.0770
26	22.7952	20.1210	17.8768	15.9828	14.3752	13.0032	11.8258	10.8100	9.9290	9.1609
27	23.5596	20.7069	18.3270	16.3296	14.6430	13.2105	11.9867	10.9352	10.0266	9.2372
28	24.3164	21.2813	18.7641	16.6631	14.8981	13.4062	12.1371	11.0511	10.1161	9.3066
29	25.0658	21.8444	19.1885	16.9837	15.1411	13.5907	12.2777	11.1584	10.1983	9.3696
30	25.8077	22.3965	19.6004	17.2920	15.3725	13.7648	12.4090	11.2578	10.2737	9.4269
35	29.4086	24.9986	21.4872	18.6646	16.3742	14.4982	12.9477	11.6546	10.5668	9.6442
40	32.8347	27.3555	23.1148	19.7928	17.1591	15.0463	13.3317	11.9246	10.7574	9.7791
45	36.0945	29.4902	24.5187	20.7200	17.7741	15.4558	13.6055	12.1084	10.8812	9.8628
50	39.1961	31.4236	25.7298	21.4822	18.2559	15.7619	13.8007	12.2335	10.9617	9.9148
55	42.1472	33.1748	26.7744	22.1086	18.6335	15.9905	13.9399	12.3186	11.0140	9.9471

续表

期数	12%	14%	15%	16%	18%	20%	24%	28%	32%	36%
1	0.8929	0.8772	0.8696	0.8621	0.8475	0.8333	0.8065	0.7813	0.7576	0.7353
2	1.6901	1.6467	1.6257	1.6052	1.5656	1.5278	1.4568	1.3916	1.3315	1.2760
3	2.4018	2.3216	2.2832	2.2459	2.1743	2.1065	1.9813	1.8684	1.7663	1.6735
4	3.0373	2.9137	2.8550	2.7982	2.6901	2.5887	2.4043	2.2410	2.0957	1.9658
5	3.6048	3.4331	3.3522	3.2743	3.1272	2.9906	2.7454	2.5320	2.3452	2.1807
6	4.1114	3.8887	3.7845	3.6847	3.4976	3.3255	3.0205	2.7594	2.5342	2.3388
7	4.5638	4.2883	4.1604	4.0386	3.8115	3.6046	3.2423	2.9370	2.6775	2.4550
8	4.9676	4.6389	4.4873	4.3436	4.0776	3.8372	3.4212	3.0758	2.7860	2.5404
9	5.3282	4.9464	4.7716	4.6065	4.3030	4.0310	3.5655	3.1842	2.8681	2.6033
10	5.6502	5.2161	5.0188	4.8332	4.4941	4.1925	3.6819	3.2689	2.9304	2.6495
11	5.9377	5.4527	5.2337	5.0286	4.6560	4.3271	3.7757	3.3351	2.9776	2.6834
12	6.1944	5.6603	5.4206	5.1971	4.7932	4.4392	3.8514	3.3868	3.0133	2.7084
13	6.4235	5.8424	5.5831	5.3423	4.9095	4.5327	3.9124	3.4272	3.0404	2.7268
14	6.6282	6.0021	5.7245	5.4675	5.0081	4.6106	3.9616	3.4587	3.0609	2.7403
15	6.8109	6.1422	5.8474	5.5755	5.0916	4.6755	4.0013	3.4834	3.0764	2.7502
16	6.9740	6.2651	5.9542	5.6685	5.1624	4.7296	4.0333	3.5026	3.0882	2.7575
17	7.1196	6.3729	6.0472	5.7487	5.2223	4.7746	4.0591	3.5177	3.0971	2.7629
18	7.2497	6.4674	6.1280	5.8178	5.2732	4.8122	4.0799	3.5294	3.1039	2.7668
19	7.3658	6.5504	6.1982	5.8775	5.3162	4.8435	4.0967	3.5386	3.1090	2.7697
20	7.4694	6.6231	6.2593	5.9288	5.3527	4.8696	4.1103	3.5458	3.1129	2.7718
21	7.5620	6.6870	6.3125	5.9731	5.3837	4.8913	4.1212	3.5514	3.1158	2.7734
22	7.6446	6.7429	6.3587	6.0113	5.4099	4.9094	4.1300	3.5558	3.1180	2.7746
23	7.7184	6.7921	6.3988	6.0442	5.4321	4.9245	4.1371	3.5592	3.1197	2.7754
24	7.7843	6.8351	6.4338	6.0726	5.4509	4.9371	4.1428	3.5619	3.1210	2.7760
25	7.8431	6.8729	6.4641	6.0971	5.4669	4.9476	4.1474	3.5640	3.1220	2.7765
26	7.8957	6.9061	6.4906	6.1182	5.4804	4.9563	4.1511	3.5656	3.1227	2.7768
27	7.9426	6.9352	6.5135	6.1364	5.4919	4.9636	4.1542	3.5669	3.1233	2.7771
28	7.9844	6.9607	6.5335	6.1520	5.5016	4.9697	4.1566	3.5679	3.1237	2.7773
29	8.0218	6.9830	6.5509	6.1656	5.5098	4.9747	4.1585	3.5687	3.1240	2.7774
30	8.0552	7.0027	6.5660	6.1772	5.5168	4.9789	4.1601	3.5693	3.1242	2.7775
35	8.1755	7.0700	6.6166	6.2153	5.5386	4.9915	4.1644	3.5708	3.1248	2.7777
40	8.2438	7.1050	6.6418	6.2335	5.5482	4.9966	4.1659	3.5712	3.1250	2.7778
45	8.2825	7.1232	6.6543	6.2421	5.5523	4.9986	4.1664	3.5714	3.1250	2.7778
50	8.3045	7.1327	6.6605	6.2463	5.5541	4.9995	4.1666	3.5714	3.1250	2.7778
55	8.3170	7.1376	6.6636	6.2482	5.5549	4.9998	4.1666	3.5714	3.1250	2.7778